edition unseld 24

W0469870

Warum weinen wir im Kino? Wie geht man am besten mit zerstörerischen Gefühlen wie Eifersucht um? Obwohl Gefühle unser ganzes Leben durchziehen, wurden ihre Natur, ihre Ursachen und ihre Wirkung erst in letzter Zeit von Sozialwissenschaftlern, Psychologen und Philosophen untersucht. Doch trotz des steigenden wissenschaftlichen Interesses an diesem Thema reichen die empirischen Ergebnisse immer noch nicht an unser intuitives Wissen heran.

Aaron Ben-Ze'ev unternimmt in diesem Buch »eine vorsichtige Suche nach allgemeingültigen Mustern im urzeitlichen Dschungel der Gefühle«. Das Ergebnis ist eine schlüssige Bilanz der Gefühle in all ihrer Subtilität, erläutert anhand zahlreicher Beispiele des täglichen Lebens.

Im ersten Teil des Buches betrachtet Ben-Ze'ev die typischen Charakteristika und Bestandteile der Emotionen, die Unterschiede zwischen Gefühlen und anderen affektiven Formen, er behandelt zentrale Themen wie emotionale Intelligenz oder geregelte Emotionen. Der zweite Teil beschäftigt sich mit einzelnen Gefühlen: Neid, Eifersucht, Schadenfreude, Mitgefühl, Mitleid, Ärger, Haß, Ekel, Liebe, Lust, sexuelles Begehren, Glück, Traurigkeit, Stolz, Bedauern und Scham.

Aaron Ben-Ze'ev, geboren 1949, ist Professor für Philosophie und Präsident der Universität in Haifa. Er gilt als einer der weltweit führenden Experten in der Emotionsforschung. Publikationen u. a.: *The Perceptual System* (1993); *In the Name of Love: Romantic Ideology and its Victims* (2008); *Love Online: Emotions on the Internet* (2004).

Die Logik der Gefühle
Kritik der emotionalen Intelligenz

Aaron Ben-Ze'ev

Aus dem Englischen von Friedrich Griese

Suhrkamp

Die *edition unseld* wird unterstützt durch eine Partnerschaft mit dem Nachrichtenportal *Spiegel Online*. www.spiegel.de

Originaltitel: *The Subtlety of Emotions*, Cambridge, Mass./London 2001 (aktualisierte Ausgabe 2009)

edition unseld 24
Erste Auflage 2009
© Suhrkamp Verlag Frankfurt am Main 2009
Originalausgabe
Alle Rechte vorbehalten, insbesondere das des öffentlichen Vortrags sowie der Übertragung durch Rundfunk und Fernsehen, auch einzelner Teile. Kein Teil des Werkes darf in irgendeiner Form (durch Photographie, Mikrofilm oder andere Verfahren) ohne schriftliche Genehmigung des Verlages reproduziert oder unter Verwendung elektronischer Systeme verarbeitet, vervielfältigt oder verbreitet werden.
Druck: Druckhaus Nomos, Sinzheim
Umschlaggestaltung: Nina Vöge und Alexander Stublić
Printed in Germany
ISBN 978-3-518-26024-1

1 2 3 4 5 6 – 14 13 12 11 10 09

Die Logik der Gefühle

Inhalt

Einführung

Die Leidenschaften haben die Menschen die Vernunft gelehrt.
Marquis de Vauvenargues

Man sieht nur mit dem Herzen gut.
Das Wesentliche ist für die Augen unsichtbar.
Antoine de Saint Exupéry, *Der kleine Prinz*

Emotionen spielen eine zentrale Rolle in unserem Leben und sind für alle von Interesse. Gleichwohl gehören die Natur, die Ursachen und die Folgen von Emotionen zu den am wenigsten verstandenen Aspekten menschlicher Erfahrung. Es ist einfacher, Emotionen auszudrücken, als sie zu beschreiben, und schwieriger, sie zu analysieren. Trotz ihrer scheinbaren Vertrautheit sind Emotionen etwas äußerst Subtiles und Komplexes – sie stellen wahrscheinlich die komplexesten mentalen Phänomene dar. Zwar wächst das Interesse der Wissenschaft an der Erforschung der Emotionen, aber noch immer liegen verläßliche empirische Daten über nur wenige emotionale Phänomene vor. Viele der hier vorgetragenen Behauptungen können sich auf empirisches Material stützen, andere sind jedoch spekulativer Natur und beruhen hauptsächlich auf Introspektion, Alltagsweisheit und lockeren Beobachtungen, die hier in Ermangelung solideren Wissens und zur Abrundung des Bildes vorgetragen werden. Indem wir uns nicht nur auf empirisch bestätigte Behauptungen beschränken, gelangen wir zu einem besseren und umfassenderen Verständnis der Emotionen.

Viele Beobachter halten Emotionen wegen ihrer Komplexität für etwas Chaotisches, das jeder Logik und Regelmäßigkeit entbehrt. Ich teile diese herrschende Meinung nicht und bin der Ansicht, daß emotionale Phänomene von Regelmäßigkeiten geprägt sind und ihrer eigenen Logik gehorchen. Die Logik der Emotionen ist zwar eine andere als die des Denkens, besteht aber aus plausiblen Prinzipien, die unter unterschiedlichen Umständen angemessen sind. Unter vielen Umständen ist es optimal, die Logik der Emotionen und die Logik des Denkens zu kombinieren – man könnte dann von »emotionaler Intelligenz« sprechen.

Wegen der Komplexität der Emotionen und ihrer Abhängigkeit von persönlichen Faktoren und Kontexten muß die den emotionalen Phänomenen zugrunde liegende Logik sowohl universelle Gesetze berücksichtigen, die allen Menschen in allen Ländern gemeinsam sind, als auch persönliche Faktoren und den Kontext. Um nur ein Beispiel eines solchen Gesetzes zu nennen, betrachten wir die unterschiedliche emotionale Intensität der Realität. Ich halte es für ein allgemeines Gesetz der Emotionen, daß die emotionale Intensität (unter sonst gleichen Umständen) um so größer ist, je realer das emotionale Ereignis wahrgenommen wird. Dieses Gesetz gilt für alle Menschen aller Altersstufen und in jeder Gesellschaft. Die Rolle der persönlichen Faktoren und des Kontexts äußert sich in dem Grad der Realität, den der Handelnde dem Ereignis zuschreibt. Ein verheirateter Mann wird beispielsweise ein triviales Gespräch zwischen seiner Frau und einem anderen Mann unterschiedlich wahrnehmen, abhängig von ihrer jeweiligen Persönlichkeit und ihrem kulturellen Hintergrund. Während ein Ehemann die Situation als eine reale Bedrohung für sich wahrnehmen mag, wird ein anderer sie als überhaupt nicht bedrohlich betrachten. Die zugeschriebene Bedeutung wird sich in einer unterschiedlichen Intensität der empfundenen Eifersucht niederschlagen. In beiden Fällen bleibt es jedoch bei der allgemeinen Korrelation zwischen dem Grad der Realität und der emotionale Intensität; das Ereignis löst eine um so größere emotionalen Intensität aus, je realer es wahrgenommen wird. Persönliche Unterschiede mögen dazu führen, daß einem Ereignis eine unterschiedliche Bedeutung zugeschrieben wird, aber sie setzen nicht die Logik der Emotionen und die allgemeinen Gesetzmäßigkeiten bezüglich der emotionalen Intensität außer Kraft.

Das Buch besteht aus zwei Teilen: Im ersten Teil (Kap. 1-5) wird der allgemeine begriffliche Rahmen für das Verständnis der Emotionen dargestellt, im zweiten Teil (Kap. 6-14) werden einzelne Emotionen erörtert. Teil I gibt eine Antwort auf die Frage: »Was ist eine Emotion?« und beschreibt die Logik der Emotionen. Zu diesem Zweck werden die typischen Merkmale und Bestandteile von Emotionen analysiert, die Emotionen klassifiziert und einschlägige Probleme wie: emotionale Intensität, mentale Modi, emotionale Intelligenz und Funktionalität der Emotionen diskutiert. Die in Teil II erörterten wichtigsten Emotionen sind Neid, Eifersucht, Mitleid, Mitgefühl, Schadenfreude, Trauer, Haß, Ekel, Liebe, sexuelles Begehren, Glück, Trauer, Stolz, Bedauern, Hochmut und Scham.

Die Geschichte der Emotionen ist komplex, aber auch sehr spannend. Der spanische Denker Salvador de Madariaga fragt: »Würden, wenn unsere Augen einen Röntgenblick hätten, die Informationen über die Realität, die sie uns böten, objektiver, genauer, vollständiger, durchdringender sein?« Darauf antwortete er: »Ja und nein. Eine schöne junge Frau würde uns wie ein wandelndes Skelett erscheinen. Wir würden Informationen erhalten, die unsere Augen uns verbergen – Informationen über ihre Knochen –, aber wir würden niemals erfahren, wie ihr Gesicht, ihre Beine, ihre Hände, ihre Brüste aussehen und welche Farbe ihre Augen haben. Hätten unsere Augen einen Röntgenblick, würden wir einen Baum als einen vertikalen Flüssigkeitsstrom beschreiben, der aus dem Boden entspringt und uns, wenn wir uns ihm nähern, einen schmerzhaften Stoß gegen den Kopf versetzen würde.« Der Röntgenblick, der keinerlei emotionale Bedeutung besitzt, zeigt uns eine langweilige Welt, die uns kaum dazu bewegen kann, zu handeln und unsere Umwelt zu verstehen. Im Unterschied zu den grauen, eintönigen Flächen, die uns der Röntgenblick darstellt, liefert das emotionale Sehen ein aufregendes, farbiges Bild von Bergen und Tälern. Durch eine solche Landschaft zu wandeln liefert uns nicht nur mehr Informationen, es ist auch viel interessanter und spannender. Emotionen sind die Essenz des Lebens. Das Leben ist nicht immer angenehm, aber es sollte niemals langweilig und öde sein.

Das Denken gilt als der größte Feind der emotionalen Fähigkeiten. Ernest Hemingway sagte denn auch: »Glück bei intelligenten Menschen ist das Seltenste, das ich kenne.« Diese Ansicht mag richtig sein, wenn man uns zwingt, zwischen dem einen und dem anderen zu wählen. Aber das Leben zwingt uns nicht einen permanenten Weltkrieg zwischen beiden auf, sondern nur fortwährende Kämpfe, die sich in der Regel durch eine Kombination von beidem lösen lassen. Eine solche Kombination, die man als »emotionale Intelligenz« bezeichnen könnte, kann in verschiedenen Lebensbereichen von Nutzen sein. Emotional intelligent sind Menschen, die trotz der Nöte des Alltags hin und wieder glücklich sein können. Bei emotional intelligenten Menschen ist Glück nichts Seltenes.

Die naheliegende Folgerung daraus ist – mit den Worten von Libbie Fudim –: »Liebe mich oder hasse mich, aber erspare mir deine Gleichgültigkeit.«

1 Erklärung der Emotionen

Verleih dein Auto nie an jemanden, dem du das Leben geschenkt hast.
Erma Bombeck

Die Frage »Was ist eine Emotion?« hat Philosophen und Psychologen schon immer geplagt. Die typische Antwort besteht darin, die Emotionen auf eines ihrer Elemente zu reduzieren, etwa einen Zustand, eine Fähigkeit, ein Gefühl oder eine Handlungsbereitschaft oder auf etwas anderes, etwa einen Hirnzustand. Die Ratlosigkeit deutet darauf hin, daß einfache Antworten wenig nützen werden.

Die Emotionen stellen vermutlich die komplexesten mentalen Phänomene dar, da alle erdenklichen mentalen Instanzen an ihnen beteiligt sind. Wegen ihrer Komplexität muß man zu ihrer Beschreibung begriffliche Instrumente benutzen, die für Diversität und Komplexität offen sind. Dazu gehört die fachübergreifende Betrachtungsweise und die mehrstufige Beschreibung. Dazu gehört ferner die Benutzung prototypischer Kategorien.

Ich werde in diesem Buch so vorgehen, daß ich zunächst typische Emotionen beschreibe und sie erst dann definiere. Diese werden, behaupte ich, von wahrgenommenen bedeutsamen Veränderungen ausgelöst, und zwar nach einem persönlichen, komparativen Wahrnehmungsraster. Typische Merkmale von Emotionen sind Instabilität, große Intensität, Parteilichkeit und Kurzlebigkeit. Grundelemente sind Wahrnehmung, Bewertung, Motivation und Gefühle. Die Emotionen sind für mich eine Art mentaler Modus. Wenn wir auf diese Weise die Beschreibung und Definition der Emotionen kombinieren, werden wir zu einem besseren Verständnis der komplexen Phänomene gelangen, die wir »Emotionen« nennen.

Gründe für die Komplexität der Emotionen

Für jedes Problem gibt es eine Lösung, die einfach, klar und falsch ist.
Henry Louis Mencken

Will man nur glücklich sein, das wäre bald getan.
Aber man will glücklicher als die andern sein,
und das ist fast immer schwierig,
weil wir die andern für glücklicher halten, als sie sind.
Montesquieu

Die Komplexität der Emotionen beruht vor allem auf ihrer starken Abhängigkeit von persönlichen Faktoren und Kontexten; oft bilden sie Cluster von Emotionen und treten in unterschiedlichen Formen auf; wichtige Aspekte der Emotionen sind schwer zu entdecken, und die Alltagssprache hat keine klare Terminologie für sie.

Die Emotionen sind hochgradig abhängig von persönlichen Umständen und vom Kontext. Allen Emotionen gemeinsame Merkmale lassen sich daher kaum definieren. Bei der Erforschung der Emotionen sind klassische Definitionen durch hinreichende und notwendige Bedingungen nicht sehr hilfreich. Die erwähnte Abhängigkeit wird deutlich, wenn eine Frau, die für einen Künstler Modell steht, sich plötzlich ihrer Nacktheit schämt, weil sie bemerkt, daß der Künstler sie nicht mehr nur als Modell betrachtet, sondern auch als Frau.

Die Haltung des Künstlers hat sich geändert; aus einer anfangs distanzierten, unpersönlichen Beziehung wurde eine enge, persönliche. Da nur die letztere Beziehung typisch für Emotionen ist, beginnt das Modell sich seiner Nacktheit zu schämen. In diesem Beispiel werden Emotionen ohne erkennbaren Unterschied der »objektiven« Umstände erzeugt; was sich ändert, ist die subjektive Bewertung der subjektiven Haltung des anderen. Die Abhängigkeit der Emotionen von persönlichen Umständen und vom Kontext äußert sich auch darin, daß etwas, das normalerweise Neugier weckt, in einem ungewohnten Kontext Angst erregen kann. Gewinnt man durch einen glücklichen Zufall einen Dollar, ist man vielleicht überrascht; verdient man mit harter Arbeit einen Dollar, ist man möglicherweise stolz; ist man in Not und bekommt von einem Freund einen Dollar geschenkt, wird man wahrscheinlich Dankbarkeit empfinden.[1]

Eine Emotion mag in einer bestimmten Situation entstehen, nicht aber in einer anderen, die mit der ersten identisch ist, nur daß sie nicht zum ersten Mal erlebt wird. Macbeth ist entsetzt, als er zum ersten Mal einen Mord begeht, wird aber bei seinen folgenden Mordtaten zunehmend immun gegen eine emotionale Reaktion. Ähnlich mag eine Prostituierte bei ihrem ersten Freier Scham empfinden, nicht aber bei ihrem Freier Nr. 857. Nachdem er an einer Orgie teilgenommen hatte und schon in der nächsten Nacht zu einer weiteren eingeladen wurde, lehnte Voltaire ab und erklärte: »Einmal ein Philosoph, zweimal ein Perverser!«

Auch andere mentale Fähigkeiten sind vom Kontext und von persönlichen Umständen abhängig, wenn auch in geringerem Grad. Eine Begegnung mit meinem Nachbarn bleibt in unterschiedlichen Kontexten mehr oder weniger dasselbe und ist weitgehend, wenn auch nicht gänzlich unabhängig von meiner Persönlichkeit. Auch das Gedächtnis und das Denken sind nicht im gleichen Maße wie die Emotionen vom Kontext und den persönlichen Umständen abhängig.

Was außerdem zur Komplexität der Emotionen beiträgt, ist der Umstand, daß sie häufig gebündelt und nicht vereinzelt auftreten. Zur Trauer kann sich beispielsweise Zorn, Schuldgefühl und Scham gesellen; das Schuldgefühl kann mit Angst einhergehen; die Liebe kann Eifersucht, Hoffnung und Bewunderung mit einschließen; und der Haß kann verbunden sein mit Angst, Neid und Verachtung. Diese Zusammenhänge sind kein Zufall; in ihnen kommt die Tatsache zum Ausdruck, daß die emotionale Situation instabil ist und daß unsere Emotionen sich auf imaginäre und nicht nur wirkliche Situationen beziehen. Große Liebe und Freude gehen deshalb einher mit Eifersucht und der Angst, den geliebten Menschen zu verlieren.

Die Komplexität der Emotionen wird außerdem dadurch verstärkt, daß jede einzelne Emotion in vielfältigen Formen auftritt, zwischen denen große Unterschiede bestehen. Es gibt vielfältige Formen von Liebe, Trauer, Angst und anderen Emotionen; darin äußert sich die Vielfalt der emotionalen Umstände. Die Bezeichnung einer Emotion bezieht sich gewöhnlich auf ein hoch komplexes und interaktives Bündel emotionaler Zustände und nicht auf einen einzelnen, isolierten Zustand. Eine Emotion ist mit fortlaufender Aktivität verbunden, bei der wir ständig neue Informationen bewerten und entsprechend handeln.

Angesichts der Komplexität der Emotionen ist die Alltagssprache im Hinblick auf die Emotionen nicht eindeutig. Ob etwas als »Emotion« bezeichnet wird, ist strittig, und folglich gibt es unterschiedliche Listen von Emotionen. Angst, Wut und Eifersucht werden generell als Emotionen akzeptiert, umstritten ist aber, ob Überraschung, Einsamkeit oder ästhetische Erfahrungen Emotionen sind. Auch die Bezeichnungen von Emotionen sind von einer Sprache zur anderen verschieden. Viele Sprachen machen keinen Unterschied zwischen »Eifersucht« und »Neid«, und sie haben kein eigenes Wort für die Emotion, die auf deutsch »Schadenfreude« heißt. Die unterschiedlichen Termini in den einzelnen Sprachen sind kein Zufall, sondern

Ausdruck der zentralen Rolle der Emotionen in unserem Leben und der Schwierigkeit, Emotionen zu definieren. Diese Vielfalt macht es schwer, emotionale Phänomene zu identifizieren und zu verstehen.

Erklärung der Emotionen

Mißtraue jedem, der alles gut findet,
und dem, der alles für schlecht hält,
noch mehr aber dem, dem alles gleichgültig ist.
Johann Kaspar Lavater

Es ist keine Lüge, wenn du es glaubst.
George Costanza

Die Vielfalt und Komplexität der emotionalen Phänomene wurde zum Anlaß genommen, am Erklärungswert des allgemeinen Begriffs der Emotionen zu zweifeln. Daß dieser Begriff eine breite Vielfalt von Erscheinungen zusammenfaßt, bestreite ich nicht; dennoch glaube ich, daß wir zu plausiblen Verallgemeinerungen bezüglich der Emotionen gelangen können. Um aber die Emotionen trotz ihrer Komplexität zu erklären, müssen wir uns bestimmter begrifflicher Instrumente bedienen. Ich nenne die drei folgenden:

(a) prototypische Kategorien;
(b) unterschiedliche Ebenen der Beschreibung und unterschiedliche Perspektiven;
(c) Einordnung der Emotionen in allgemeine Kategorien.

Diese begrifflichen Instrumente sind für viele, wenn nicht die meisten Phänomene nutzbar. Alle drei zusammen sind für die Erklärung der Emotionen ausgesprochen wichtig.

Man kann zwischen zwei Haupttypen von kognitiven Kategorien unterscheiden: »binären« und »prototypischen«. Binäre Kategorien liefern ein klares Kriterium, das die hinreichende und notwendige Bedingung der Zugehörigkeit darstellt. Es ist gewöhnlich eine Alles-oder-nichts-Kategorie (»love me or leave me«, wie Elvis Presley sagte) mit zwei grundlegenden Attributen: (a) klare Grenzen, innerhalb deren die Bedingungen des Kriteriums erfüllt sind, und (b) ein gleicher Grad der Zugehörigkeit für alle Elemente. Es gibt keinen unterschiedlichen Grad der Zugehörigkeit zu dieser Kategorie, weil die Erfüllung des Kriteriums keine graduelle Sache ist; es ist entweder erfüllt oder nicht erfüllt. Beispiele für binäre Kategorien sind Kriegsteilnehmer, Wahlberechtigte und Schwangere. Man kann nicht partieller Kriegsteilnehmer, halb berechtigter Wähler oder ein bißchen schwanger sein.

Die Zugehörigkeit zu einer *prototypischen Kategorie* hängt dagegen vom Grad der Ähnlichkeit mit dem besten Beispiel in der Kategorie ab: je größer die Ähnlichkeit, desto höher der Grad der Zugehörigkeit. Die prototypische Kategorie hat weder klare Grenzen noch einen gleichen Grad der Zugehörigkeit. Bestimmte Elemente sind dem Prototyp so ähnlich oder so verschieden von ihm, daß wir hinsichtlich ihrer Inklusion oder Exklusion keine Zweifel haben; bei anderen Elementen macht der Grad der Ähnlichkeit es so schwer oder unmöglich, mit Sicherheit zu sagen, ob sie dazugehören oder nicht. Viele unserer alltäglichen Kategorien sind prototypisch, beispielsweise Waffen, Kleider, Vögel und Möbel. Prototypische Kategorien sind in der Regel geeigneter für den psychologischen Bereich, der komplex ist und keine klaren Grenzen hat.[2]

Die Emotionen insgesamt wie auch jede einzelne Emotion für sich stellen prototypische Kategorien dar. Die Inklusion hängt ab vom *Grad der Ähnlichkeit mit dem typischsten Fall.* Es gibt daher keine bestimmte Essenz, die eine notwendige und hinreichende Bedingung für alle Emotionen wäre, und keine einfache Definition der Emotionen oder auch nur eines bestimmten Typs von Emotion. Die Zugehörigkeit zur allgemeinen Kategorie der Emotionen ist ebenso wie die Zugehörigkeit zur Kategorie einer bestimmten Emotion eine Sache des Grades und keine Frage von alles oder nichts. Dementsprechend trennt jede Kategorie eine bestimmte innere Struktur, und es gibt keine scharfe Grenze, die zwischen Mitgliedern und Nichtmitgliedern trennt. Daher sind die Grenzen zwischen romantischer Liebe, Zuneigung und Freundschaft verschwommen, ebenso wie die zwischen Neid und Eifersucht. Man kann aber von bestimmten Phänomenen zuverlässig sagen, ob sie bessere oder schlechtere Beispiele für die Kategorie der Emotionen insgesamt oder für Kategorien bestimmter Emotionen sind. Bei prototypischen Beispielen sind die typischen Aspekte emotionaler Erlebnisse offenkundig; bei weniger typischen Beispielen kommen diese Merkmale in einer weniger ausgeprägten Form vor oder fehlen gänzlich.[3]

Um ein Ereignis zu beschreiben, kann man unterschiedliche Ebenen der Beschreibung wählen. Aristoteles nennt zwei Ebenen, auf denen der Zorn beschrieben werden kann. Der Wissenschaftler wird den Zorn dadurch charakterisieren, daß das Blut kocht und daß es einem heiß ums Herz ist; der Philosoph wird den Zorn durch den Wunsch charakterisieren, Böses mit Bösem zu vergelten.[4] Gewöhnlich wird man den Wunsch nach Vergeltung nicht in dem kochenden Blut finden, das jedoch eine notwendige Grundlage für diesen Wunsch ist. Zur Erklärung des Wunsches müssen wir auf das Böse verweisen, das dem Zornigen zugefügt wurde, und nicht auf das kochende Blut. Wenn wir die Natur von Phänomenen höheren Ranges verstehen wollen, beispielsweise die Entstehung von sozialen Bewegungen, genügt es nicht, einzelne Wesen tieferen Ranges zu erforschen, beispielsweise individuelle Personen, wenngleich ein Verstehen der letzteren für das Verstehen der ersteren relevant sein kann. Wenn es um komplexe Phänomene im allgemeinen und die Emotionen im besonderen geht, muß zwischen den verschiedenen Ebenen der Beschreibung klar unterschieden werden.

Als komplexes Phänomen kann eine Emotion unter verschiedenen Aspekten beschrieben werden, zum Beispiel dem physiologischen, biologischen, psychologischen, soziologischen oder philosophischen. Betrachten wir die physiologische Ebene. Sie besteht aus Neurotransmittern sowie aus autonomen und somatischen Aktivitäten des Nervensystems, von denen vor allem der Adrenalinausstoß, der Blutdruck, der Blutkreislauf, die Herzfrequenz, die Atmung, die Muskelspannung, die gastrointestinale Aktivität, die Körpertemperatur, die Sekretion und die Gesichtsfarbe beeinflußt werden. Auf der psychologischen Ebene besteht eine Emotion aus Gefühl, Wahrnehmung, Bewertung und Motivation. Angst zum Beispiel ist mit dem Gefühl des Schreckens verbunden, einer Information über die Situation, der Bewertung der Situation als gefährlich und dem Wunsch, der Gefahr zu entgehen. Auf der philosophischen Ebene der Beschreibung werden solche Fragen erörtert wie das Verhältnis von Emotionen und Moral und die Rationalität der Emotionen. Ich werde mich vornehmlich mit der psychologischen und der philosophischen Ebene befassen. Das heißt natürlich nicht, daß die anderen Ebenen weniger bedeutend wären, sondern nur, daß die Erörterung der anderen Ebenen den Rahmen dieses Buches sprengen würde.

Wegen der Komplexität der Emotionen müssen wir bei der Beschreibung und Einordnung der Emotionen sehr systematisch vor-

gehen – sonst würden wir uns in dieser Komplexität verirren. Wir müssen in dem Urwald der Emotionen systematisch nach allgemeinen Mustern suchen. Es ist eine der Aufgaben der Emotionsforschung, einen umfassenden theoretischen Rahmen zu formulieren, der die Subtilität der emotionalen Phänomene in all ihrer enormen Komplexität angemessen zu erklären vermag.

Im folgenden werde ich die Grundzüge typischer Emotionen erörtern.

Die typische Ursache der Emotionen: eine wahrgenommene signifikante Veränderung

Erfahrung steckt in Fingern und Verstand. Das Herz ist unerfahren.
Henry David Thoreau

Von zwei Übeln wähle ich stets das, was ich noch nicht kenne.
Mae West

Emotionen treten typischerweise auf, *wenn wir eine signifikante positive oder negative Veränderung in unserer persönlichen Situation wahrnehmen* – oder in der Situation uns nahestehender Personen. Ich spreche von einer signifikanten Veränderung, wenn im problemlosen Ablauf der Situation eine Unterbrechung oder Verbesserung eintritt, die unsere Belange berührt. Wie eine Alarmanlage, die beim Auftreten eines Einbrechers in Aktion tritt, signalisieren uns die Emotionen, daß etwas unsere Aufmerksamkeit erfordert. Wenn unsere Aufmerksamkeit nicht erforderlich ist, läßt sich das Signalsystem abschalten. Auf das Ungewöhnliche reagieren wir, indem wir ihm Beachtung schenken. Das Außergewöhnliche wird als signifikant wahrgenommen – wir können es nicht achselzuckend abtun und davongehen. Das Gewöhnliche dagegen halten wir für selbstverständlich, unbedenklich, fast unsichtbar. Emotionen werden erzeugt, wenn wir von dem Reizniveau, an das wir uns mit der Zeit gewöhnt haben, abweichen. Emotional bedeutsam ist nicht das gewohnte Niveau, sondern die Veränderung. Aus einem zufriedenen Zustand gelangen wir nicht in einen neutralen Zustand, sondern ins Unglück; und der Wechsel aus dem Unglück führt ebenfalls nicht in einen neutralen Zustand, sondern ins Glück. Daraus folgt, daß permanente Vergnügungen sich abnutzen, während permanente Entbehrungen ihre Schärfe verlieren.

Baruch Spinoza unterstreicht nachdrücklich, daß vor allem Veränderungen unserer Lage Emotionen hervorrufen. Nach seiner Ansicht ist jedes Wesen bestrebt, in seinem Zustand zu beharren. Bei großen Veränderungen gelangen wir in einen Zustand größerer oder geringerer Vollkommenheit, und diese Veränderungen schlagen sich in Emotionen nieder. Kommen wir in eine günstigere Lage, sind wir glücklich, kommen wir in eine ungünstigere, sind wir unglücklich.[5]

Daß persönliche Veränderungen einen wichtigen Anteil an der Erzeugung von Emotionen haben, ergibt sich aus zahlreichen Alltagsbeobachtungen ebenso wie aus wissenschaftlichen Befunden. Vor Veränderungen in ihrem Leben sind die Menschen sehr erregt: vor der Geburt eines Kindes, der Hochzeit, der Scheidung, dem Schulanfang oder einem Vorstellungsgespräch, das sich erheblich auf den weiteren Verlauf des Lebens auswirken kann. Ein gewisses Maß an Veränderung ist auch Voraussetzung für das Glücklichsein. Dies mag erklären, daß eine Ehe langweilig wird und eine Liebesaffäre als erregend empfunden wird. Es mag auch erklären, warum reiche Menschen, die offenbar alles haben, nicht unbedingt glücklich sind – sie gewöhnen sich schließlich daran, alles zu haben, und nur Veränderungen machen sie glücklich.[6]

Es spricht außerdem vieles dafür, daß man auf einen vertrauten Partner sexuell nicht so stark reagiert wie auf einen neuen Partner. Daher sinkt die Häufigkeit der sexuellen Betätigung mit dem Partner, je länger die Beziehung besteht; nach einem Jahr Ehe ist sie nur noch halb so groß wie im ersten Ehemonat, und danach sinkt sie langsamer. Ein Nachlassen der sexuellen Aktivität hat man sowohl bei heterosexuellen als auch bei schwulen und lesbischen Paaren festgestellt.[7] Das mag man zwar bedauern, aber so funktioniert nun einmal unser emotionales System.

Es gibt in diesem Zusammenhang eine amüsante Anekdote über den amerikanischen Präsidenten Calvin Coolidge, der einmal zusammen mit seiner Frau eine Farm besichtigte. Die beiden wurden, kaum daß sie angekommen waren, getrennt auf der Farm herumgeführt. Bei den Hühnerställen blieb Mrs. Coolidge stehen und fragte ihren Begleiter, ob der Hahn mehr als einmal am Tag kopuliert. »Bis zu zwölfmal am Tag«, erwiderte er. »Sagen Sie das meinem Mann«, bat sie den Begleiter. Als der Präsident an den Hühnerställen vorbeikam und über den Hahn informiert wurde, fragte er: »Immer mit derselben Henne?« »O nein, Herr Präsident, jedesmal mit einer anderen.« Der Präsident nickte bedächtig und sagte: »Sagen Sie das meiner Frau.« Aufgrund dieser Anekdote bezeichnete man die Tatsache, daß Männchen durch ein neues Weibchen wieder erregt werden, als »Coolidge-Effekt«. Den Coolidge-Effekt beobachtet man bei vielen Säugetieren. So wurde bei einer Untersuchung einem Bullen eine Kuh zugeführt. Nach der Begattung wurde die Kuh durch eine andere Kuh ersetzt. Die sexuelle Reaktion des Bullen hielt bei jeder neuen Kuh unvermindert an, auch bei der zwölften, aber sie ließ rasch nach, als man dieselbe Kuh bei ihm ließ.[8]

An dieser Stelle sei vermerkt, daß Jean-Jacques Rousseau der Ansicht war, im Naturzustand reiche für das Verlangen eines Mannes eine Frau aus und sie werde stets für denselben, eintönigen Akt begehrt.[9] Der bei Säugetieren beobachtete Coolidge-Effekt weckt Zweifel an dieser Ansicht.

Die große Bedeutung von Veränderungen für die Emotionen läßt sich auch evolutionär begründen. Für das Überleben ist es wichtig, daß der Organismus solchen Veränderungen, die sich positiv oder negativ auf seine Überlebenschancen auswirken können, besondere Beachtung geschenkt. Durch seine emotionale Erregbarkeit, die das Gegenteil von Gleichgültigkeit ist, wird der Organismus zu solcher erhöhten Aufmerksamkeit gezwungen. Daß er primär auf Veränderungen reagiert, stellt einen sehr ökonomischen und effizienten Umgang mit begrenzten Ressourcen dar. Aus evolutionärer Sicht ist es für uns vorteilhaft, unsere Aufmerksamkeit auf Veränderungen und nicht auf gleichbleibende Reize zu konzentrieren. Veränderungen zeigen an, daß unsere Situation instabil ist, und dieses Bewußtsein ist wichtig für das Überleben. Wenn wir uns an die Veränderung gewöhnt haben, läßt die geistige Aktivität nach, weil es sinnlos ist, Zeit und Energie für etwas zu verschwenden, an das wir bereits angepaßt sind. Wenn wir schon mit bestimmten Gegebenheiten vertraut sind, bringt ihre bloße Wiederholung keine neuen Informationen, und wir können sie ignorieren. Die Informationstheorie mißt denn auch den Informationsgehalt an dem Maß der Veränderung, das von einer bestimmten Operation bewirkt wird. Eine Veränderung enthält mehr Informationen als die Wiederholung und ist insofern aufregender. Die Wiederholung verringert die Erregung und kann entspannend wirken. Bei einer bloßen Wiederholung ist neue Aktivität nicht erforderlich, und damit schwindet die Aufmerksamkeit.

Wird der Organismus mit Veränderungen konfrontiert, so aktiviert das nicht nur die Emotionen, sondern auch das Bewußtsein insgesamt. Es langweilt uns, immer wieder dasselbe zu tun, selbst wenn die Tätigkeit ursprünglich angenehm war. Auch die bewußte Wahrnehmung ist an Veränderungen geknüpft. Unter normalen Umständen bemerken wir den Luftdruck nicht, obwohl er ständig auf uns einwirkt. Wir nehmen ihn erst wahr, wenn er sich verändert, zum Beispiel beim Steig- oder Sinkflug des Flugzeugs, in dem wir sitzen. Auch höhere Ebenen des Bewußtseins wie etwa die Fokussierung der Aufmerksamkeit kommen ins Spiel, wenn sich in unserer Umgebung plötzlich etwas ändert.

Dieses Nachlassen der Aufmerksamkeit kann als ein Anpassungsprozeß verstanden werden. Dabei kehrt das System in seinen homöostatischen Zustand zurück. Die Wahrnehmungsschwelle steigt ständig, solange die Reizintensität konstant bleibt, so daß der Organismus seine Aufmerksamkeit von immer mehr Ereignissen abzieht. So sinkt unsere Aufmerksamkeit, wenn wir auf einer eintönigen Straße unterwegs sind. Beim gegenteiligen Prozeß, der Bahnung, sinkt die Wahrnehmungsschwelle, und das Bewußtsein konzentriert sich auf eine wachsende Zahl von Ereignissen. Das geschieht, wenn uns neue Reize begegnen. Die Bedeutung von Veränderungen für das Bewußtsein im allgemeinen und die Emotionen im besonderen mag mit unserem Lernsystem zusammenhängen, das vermutlich einen Abwehrmechanismus besitzt, der verhindert, daß es in die Falle einer sich endlos wiederholenden Aktivität gerät.[10]

Zwischen den Veränderungen, die das Bewußtsein insgesamt betreffen, und solchen, die mit Emotionen verbunden sind, gibt es einen gewichtigen Unterschied: Die letzteren sind von hoher persönlicher Bedeutung. Unsere Aufmerksamkeit mag auf jede

Art von Veränderung gerichtet sein, aber Emotionen werden nur von einer Veränderung hervorgerufen, die nach unserer Wahrnehmung bedeutsame Folgen für uns oder unsere Verwandten hat. Nicht jede Veränderung weckt Emotionen. Sie muß sich schon auf ein persönliches Bezugssystem beziehen, nach dem ihre Bedeutung für uns abgeschätzt wird. Eine Veränderung, die wir als unwichtig wahrnehmen oder die keinen Bezug zu uns hat, ruft keine Emotionen hervor; wir beachten sie einfach nicht. Nur wenn wir sie beachten, löst sie Emotionen aus. In ihnen äußert sich unsere Haltung zu instabilen bedeutsamen Objekten, die irgend etwas mit uns zu tun haben.

Emotional bedeutsam kann sowohl eine tatsächlich wahrgenommene als auch eine imaginierte Veränderung sein. Es ist das Subjekt, das die Veränderung wahrnimmt und sie als mehr oder weniger bedeutsam einstuft. Man kann unterscheiden zwischen dem (objektiven) Ausmaß der Veränderung und ihrer (subjektiven) Bedeutung. Wir konstruieren eine psychologische Realität, in der Veränderungen, selbst wenn sie »objektiv« von großem Gewicht sind, emotional nicht als bedeutsam bewertet und deshalb als kleiner wahrgenommen werden. Veränderungen, die mit Emotionen verbunden sind, müssen übrigens nicht nur das Subjekt selbst betreffen, sie können sich auch auf diejenigen beziehen, die die Umgebung des Subjekts darstellen. Es ist wiederum das Subjekt, das bestimmt, welche Menschen zu dieser Umgebung gehören. Das Subjekt bestimmt nicht nur die Bedeutsamkeit der Veränderung, sondern auch ihren *Geltungsbereich*.

Die Bedeutung der Veränderung ist abhängig von Faktoren, die mit der Wirkung des Ereignisses zusammenhängen, zum Beispiel seiner Wucht, seine Realität und seiner Relevanz, sowie von Faktoren, die mit den situativen Gegebenheiten des Subjekts zu tun haben, beispielsweise damit, ob es das auslösende Ereignis kontrollieren kann, ob es auf ein solches Ereignis gefaßt ist und ob es dieses verdient. Auf diese Faktoren, von denen die Intensität einer Emotion hauptsächlich abhängt, werde ich im Kapitel 3 eingehen. Da es sich hier um graduelle Faktoren handelt, gibt es keine klare Grenze zwischen wichtigen und unwichtigen Ereignissen, sondern unterschiedliche Grade der Wichtigkeit.

Bisher war von Veränderungen die Rede, die alltägliche Emotionen hervorrufen. Außerdem reagieren wir affektiv auf eine andere Art von Veränderungen, die mit unserer kontingenten Existenz zu tun haben. Unser ganzes Leben lang steht immer die Möglichkeit unseres Todes im Hintergrund; sie erinnert uns an unsere profunde Verletzlichkeit. Diese Veränderung ist Ausdruck unserer profunden Verletzlichkeit und der Abhängigkeit von äußeren Faktoren, auf die wir keinen Einfluß haben.[11] Bestimmte affektive Störungen, besonders die Angst und die Depression, hängen oft mit solchen existentiellen Fragen zusammen. Während die Emotionen in der Regel an spezifischeren Fragen anknüpfen, bilden die existentiellen Grundfragen einen gewichtigen Hintergrund, der unsere spezifischen emotionalen Reaktionen beeinflußt. Man muß daher unterscheiden zwischen der Emotion der Furcht und der umfassenderen affektiven Haltung der Angst.

Die Menschen werden in unterschiedlichem Maße mit beiden Arten von Veränderungen fertig. Wer der Überzeugung ist, sein Wohlbefinden werde nicht von bestimmten alltäglichen Veränderungen beeinträchtigt, reagiert normalerweise weniger emotional. Wer beispielsweise an ein Leben nach dem Tode glaubt, wird auf den Tod und in der Regel auch auf spezifische alltägliche Veränderungen nicht so empfindlich reagieren, da er ihnen weniger Bedeutung beimißt. Wer sich mit der Unausweichlichkeit des Todes abgefunden hat, ist weniger empfindlich als derjenige, der über den Tod und andere existentielle Grundfragen nachgrübelt. Bei denen, die mit einer ernsten Gefahr, einem Verlust oder der Aussicht auf den nahen Tod konfrontiert sind, ändert sich die Anfälligkeit für Emotionen. Oft werden einschneidende Erlebnisse zum Anlaß, seine Prioritäten neu zu ordnen; profane Dinge wie Hausarbeit, kleinliche Streitereien oder die Verwicklung in die trivialen Probleme anderer Leute werden herabgestuft, während Beziehungen zu nahen Angehörigen, persönliche Projekte oder die Freude am Leben eine hohe Priorität erhalten. Der Genuß wird nun zum Inhalt des Lebens.

Emotionen sind nicht nur ein Ausdruck unserer profunden Verletzlichkeit, sondern können auch als ein Weg verstanden werden, mit ihr fertig zu werden. Wenn wir begrenzten Veränderungen unserer aktuellen Situation Bedeutung beimessen, ignorieren wir in gewisser Weise die profundere Art von Veränderung, die unserer Verletzlichkeit zugrunde liegt; das ist eine Art von Selbsttäuschung. Eine solche Selbsttäuschung ist bis zu einem gewissen Grade aus evolutionärer Sicht sehr vorteilhaft für uns, weil sie uns befähigt, unsere positives Selbstbild zu schützen und die erforderlichen Ressourcen zu mobilisieren, um den alltäglichen Veränderungen zu begegnen. Wir setzen uns mit diesen Veränderungen auseinander, so als sei unsere profunde Verletzlichkeit bedeutungslos. Wir gewinnen den Eindruck, weniger verletzlich zu sein, auch wenn sich in Wahrheit nichts daran ändert. Meine Frau, die mit 90 Jahren begeistert studiert, um ein Diplom in Geschichte zu erwerben, bereichert ihr Leben auf eine Weise, die die altersgemäße Verletzlichkeit zu reduzieren scheint, doch an der grundsätzlichen Verletzlichkeit, ihrem nahen Tode, ändert sich nichts. Sie studiert so, als ob ihr naher Tod ein unbeachtlicher Faktor sei. Aus der Tatsache, daß wir auf lange Sicht alle tot sein werden, folgt keineswegs, daß wir bestimmten Veränderungen keine Bedeutung beimessen sollten. Wer in Kürze an Krebs sterben wird, aber dennoch darauf achtet, keinen Strom zu vergeuden, und im Haus herumgeht und die Lichter ausmacht, verhält sich so, als sei alles in Ordnung und sein baldiger Tod nicht absehbar. Das entspricht dem Lehrsatz von Spinoza: »der freie Mensch denkt über nichts weniger nach als über den Tod: Seine Weisheit ist nicht eine des Nachsinnens über den Tod, sondern über das Leben.«[12]

Veränderungen spielen bei der Erzeugung von Emotionen eine Rolle, die auf den dynamischen und komplexen Charakter unseres Gefühlslebens verweist. Sie werden mit einem komplexen und dynamischen persönlichen Bezugssystem verglichen. Dieser komparative Aspekt muß bei der Analyse der Emotionen berücksichtigt werden.

Das typische emotionale Anliegen: ein komparatives persönliches Anliegen

Ist es Ihnen schon aufgefallen?
Jeder, der langsamer geht als Sie, ist ein Idiot, und jeder, der schneller geht als Sie, ist ein Verrückter.
George Carlin

Da geht keiner mehr hin – es ist dort zu voll.
Yogi Berra, als er eine Einladung in ein bestimmtes Restaurant ablehnt

Emotionen treten auf, wenn eine Veränderung als relevant für unsere persönlichen Anliegen bewertet wird. Unter Anliegen verstehe ich unsere kurz- oder langfristige Neigung, bestimmte Zustände der Welt oder des Selbst vorzuziehen. Emotionen dienen der Überwachung und Sicherstellung unserer persönlichen Interessen; sie verleihen dem auslösenden Ereignis seine Bedeutung. Die emotionale Bedeutung ist vorwiegend eine komparative.

Bedeutung oder Signifikanz ist ihrem Wesen nach relational; sie setzt *Ordnung und Relationen* voraus. Bedeutsame Informationen über etwas zu haben heißt, bestimmte Relationen zu erfassen, in denen sie zu finden sind. Um Barbaras Persönlichkeit zu erkennen, muß man ihre Beziehungen zu ihrer Familie, zu Freunden, Feinden, Fremden usw. erfassen. Etwas vollkommen Isoliertes, etwas, das keine Beziehungen zu irgend etwas anderem hat, kann nicht erkannt werden. Beziehungen sind für die Bedeutung das, was die Farben für das Sehen sind: eine notwendige Bedingung, aber nicht ihr ganzer Inhalt. Eine enge Analogie zur Bedeutung ist ein Punkt im Raum: Die Bedeutung eines Punktes wird konstituiert durch seine Beziehung zu anderen Punkten – sie ist ihrem Wesen nach relational. Die Bedeutung einer Sache wird konstituiert durch die Relationen, in denen sie steht. Bedeutung zuzuschreiben heißt, Grenzen zu setzen und Verbindungen herzustellen; was sich nicht auf die Relation auswirkt, hat keinen Griff, an dem der Geist es packen kann.[13]

Mit der relationalen Natur der Bedeutung ist zugleich ihre *komparative Natur* gegeben. Sich in einer bestimmten Relation zu befinden heißt, sich nicht in einer anderen Relation zu befinden. Wenn man etwas versteht, bedeutet das zugleich, daß man bis zu einem gewissen Grade seine Alternative verstanden hat. Was Liebe ist, können wir nur verstehen, wenn Liebe mit anderen Zuständen verglichen werden kann. Die Fische können, da sie ständig im Wasser leben, die Bedeutung von Wasser nicht begreifen. So geht es auch einem Menschen, der sein ganzes Leben lang nur eine Schattierung der Farbe Blau gesehen hat – er wird diese Tönung gar nicht wahrgenommen haben. Erst nachdem er eine andere Erfahrung gemacht hat, wird er sagen: »Jetzt sehe ich zum ersten Mal die Farbe, für die ich zuvor keine Augen hatte.«[14]

Verschiedene Philosophen haben einen Zusammenhang zwischen logischem Denken und Vergleichen gesehen. So behauptete zum Beispiel David Hume: »Alle Arten von Denkvorgängen bestehen lediglich in einer Aufeinanderbeziehung [von Vorstellungen] und einem Auffinden der entweder veränderlichen oder unveränderlichen Relationen, in denen zwei oder mehr Gegenstände zueinander stehen.«[15] Nicht nur das logische Denken, sondern auch die Emotionen beruhen nach meiner Ansicht auf Vergleichen. Zur emotionalen Umwelt gehört nicht nur das, was man wahrnimmt oder wahrnehmen wird, sondern auch all das, was wahrgenommen werden könnte oder was man wahrzunehmen wünscht; das emotionale System hält all diese Möglichkeiten gleichzeitig für gegeben und vergleicht sie miteinander.[16] Doch während sich im logischen Denken eine distanzierte und objektive Art des Vergleichens äußert, erfolgt das emotionale Vergleichen aus persönlicher und interessierter Perspektive; das logische Denken kann als ein Versuch verstanden werden, die persönliche, emotionale Perspektive zu überwinden.

Daß das komparative Anliegen der Emotionen so wichtig ist, hängt auch mit der zentralen Rolle der Veränderungen für die Erzeugung von Emotionen zusammen. Wir können ein Ereignis nur dann als eine bedeutsame Veränderung wahrnehmen, wenn wir es *mit einem Hintergrund-System vergleichen*. Wenn angesichts einer bedeutsamen Veränderung in unserer Situation Emotionen auftreten, geht es uns vor allem um einen Vergleich, der sich auf eine von der neuen Situation abweichende bezieht.

Man kann das Hintergrund-System, mit dem emotionale Ereignisse verglichen werden, als eine persönliche Basislinie bezeichnen. Personen, deren Stellung als höher als unsere aktuelle Basislinie bewertet wird, beneiden wir. Mitleid oder Verachtung empfinden wir für diejenigen, die sich weit unterhalb unserer aktuellen Basislinie befinden. Wir empfinden Dankbarkeit, wenn ein Geschenk unsere Erwartungen übertrifft, und wenn andere sich uns gegenüber anders verhalten, als sie sollten, empfinden wir Zorn.

Die persönliche Basislinie, in der sich unsere Wertvorstellungen und Einstellungen äußern, hängt von vielen biologischen, sozialen, persönlichen und Kontextaspekten ab; sie ist nichts Starres, sondern ein flexibles System, mit dem wir unsere Erfahrungen vergleichen können. Diese Flexibilität ist jedoch begrenzt, weil wir nur in begrenztem Maße unsere Wertvorstellungen und Einstellungen ändern können. Weil die Basislinie sich ändern kann, kommt es vor, daß wir auf ein und dasselbe Ereignis emotional unterschiedlich reagieren.

Die komparative Perspektive der Emotionen ist also eine *persönliche*: Wir vergleichen unsere persönliche Situation mit anderen Situationen. Von der persönlichen Basislinie hängt es ab, wie wir unsere eigenen Zustände und die anderer Menschen wahrnehmen – den aktuellen, den vorangegangenen, den imaginären, den idealen und den Wunschzustand. Wir können unsere aktuelle, neue Situation mit einer früheren vergleichen, oder mit der von Personen, die uns wichtig sind, seien es die Eltern, Geschwister, der Ehegatte, Freunde oder herausragende Persönlichkeiten. Dieser Referenzstatus kann ein früherer realer Status sein, ein idealer Status, in dem wir gerne wären, oder ein Status, in dem wir nach Meinung anderer sein sollten. Der Referenzstatus anderer Personen kann ebenfalls ein realer Status sein, ein idealer Status oder ein Status, in dem andere nach unserer Meinung sein sollten. Emotionen werden dann erzeugt, wenn zwischen unserem aktuellen persönlichen Status oder dem von uns wichtigen anderen Personen eine Diskrepanz aufgetreten ist.[17]

Wie wichtig das komparative Anliegen ist, wird an der Episode deutlich, in der ein Mann darüber verstimmt war, daß er keine Schuhe hatte – bis er einen Mann traf, der keine Füße hatte. Wo für den einen Schluß ist, fängt der andere erst an. Zufriedenheit und Glück hängen ab von Vergleichsmaßstäben, die sich beispielsweise auf unsere Erwartungen und das Wohlergehen anderer uns wichtiger Personen beziehen. Wenn jemand eine Gehaltserhöhung von fünf Prozent bekommt, ist er möglicherweise glücklicher als einer, der acht Prozent mehr bekommt, wenn er weniger erwartet hat. Man kann aber auch mit einem Zuschlag von fünf Prozent recht zufrieden sein, bis man erfährt, daß ein Kollege acht Prozent mehr bekommen hat. Dazu paßt es, daß Menschen ihr eigenes Leben positiver einschätzen, wenn sie in Anwesenheit eines Behinderten befragt werden.[18]

In dem Vergleich, der der emotionalen Bedeutung zugrunde liegt, steckt die mentale Konstruktion *einer alternativen Situation.* Je leichter die Alternative erreichbar ist, je näher die vorgestellte Alternative der Realität ist, desto intensiver ist die Emotion. Ein wichtiges Element der Emotionen ist in der Tat die gedachte Bedingung »Es hätte anders sein können«.

Wie wichtig die Erreichbarkeit einer Alternative ist, macht eine Untersuchung deutlich, in der die Versuchspersonen gebeten wurden, sich die Reaktionen von zwei Reisenden vorzustellen, die ihr Flugzeug verpaßt hatten, der eine um fünf Minuten, der andere um dreißig Minuten. Praktisch müssen beide auf das nächste Flugzeug warten – weil man sich aber leichter eine andere Realität vorstellen kann, in der der erste Reisende rechtzeitig eintrifft, schreibt man ihm eine größere Enttäuschung zu. Sie ist stärker, wenn man sich vorstellen kann, daß man das ersehnte emotionale Ziel beinahe erreicht hätte.[19] Ein aufschlußreiches Beispiel liefert eine Studie über einen Singleclub: Je näher die Polizeistunde heranrückte, desto attraktiver fanden die Männer und Frauen das andere Geschlecht. Die drohende Alternative, womöglich allein heimgehen zu müssen, steigerte den Wert derer, die noch zu haben waren.[20]

Die Verfügbarkeit von Alternativen liefert oft eine Erklärung für scheinbar rätselhafte Situationen wie etwa die, daß Menschen in einer Ehe oder einer Arbeitsstelle verharren, obwohl sie unbefriedigend ist. Die Betreffenden sind zwar unzufrieden, nehmen aber andere verfügbare Alternativen als noch unbefriedigender wahr.[21] Vieles spricht dafür, daß Menschen stärker auf Ereignisse reagieren, bei denen man sich leicht einen anderen Ausgang vorstellen kann. Wenn jemand bei einem Flugzeugabsturz umkommt, nachdem er die Maschine gewechselt hat, reagieren die Menschen stärker als bei einem anderen, der von vornherein die abgestürzte Maschine gebucht hatte. Filmregisseure machen sich gern die emotionale Verstärkung zunutze, die von der leichteren Erreichbarkeit einer Alternative ausgeht. Wenn ein Darsteller in einem Actionfilm verkündet: »Dies ist mein letzter Einsatz«, wissen wir, daß er den Schluß des Films wahrscheinlich nicht erleben wird. Sein Tod löst besonders starke Emotionen aus, weil er der Gefahr »beinahe« entronnen wäre.[22]

Angesichts der großen Bedeutung, die der Erreichbarkeit der Alternative zukommt, gehen von »Beinahesituationen« oder »Beinahezusammenstößen« starke emotionale Wirkungen aus. Wenn wir in einer Lotterie zufällig die Zahl 55555 gezogen haben und die Gewinnzahl 55554 lautet, ist dieser Beinahe-Erfolg schwerer zu ertragen, als wenn die Gewinnzahl eine ganz andere gewesen wäre. Objektiv wäre das Ergebnis natürlich genau dasselbe gewesen, ob wir nun die Nummer 55555 oder irgendeine andere gezogen hätten. Der Unterschied besteht nur in der gedachten Realität, die wir uns zurechtgelegt haben, als wir von unserem Mißerfolg erfuhren. In manchen Situationen kann man sich leichter vorstellen, daß der Mißerfolg hätte vermieden werden können. Der amerikanische Basketballstar Magic Johnson, der sich das Aidsvirus eingefangen hatte, erklärte, daß es ihm besonders schwerfalle, die Krankheit zu akzeptieren, weil »ich es vielleicht hätte verhindern können, überhaupt angesteckt zu werden. Ich hätte bloß Kondome benutzen müssen.«[23]

Ein Beinahe-Erfolg ist frustrierender als ein kompletter Fehlschlag, wenn es um Alles-oder-nichts-Ziele geht, zum Beispiel den Sieg in einem sportlichen Wettkampf, aber nicht unbedingt, wenn es um partiell erreichbare Ziele geht wie etwa Noten in einem Examen, wo ein nicht ganz perfektes Abschneiden besser ist als ein komplettes Versagen. Eine ganz knappe Niederlage in einem Spiel löst gewöhnlich größere Traurigkeit aus, wenn die beiden Mannschaften als mehr oder weniger ebenbürtig wahrgenommen werden. Wird eine Mannschaft als eindeutig unterlegen wahrgenommen, kann eine knappe Niederlage bei den Fans dieser Mannschaft Stolz hervorrufen – nicht während des Spiels, sondern hinterher, wenn wir versuchen, mit der Niederlage fertig zu werden, indem wir unsere Enttäuschung kleinreden. Man sollte beachten, daß eine vollständige Niederlage gelegentlich zur Depression führen kann, weil wir uns keine bessere Alternative vorzustellen vermögen: Wir stecken tief im Dreck und vermögen keinen Ausweg zu erkennen.

Die Idee der Verfügbarkeit einer Alternative hängt zusammen mit jener der Anomalie; anomal ist ein Ereignis, zu dem es hochgradig verfügbare Alternativen gibt. Nun ist eine emotionale

Veränderung eine solche, die erheblich von unserer normalen Situation abweicht, und anomale oder außergewöhnliche Ereignisse sind überraschend und erzeugen oft heftige Emotionen. Andererseits wird man ein unerwartetes Ereignis als normal einstufen, wenn es keine starken Alternativen ins Bewußtsein ruft. Außergewöhnliche Ereignisse sind emotional bedeutsamer als normale, weil sie selten oder ungewöhnlich sind und dadurch mehr ins Auge springen als gewöhnliche Ereignisse. Je ungewöhnlicher die Situation ist, desto leichter ist die normale Alternative verfügbar und desto heftiger ist die Emotion.[24]

Bei uns Menschen ist die Gesellschaft ein Tummelplatz der Emotionen, weil die anderen Menschen von größter Bedeutung für unser Wohlergehen sind. Emotionen sind der Kitt, der die Gesellschaft zusammenhält, und die Beziehungen zu anderen sind wesentliche Determinanten der Erzeugung von Emotionen. Je mehr soziale Kontakte Menschen haben, desto glücklicher und gesünder sind sie, leiblich wie seelisch.[25]

Der soziale Vergleich wird nicht unterschiedslos ausgeübt; er bezieht sich üblicherweise auf Personen und Bereiche, die man als wichtig für das eigene Wohlbefinden oder als überragenden Anlaß von Sorge wahrnimmt. Weder vergleichen wir uns mit allen anderen, noch vergleichen wir jeden Aspekt von uns selbst mit allen anderen Aspekten.

Der soziale Vergleich stellt eine potentielle Quelle der eigenen Verunsicherung dar, besonders was die Selbstachtung angeht. Ist zum Beispiel jemand anwesend, der äußerst begehrenswerte Merkmale aufweist, so verringert das unsere Selbstachtung und erzeugt dementsprechend negative Emotionen. Man fand außerdem heraus, daß die bloße Anwesenheit von anderen in unserer Nähe die Ausführung einfacher Aufgaben erleichtert und unsere Leistung bei komplizierten Aufgaben beeinträchtigt.[26]

Emotionen sind in hohem Grade sozialer Natur, nicht nur, weil soziale Anliegen ein wesentliches Element emotionaler Anliegen sind, sondern auch, weil Emotionen in der Regel sozial ansteckend sind. Wenn Menschen, die uns sozial verbunden sind, traurig sind, werden auch wir traurig gestimmt, und wenn sie glücklich sind, werden auch wir glücklicher. Wie Van Morrison sang: »I'm in heaven when you smile.« Desgleichen erzeugt das Betrachten erotischer Bilder bei manchen Menschen (vorwiegend Männern) erotische Erregung. Dies mag erklären, warum sowohl Männer als auch Frauen leichter einen Orgasmus erreichen, wenn sie wissen, daß ihr Partner die sexuelle Interaktion genießt. Es gibt überdies empirische Anhaltspunkte dafür, daß bei Empathie zwischen den Partnern der eigene Körper den Körper des Partners nachahmt. Beschleunigt sich in einer Videoaufnahme der Puls des Partners, so nimmt auch die Pulsfrequenz des einfühlsamen Ehegatten zu.[27]

Die Zugehörigkeit zu einer Gruppe ist einer der stärksten Faktoren unseres Gefühlslebens: Es genügt schon, daß Menschen unterschiedlichen Gruppen zugeordnet werden, um die wahrgenommenen kognitiven und evaluativen Unterschiede zwischen ihnen zu verschärfen. Die Ähnlichkeit zwischen Personen erlaubt eine Kategorisierung, das heißt ihre Subsumtion unter ein und denselben abstrakten Begriff. Ähnlichkeit kann sich jedoch auf viele Aspekte beziehen, darunter solche von gänzlich untergeordneter Bedeutung. Die Gruppenzugehörigkeit verlangt mehr als nur Ähnlichkeit – sie verlangt eine beträchtliche Interdependenz zwischen den Mitgliedern. Diese Interdependenz in bezug auf verschiedene Dinge von großer Bedeutung impliziert, daß die Mitglieder bestimmte Normen miteinander gemein haben.

Emotionen drehen sich um Fragen des Überlebens und des sozialen Status, die beide hochgradig von der Gruppenbildung abhängig sind. Im emotionalen Bereich spielen zwei Haupttypen von Gruppen eine besondere Rolle: soziale Gruppen und Referenzgruppen.

Unsere *soziale Gruppe* setzt sich zusammen aus jenen, mit denen wir häufige soziale Kontakte haben, also praktisch aus jenen, denen wir sozial ähnlich sind. Eine wesentliche Funktion unserer sozialen Gruppe besteht darin, den einzelnen Mitgliedern gegenseitige Unterstützung und enge soziale Bindungen zu bieten. Zu unserer *Referenzgruppe* gehören typischerweise diejenigen, die mit uns vergleichbar und daher für die Erreichung unserer Ziele oder unsere Selbstachtung die größte Relevanz besitzen. Unsere soziale Gruppe setzt sich aus Menschen zusammen, mit denen wir reale Beziehungen unterhalten; zu unserer Referenzgruppe gehören auch Menschen, die nichts von unserer Existenz wissen und zu denen wir nur gedachte Beziehungen haben. Mit unserer Referenzgruppe und unserer sozialen Gruppe verbinden uns unterschiedliche Emotionen. Unter den Emotionen, die sich an unsere Referenzgruppe knüpfen, stehen natürlich solche im Vordergrund, die mit Rivalität und Selbstachtung zu tun haben, zum Beispiel Neid, Schadenfreude, Haß, Scham und Stolz. In unserer sozialen Gruppe ist der relative Status des einzelnen Mitglieds von geringerer Bedeutung als in der Referenzgruppe; wichtiger ist die reale Situation des einzelnen Mitglieds. Die in dieser Gruppe vorherrschenden Emotionen sind daher Mitgefühl, geteilte Freude, Furcht, Hoffnung und Liebe. Einige Emotionen sind für beide Gruppen typisch, denn es geht bei ihnen um unsere Selbstachtung innerhalb unserer sozialen Gruppe; Zorn und Dankbarkeit sind typische Emotionen dieser Art.

Das typische emotionale Objekt: ein Mensch

Wenn nicht Jeder ein so ganz übertriebenes Interesse an sich selbst nähme, so wäre das Leben so uninteressant, daß Keiner es darin aushielte.
Arthur Schopenhauer

Politiker interessieren sich für Menschen.
Das ist nicht immer eine Tugend.
Flöhe interessieren sich für Hunde.
James Baldwin

Das typische emotionale Objekt ist entweder die Person, die die Emotion empfindet, oder eine andere Person. Das Interessanteste für Menschen sind andere Menschen. Am stärksten berührt uns, was Menschen tun und sagen, einschließlich der Dinge, die wir selbst tun und sagen. Spinoza schreibt dementsprechend, daß für den Menschen nichts nützlicher ist als der Mensch. Und Thomas Reid charakterisiert Emotionen als »Handlungsprinzipien des Menschen, die andere Menschen zu ihrem unmittelbaren Gegenstand haben und ihrer Natur nach implizieren, daß wir einem Menschen oder zumindest einem lebenden Wesen wohl- oder übelgesonnen sind«.[28]

In der Regel richten sich Emotionen auf einen bestimmten Akteur, doch bisweilen können sie verallgemeinert werden und scheinen sich dann auf eine ganze Gruppe von Akteuren zu richten. Es kommt vor, daß wir Menschen hassen, die zu einer bestimmten ethnischen Gruppe gehören, daß wir von Menschen mit einer bestimmten äußerlichen Erscheinung angezogen werden oder daß wir Nagetiere fürchten. Wenn in diesen Fällen eine Emotion erzeugt wird, richtet sie sich auf einen bestimmten Akteur; diese Emotion kann jedoch auch von jedem beliebigen Akteur ausgelöst werden, der zu dieser allgemeinen Gruppe gehört.

Die menschliche Natur der Emotionen wird darin deutlich, daß uns der Zusammenbruch großer Unternehmen nahezu ungerührt läßt, daß uns aber das finanzielle Unglück eines Menschen, den wir persönlich kennen oder mit dem wir uns identifizieren können, sehr erregen kann. Auch empfinden Menschen nur selten Bedauern, wenn sie einen Großkonzern betrügen, während sie beim Betrug an einem Menschen, den sie kennen, ganz anders empfinden.

Emotionen richten sich typischerweise auf Akteure, die fähig sind, sich zu freuen und zu leiden. Mit anderen Akteuren, die Freude oder Leid empfinden, können wir uns identifizieren, und das löst Emotionen aus. Wegen der großen Ähnlichkeit anderer Menschen mit uns können wir uns ganz leicht mit ihnen identifizieren, und daher übt ihre Freude oder ihr Leid eine starke Wirkung auf uns aus. Auch unsere moralischen Einstellungen richten sich nur auf diejenigen, die zu Freude und Leid fähig sind. Die Haltung, die wir beispielsweise gegenüber einem Stein einnehmen, ist weder moralisch noch unmoralisch – sie ist außermoralisch, da der Stein kein moralisches Objekt sein kann. Diese Überschneidungen zwischen emotionalen und moralischen Objekten deutet auf die große Bedeutung von Emotionen in der Moral hin.

Emotionen können sich auf Lebewesen wie Hunde, Katzen oder Vögel richten. Je menschenähnlicher ein Geschöpf wahrgenommen wird, desto intensiver sind die ihm entgegengebrachten Emotionen. Eine Verletzung meiner Katze kann mich daher stärker betrüben als die Verletzung eines Unbekannten, von der ich in der Zeitung lese. Stimmen jedoch alle relevanten Faktoren meiner Beziehung zu einem bestimmten Menschen und zu einer Katze überein, werde ich gegenüber dem Menschen stärkere Emotionen empfinden.

Emotionen können sich auch auf Objekte richten, die keine Akteure sind, aber Eigenschaften haben, die an Akteure erinnern oder zumindest so gedeutet werden können. So mögen wir Zorn gegenüber unserem Auto empfinden oder Mitleid mit einem alten Haus, das abgerissen werden soll. Aus den USA wurde beispielsweise von einem Mann berichtet, der sich über seinen Computer geärgert hatte und mit einer Waffe auf ihn schoß; vier Schüsse trafen die Festplatte, einer den Monitor. Emotionen können wir einem leblosen Ding nur entgegenbringen, wenn wir ihm Leben oder die Fähigkeit zu Freude und Leid zuschreiben, wie es ein kleines Mädchen bei seiner Puppe tut.

Ein ähnliches Phänomen ist das der Emotionen, die sich auf tote Menschen oder fiktive Objekte richten. So können wir eifersüchtig auf frühere Liebhaber unserer Partnerin sein, die möglicherweise schon gestorben sind. In diesem Fall deuten wir den toten Menschen als jemanden, der bestimmte Eigenschaften eines lebenden Akteurs hat, und tatsächlich mag der tote Liebhaber in der Phantasie unserer Partnerin solche Eigenschaften haben. Uns mag es so vorkommen, als bedrohe eine sehr große Zuneigung unserer Partnerin zu dieser Person die Exklusivität unserer gegenwärtigen Beziehung, und daher nimmt diese Eifersucht den Charakter einer typischen Eifersucht an.

Das typische emotionale Objekt eines Menschen ist zwar ein Mensch oder ein sonstiges Lebewesen, aber in anderen, untypischen Fällen kann das Objekt allgemeinerer Natur sein. Eine schöne Aussicht kann uns in Erregung versetzen, und wir können ein Kunstwerk genießen oder eine Idee lieben. Gewöhnlich würden wir in diesen Fällen nicht von Emotionen sprechen, sondern eher von Stimmungen oder anderen, verwandten Phänomenen.

Zusammenfassung

Die Emotion ist nichts Schändliches, Untergeordnetes, Zweitrangiges; sie ist eine vollberechtigte Phase im edelsten und reifsten Zustand des Menschseins.
Joshua Loth Liebman

Die Wahrheit ist selten rein und niemals einfach.
Oscar Wilde

Emotionen zu beschreiben ist nicht einfach. Emotionen sind etwas, wovon die Leute meinen, sie könnten es erkennen, wenn sie es sehen. Sie eindeutig zu definieren ist jedoch schwierig. Die Komplexität der Emotionen rührt daher, daß sie hochgradig vom Kontext und von persönlichen Faktoren abhängen; Emotionen treten nicht isoliert auf, sondern in einem Bündel emotionaler Einstellungen; hinzu kommt der verwirrende Sprachgebrauch bezüglich emotionaler Termini. Angesichts dieser Komplexität ist es hilfreich, Emotionen mittels prototypischer Kategorien zu beschreiben, deren Anwendung bestimmt ist vom Grad der Ähnlichkeit eines Gegenstandes mit dem besten Beispiel der jeweiligen Kategorie. Diese Kategorien sind weder klar abgegrenzt, noch ist der Grad der Zugehörigkeit in allen Fällen gleich. Man kann die Emotionen auf verschiedenen Ebenen untersuchen, zum Beispiel der physiologischen, der biologischen, der psychologischen oder der soziologischen Ebene. Dieses Buch betrachtet vor allem die philosophische und die psychologische Ebene. Daneben kann man sich zur Bewältigung der Komplexität der Emotionen auch verschiedener systematischer Klassifikationen der einzelnen Aspekte und Komponenten von Emotionen bedienen. Solche systematischen Klassifikationen helfen, die regelhaften Erscheinungen der Emotionen zu verstehen.

Eine Antwort auf die klassische Frage: »Was ist eine Emotion?« bestand in der Beschreibung typischer Emotionen. Man hat vorgeschlagen, die Wahrnehmung einer bedeutsamen Veränderung unserer Situation als typische Ursache von Emotionen zu betrachten, wobei die Veränderung eine reale oder imaginäre sein kann. Das typische Anliegen einer Emotion ist der Vergleich unserer aktuellen Situation mit einer imaginären Alternative. Die Gegenstände des Vergleichs sind in der Regel sozialer Natur; entweder sind es wichtige andere Menschen, oder es sind unsere eigenen Zustände, seien es frühere, ideale oder »Wunschzustände«. Angesichts ihrer sozialen Natur richten sich Emotionen typischerweise auf Menschen, entweder auf uns selbst oder auf andere.

2 Typische Merkmale und wesentliche Komponenten

Mit einer Krise wird jeder Idiot fertig;
was uns zermürbt, ist das Alltagsleben.
Anton Tschechow

Schade, daß die einzigen, die wissen, wie man das Land regiert,
damit beschäftigt sind, Taxi zu fahren und Haare zu schneiden.
George Burns

Ich schlage vor, Instabilität, große Intensität, eine einseitige Perspektive und relative Kürze als Grundmerkmale typischer Emotionen zu betrachten. Diese Charakterisierung bezieht sich auf »heiße Emotionen«, also die typischen intensiven Emotionen. Den gemäßigteren Emotionen fehlen einige der mit typischen Emotionen verbundenen Merkmale. Außer in die typischen Merkmale können wir die Emotionen in wesentliche Komponenten einteilen, nämlich Kognition, Evaluation, Motivation und Gefühle. Der Unterschied zwischen typischen Merkmalen und wesentlichen Komponenten ist der, daß die Merkmale die gesamte emotionale Erfahrung kennzeichnen, während die Komponenten Ausdruck einer begrifflichen Gliederung der Elemente dieser Erfahrung sind.

Man könnte wohl außer den von mir genannten noch ein paar mehr relevante Merkmale finden, doch die begriffliche Gliederung der Emotionen in vier Komponenten ist umfassender und soll alle möglichen Komponenten abdecken.

Das Kapitel endet mit der Klärung der Unterschiede zwischen diversen affektiven Phänomenen wie Emotionen, Sentiments, Stimmungen, affektiven Störungen und affektiven Merkmalen.

Anschließend wird eine detaillierte Klassifikation der Emotionen vorgestellt.

Typische Merkmale:
Instabilität, Intensität, Einseitigkeit und Kürze

In Kriegszeiten schwillt das Herz einer Nation und
schlägt in der Brust eines jeden ihrer Bürger.
Omar Bradley

Instabilität

I feel the earth move under my feet,
I feel the sky tumbling down,
I feel my heart start to trembling,
Whenever you're around.
Carole King

Da Veränderungen eine entscheidende Rolle beim Generieren von Emotionen spielen, ist Instabilität des mentalen (und des physiologischen) Systems ein Grundmerkmal von Emotionen. Emotionen sind Anzeichen eines Übergangs, in dem der bisherige Kontext sich verändert, ein neuer Kontext sich aber noch nicht stabilisiert hat. Emotionen sind mit einem Sturm vergleichbar: Als instabile Zustände, die eine gewisse Erregung anzeigen, sind sie intensiv, zufällig und von begrenzter Dauer. Ein anderes beliebtes Bild für Emotionen ist das Feuer.

Die Instabilität, die mit intensiven Emotionen verbunden ist, zeigt sich darin, daß diese sich auf Aktivitäten auswirken, die ein hohes Maß an Koordination unter Kontrolle erfordern. Es fällt schwer, einen Faden in ein Nadelöhr einzufädeln, wenn man vor

Angst zittert oder vor Wut kocht. Wenn wir von einer starken Emotion erfaßt sind, funktionieren unsere geistigen Fähigkeiten nicht mehr normal, so daß wir »den Kopf verlieren« und uns anders als gewohnt verhalten. Das Gegenteil von emotionaler Erregung ist Gleichgültigkeit, Teilnahmslosigkeit. Anders als erregte Menschen reagieren gleichgültige Menschen nicht auf Veränderungen ihrer Situation. Angesichts ihrer geringen emotionalen Intensität ist ihr Leben geprägt von Geduld, Gleichmut und der Abwesenheit von Schwankungen. Das Leben von Menschen mit hoher emotionaler Intensität ist dagegen geprägt von plötzlichen Veränderungen, Wechselhaftigkeit und Unbeständigkeit.[1]

Emotionale Instabilität beobachten wir nicht nur im persönlichen, sondern auch im gesellschaftlichen Bereich: In instabilen Gesellschaften, in denen sich rasch das Regime ändern kann oder der persönliche Status Schwankungen ausgesetzt ist, sind Emotionen intensiver. Weil es in stabilen oder statischen Gesellschaften kaum Alternativen gibt, ist die emotionale Intensität verringert. So ist zum Beispiel der Neid weniger intensiv. Wenn Bürger unter einer seit jeher korrupten politischen Herrschaft mißhandelt werden, schreiben Mitbürger dies eher dem auffälligen Verhalten der Opfer und nicht dem politischen System zu. Je mehr Alternativen in einer instabilen Gesellschaft vorhanden sind, desto größer ist die individuelle Unsicherheit, und desto intensiver sind die meisten Emotionen.

Es gibt allerdings Emotionen, die in statischen Gesellschaften stärker sein können. Wer etwa die stabile gesellschaftliche Ordnung als demütigend und ungerecht erlebt, wird Haß und Verzweiflung intensiver empfinden. In diesem Fall rühren die intensiveren Emotionen daher, daß derjenige, der die bestehende Gesellschaft so erlebt, schon eine Vorstellung von einer anderen Gesellschaft hat, die seiner Meinung nach gerechter ist. Das Unvermögen, die »anomale« bestehende Ordnung durch eine »normalere«, gerechtere Ordnung zu ersetzen, ruft die intensiven Emotionen hervor.

Intensität

Auch mächtige Wasser können die Liebe nicht löschen,
auch Ströme schwemmen sie nicht weg.
Hoheslied 8, 7

Ich bin außerordentlich geduldig, vorausgesetzt,
ich kriege am Ende, was ich wollte.
Margaret Thatcher

Eines der typischen Merkmale von Emotionen ist ihre relativ hohe Intensität. Emotionen sind intensive Reaktionen. An den Emotionen zeigt sich, daß das mentale System sich noch nicht an eine Veränderung angepaßt hat, und weil diese bedeutsam ist, erfordert sie die Mobilisierung vieler Ressourcen. Entsprechend dringlich und leidenschaftlich fallen die Emotionen aus. Es gehört zu den evolutionären Funktionen der Emotionen, daß sie unverzüglich alle Kräfte mobilisieren. Dies erlaubt uns, unsere Kräfte zeitlich und örtlich dort einzusetzen, wo sie nicht verlorengehen, sondern sich auszahlen.[2]

Eine niedrige Intensität der Gefühlsdimension und anderer mentaler Komponenten ist gewöhnlich Ausdruck von neutralen oder indifferenten Zuständen des mentalen Systems. Emotionen sind das Gegenteil solcher Zustände. Zustände von geringerer Intensität sind daher als nichtemotional oder untypisch zu betrachten. Wohl gibt es keine genaue Abgrenzung der emotionalen Intensität, aber wir können sagen, daß typische Emotionen von einer Intensität sind, die unser normales Funktionieren zwar beeinflußt, uns aber nicht völlig außer Gefecht setzt, wie es bei affektiven Störungen, etwa der Depression oder der Angst, der Fall ist.

So etwas wie geringfügige Anliegen gibt es im emotionalen Bereich nicht; wenn ein Anliegen geringfügig ist, ist es nicht emotional. Eine typische Eigenschaft von Emotionen ist es, daß sie die Dinge vergrößern. Daß unser Kollege zwei Prozent mehr verdient als wir, ist für neidische Menschen keine Kleinigkeit: Wir sehen darin einen Ausdruck der unverdienten geringeren Position, in der wir uns gerade befinden. Auch ein etwas kleinerer Brustumfang wird von den vielen Frauen, die sich Brustimplantate einpflanzen lassen, nicht als geringfügige Unvollkommenheit betrachtet. Jedes emotionale Anliegen wird als bedeutsam wahrgenommen.

Die obigen Erwägungen mögen erklären, warum es leicht ist, Emotionen hervorzurufen, obwohl sie unsere tiefsten Wertüberzeugungen ausdrücken. Man braucht kein profundes Argument, um Emotionen hervorzulocken, ganz im Gegenteil: Scheinbar ganz oberflächliche Dinge können emotionale Reaktionen hervorrufen. Ein weiterer Grund für die Leichtigkeit, mit der Emotionen belegt werden können, ist ihre Tiefe: Emotionale Werte sind umfassend und beziehen sich auf viele Ereignisse in unserem Leben.

Einseitigkeit

Ich lebe Tag für Tag.
Willie Nelson

Ich habe keine Ahnung von Sex, ich war immer verheiratet.
Zsa Zsa Gabor

Emotionen sind in zwei grundlegenden Hinsichten einseitig: Sie sind auf ein *begrenztes* Ziel fokussiert, zum Beispiel auf eine oder einige wenige Personen, und sie drücken eine *persönliche* und interessierte Perspektive aus. Emotionen lenken und färben unsere Aufmerksamkeit, indem sie das selektieren, was unsere Aufmerksamkeit auf sich zieht und fesselt; sie bewirken, daß uns manche Dinge voll in Anspruch nehmen, während andere uns gleichgültig sind. Emotionen sind keine abgehobenen theoretischen Zustände; sie richten sich aus einer persönlichen Perspektive auf ein praktisches Anliegen. In diese Perspektive können auch die Erwägungen derer einfließen, mit denen wir verwandt sind. Diese Menschen sind gleichsam Erweiterungen unseres Ichs, wenngleich ihr emotionales Gewicht in der Regel geringer ist als das Gewicht persönlicher Erwägungen, die sich direkt auf unser eigenes Leben beziehen.

Nicht jeder und nicht alles ist für uns von emotionaler Bedeutung. Wir können nicht zu jedermann einen emotionalen Zustand einnehmen und auch nicht zu all jenen, die keinerlei Beziehung zu uns haben. Die Intensität der Emotionen rührt daher, daß sie sich auf eine begrenzte Gruppe von Objekten fokussieren. Emotionen drücken unsere Wertvorstellungen und Präferenzen aus und können daher nicht wahllos sein. Wahllosigkeit liefe darauf hinaus, keine Präferenzen und Wertvorstellungen zu haben, sie wäre ein Zustand der Nicht-Emotion.

Nehmen wir zum Beispiel die romantische Liebe. Wir können in der Frage, wen wir lieben, nicht wahllos sein. Wir können nicht alle lieben; unsere romantische Liebe muß sich auf einige wenige richten. Für die meisten von uns ist es mehr als genug, einen romantischen Partner zu haben, weil dieser eine Partner all unsere mentalen (oder gar finanziellen!) Ressourcen erschöpft. Vitalere Menschen mögen zwei, drei oder gar fünf romantische Partner haben, aber selbst diese talentierten Menschen können nicht tausend romantische Partner haben. Da die romantische Liebe wie andere Emotionen auch zwangsläufig eine Begrenzung von Parametern wie Zeit und Aufmerksamkeit mit sich bringt, muß auch die Zahl ihrer Objekte begrenzt sein. Bei einer begrenzten Zahl von emotionalen Objekten stehen uns mehr Ressourcen zur Verfügung. Es hat also schon seinen Sinn, wenn Whitney Houston singt: »*I'm saving all my love for you.*« Der geliebte Mensch hat eine emotionale Bedeutung wie kein anderer, er füllt einen Großteil unserer emotionalen Umwelt aus.[3]

In Israel wurde einmal ein Polizeibeamter gefragt, in welcher Richtung die Polizei ihre Ermittlungen fokussiere, worauf er erwiderte: »Wir fokussieren in alle erdenklichen Richtungen.« Ein Denkfehler, denn das ist natürlich nicht möglich. So können wir auch nicht unsere Emotionen auf alle Menschen fokussieren.

Diese Begrenzung der Zahl möglicher emotionaler Objekte zwingt uns zur Fokussierung auf diejenigen, die uns nahestehen. Wenn wir hören, daß bei einem Erdbeben in einem (von unserem Standort aus) fernen Erdteil Tausende von Menschen umgekommen sind, ist unsere emotionale Reaktion nicht entfernt so intensiv wie beim Tod eines Menschen, der uns nahesteht, und sie erreicht auch nicht die Stärke des Gefühls, das wir empfinden, wenn wir im Fernsehen ein einzelnes Opfer dieses Erdbeben leiden sehen (was eine gewisse Verbundenheit mit diesem besonderen Opfer entstehen läßt). Der Fernsehbericht fesselt unser emotionales Interesse dadurch, daß er umfassende Situationen anhand von Geschichten über einzelne Menschen oder Familien darstellt. Wie Stalin schon sagte: »Der Tod eines Mannes ist eine Tragödie, aber der Tod von Millionen ist eine statistische Zahl.« Deshalb nennt Unicef, wenn sie um Spenden für benachteiligte Kinder bittet, keine statistischen Zahlen über diese Kinder, sondern weist darauf hin, daß wir mit einer Spende von 32 Cent eine Ampulle Penicillin für die Behandlung eines ganz bestimmten Kindes bereitstellen können. Emotionen drücken den, wie man sagen könnte, »Hammer-Standpunkt« aus: Wenn man einen Hammer in der Hand hat, sieht die ganze Welt wie ein Nagel aus.[4]

In hochgradig emotionalen Zuständen gleichen wir ein wenig Kindern. Ein kleines Mädchen wird Ihnen versprechen, morgen von einem Turm zu springen, wenn Sie ihm heute einen Bonbon geben, und zwar nicht nur, weil es nicht versteht, was *morgen* und *versprechen* bedeuten, sondern vor allem, weil sein Interesse einseitig auf die unmittelbare Situation gerichtet ist. Unsere emotionalen Perspektiven sind wie die von Kindern in hohem Maße einseitig und involviert. Die unmittelbare Situation, wie ernst oder bedeutungslos sie auch sein mag, ist das einzige, was uns interessiert, wenn wir in einem intensiven emotionalen Zustand sind. Wir glauben dann vielleicht, daß die Welt mit Fingern auf einen Pickel auf unserer Nase zeigt. Intellektuelle Erklärungen, daß man die Sache auch aus einer weiteren Perspektive betrachten kann, richten unter diesen Umständen nichts aus. Kinder haben eine eingeengtere Perspektive und erleben daher häufiger als Erwachsene emotionale Zustände von kürzerer Dauer. Kinder lachen zum Beispiel häufiger als Erwachsene; es gibt Schätzungen, daß Kinder im Kindergartenalter ungefähr dreihundertmal am Tag lachen, Erwachsene dagegen nur siebzehnmal. Generell ist das Verhalten von Kindern emotionaler als das von Erwachsenen: Kinder haben weniger Abwehrmechanismen, die das für Emotionen typische spontane Verhalten hemmen.[5]

Angesichts der Einseitigkeit von Emotionen können wir deren Intensität durch Erweiterung unserer Perspektive verringern oder umgekehrt durch Verengung der Perspektive erhöhen. Wenn wir bis zehn zählen, bevor wir unserem Ärger Luft machen, können wir unsere Perspektive vielleicht so erweitern, daß unser Ärger verfliegt. Diese Haltung ist typisch für Leute, die fähig sind, alle Aspekte einer Situation gelassen zu betrachten, nicht dagegen für solche, die heftig auf die Situation reagieren.

Die Einseitigkeit der Emotionen hat einen weiteren Aspekt, die persönliche Verwicklung. Emotionen sind Antworten auf einen Sachverhalt aus persönlicher Perspektive. Das heißt aber nicht, daß wir andere als bloße Mittel zu unserer eigenen Befriedigung betrachten; wir können diesen anderen durchaus einen Eigenwert zuschreiben und sie als konstitutiv für unser eigenes Wohlergehen verstehen.

Die persönliche Perspektive äußert sich darin, daß wir unseren Verwandten größeren emotionalen Wert beimessen als Menschen, die gar nichts mit uns zu tun haben. Der Fortbestand der Verbindung mit denen, die mit uns verwandt sind, ist emotional bedeutsam, aber nicht nur einseitig im Sinne der Förderung unseres eigenen Wohlergehens. Die Liebe zu meinen beiden Söhnen äußert sich in meinem Wunsch, es möge ihnen gutgehen, gleichgültig, was aus mir wird; ich möchte allerdings, daß sie mir immer nahe sind. Die Trauer um den Tod meines Bruders enthält zwar auch die traurige Einsicht, daß wir nie mehr zusammenkommen können, aber sie rührt nicht so sehr aus der Sorge um mein künftiges Wohlbefinden her als vielmehr aus der betrüblichen Erkenntnis, daß dieser junge Mensch nicht mehr in der Lage sein wird, sich seine Wünsche zu erfüllen und mit denen zusammenzusein, die ihn lieben.

Die für Emotionen typische Einseitigkeit ist nicht so dominant bei anderen mentalen Fähigkeiten wie Wahrnehmen, Erinnern und Denken, die gewöhnlich auf mehrere Objekte gerichtet sind und in der Regel eine weniger persönliche Perspektive einschließen. Wir können zum Beispiel, obwohl die Wahrnehmung auf Ereignisse und Objekte begrenzt ist, die uns aktuell gegeben sind, viele Dinge gleichzeitig wahrnehmen. Auch die Erinnerung mag auf Dinge beschränkt sein, die wir einmal erfahren oder gelernt haben, aber dennoch können wir uns innerhalb kurzer Frist an eine ganze Menge Leute erinnern. Das intellektuelle Denken ist im Unterschied zu den Emotionen nicht einseitig, denn es richtet sich nicht auf ein enges, sondern ein breites Ziel, und es geht nicht von einer persönlichen, eigennützigen Perspektive aus. Intellektuelles Denken ist ein losgelöster Zustand: Es betrachtet alle Implikationen eines gegebenen Sachverhalts und führt uns weit über die aktuelle Situation hinaus. Intellektuelles Denken ist den formal-logischen Regeln stichhaltigen Argumentierens verpflichtet, aber nicht an Werte gebunden – es ist wertfrei. Beim intellektuellen Denken sollen wir alle vorhandenen Alternativen abwägen und dann die beste wählen. Anders als bei den Emotionen genießt die aktuelle Situation beim intellektuellen Denken keinen Vorrang, im Gegenteil: Wir sollen uns von dieser Situation nicht beeinflussen lassen, sondern alle anderen möglichen Situationen objektiv abwägen.

Der Humor besitzt ähnlich wie die Emotionen ein starkes Element der Inkongruenz oder der Veränderung. Wie die Emotionen kombiniert der Humor zwei Perspektiven, das Erwartete und das Unerwartete. Doch während die gleichzeitige Präsenz inkongruenter Perspektiven bei den Emotionen problematisch ist und sofortiges praktisches Handeln verlangt, ist die Inkongruenz beim Humor amüsant und verlangt kein Handeln. Die Fähigkeit, mehrere verschiedene Perspektiven einzunehmen, ist für den Humor und maßvolle Standpunkte typisch, im Gegensatz zur Einseitigkeit der Emotionen. Ein Sinn für Humor verträgt sich daher in der Regel nicht mit einem extremen emotionalen Zustand. Die Fähigkeit, mehrere Alternativen zu erwägen, ist auch ein Zeichen von geistiger Gesundheit. Jemand, der an Paranoia leidet, bestreitet zum Beispiel, daß Alternativen zu seiner Haltung möglich sind.

Die Einseitigkeit hängt mit den anderen typischen Merkmalen der Emotionen zusammen, der Instabilität, der großen Intensität und der kurzen Dauer. Eine einseitige Perspektive ist nicht so stabil wie eine objektive. Da die einseitige Betrachtung vieles nicht berücksichtigt, gibt es weitere Umstände, die bedeutsame Veränderungen für sie darstellen und damit das stabile Gleichgewicht des Systems stören. Des weiteren gibt es einen Zusammenhang zwischen der Einseitigkeit und der großen Intensität. Wegen ihrer Intensität verlangen Emotionen Ressourcen wie Zeit und Aufmerksamkeit. Diese Ressourcen sind aber endlich, und deshalb müssen Emotionen einseitig und diskriminierend sein. Mit der Konzentration auf wenige Objekte wachsen die für jeden einzelnen verfügbaren Ressourcen, und dadurch wächst die emotionale Intensität.

Kürze

In Hollywood ist eine Ehe, die länger hält als Milch, ein Erfolg.
Rita Rudner

Sag ihr, sie soll einen Moment warten – ich bin fast fertig.
Carl Friedrich Gauß auf die Nachricht, seine Frau liege im Sterben

Typische Emotionen sind ihrem Wesen nach flüchtige Zustände. Ein emotionales Ereignis ist vergleichbar mit einem großen Stein, den man in ein stehendes Gewässer wirft: Für kurze Zeit herrscht emotionales Chaos, dann kehrt allmählich wieder Ruhe ein.[6]

Die Mobilisierung aller Ressourcen für ein einziges Ereignis kann nicht von Bestand sein. Ein System kann nicht über längere Zeit instabil sein und dennoch normal funktionieren; bei fortwährender Erhöhung der emotionalen Intensität könnte es explodieren. Auch eine Veränderung kann als solche nicht lange Bestand haben; irgendwann deutet das System die Veränderung als eine normale, stabile Situation. Wegen des Zusammenhangs zwischen emotionaler Intensität und Veränderung muß die Intensität infolge der flüchtigen Natur der Veränderungen stetig nachlassen. Dieser natürliche Mechanismus erlaubt dem System, nach relativ kurzer Zeit wieder normal zu funktionieren, wenn auch in etwas anderer Form als vorher. Würden Emotionen sich unabhängig vom Geschehen in unserer Umwelt lange halten, dienten sie nicht der Anpassung.

Es gibt einen Mechanismus, der dafür sorgt, daß die emotionale Bewertung eines neuen Sachverhalts weniger extrem ausfällt. Ein Beispiel solcher Mäßigung sind die ästhetischen Eindrücke von einem Menschen, den wir vor kurzem kennengelernt haben. Auf den ersten Blick sind solche Eindrücke oft extrem: Die bisher unbekannte Person erscheint uns als vollkommen schön oder total häßlich. Nach einiger Zeit beginnen unsere Eindrükke sich zu mäßigen; der schöne Mensch wird als nicht ganz so schön, der häßliche als nicht ganz so häßlich wahrgenommen. Die Zeit ist ein Dieb nicht nur der Schönheit, sondern auch der Häßlichkeit. Die englische Romanautorin Ouida wies schon darauf hin: »Die Vertrautheit ist ein Zauberer, der grausam zur Schönheit, aber freundlich zur Häßlichkeit ist.«

Klar ist jedoch, daß die Vergänglichkeit der Emotionen nicht bedeutet, daß sie nicht länger als einige Sekunden dauern können; zuweilen nimmt der Übergang von einem stabilen Zustand in den anderen mehr Zeit in Anspruch. Ein solcher Übergang ist nicht bloß ein Wechsel von einem Zustand in den anderen; er schließt tiefgreifende Veränderungen in unseren Plänen und Interessen ein und kann uns daher über längere Zeit beschäftigen. Die zeitliche Struktur einer emotionalen Reaktion umfaßt typischerweise eine Phase des schnellen Aufbaus, gefolgt von einem relativ langsamen Abbau. Wenn eine emotionale Reaktion ihren Höhepunkt erreicht hat, kann es Stunden oder sogar Tage dauern, bis man wieder zum stabilen Normalzustand zurückfindet.[7] Der Streit über die Dauer von Emotionen kann daher mit der Feststellung beigelegt werden, daß alle typischen und diagnostischen Merkmale von Emotionen tatsächlich nur sehr kurz vorhanden sind – meistens ist es eine Sache von Sekunden oder Minuten. Je länger eine Emotion anhält, desto mehr solcher Merkmale entfallen.

Daraus, daß Emotionen flüchtige Zustände sind, folgt nicht, daß sie auch eine nur flüchtige Wirkung haben – ein kurzer emotionaler Zustand kann tiefgreifende und langwierige Folgen für das Verhalten haben. Überdies haben unsere emotionalen Wertvorstellungen eine nachhaltige Wirkung auf das, was wir tun und unterlassen.

Wesentliche Komponenten: Kognition, Evaluation, Motivation und Gefühl

Um glücklich zu sein,
braucht man nicht reich und berühmt zu sein –
es genügt, reich zu sein.
Alan Alda

Emotionen haben außer den schon erörterten typischen Merkmalen, also Instabilität, Intensität, Einseitigkeit und Kürze, noch weitere relevante Eigenschaften, die uns helfen können, sie zu verstehen. Eine solche Eigenschaft ist die Unterteilung der Emotionen in vier wesentliche Komponenten, nämlich Kognition, Evaluation, Motivation und Gefühl.

Intentionalität und Gefühl

Die meisten Menschen ändern sich nicht aus Einsicht,
sondern weil sie unter Druck stehen.
Unbekannt

Intentionalität und Gefühl sind meines Erachtens die beiden grundlegenden mentalen Dimensionen.[8] Intentionalität verweist auf eine Subjekt-Objekt-Beziehung, während sich im Gefühl der Seelenzustand des Subjekts äußert. Bei einem Liebespaar tritt die Gefühlsdimension in einem bestimmten Gefühl zutage, einer Erregung, die beide empfinden, wenn sie zusammen sind; die intentionale Dimension, die Kognition, Evaluation und Motivation umfaßt, äußert sich im Wissen der Partnerin von ihrem Geliebten, ihrer Bewertung seiner Eigenschaften und ihrem auf ihn gerichteten Begehren.

Intentionalität ist die Beziehung des »Auf-etwas-gerichtet-Seins«. Sie umfaßt unsere kognitive Fähigkeit, uns selbst als etwas von den Umgebungsreizen Verschiedenes zu begreifen, um eine sinnvolle Subjekt-Objekt-Beziehung herzustellen. Das intentionale Objekt ist etwas, worüber das Subjekt Informationen hat. Innerhalb der intentionalen Dimension kann der Bezug zum Objekt auf verschiedene Weise auftreten, zum Beispiel in der Wahrnehmung, der Erinnerung, dem Denken, in Träumen, Phantasien, Begierden und Emotionen.

Die Gefühlsdimension ist eine primitive, an unseren Zustand geknüpfte Bewußtseinsform. Es ist das niedrigste Niveau von Bewußtsein; im Unterschied zu den höheren Bewußtseinsebenen, wie man sie in der Wahrnehmung, Erinnerung und dem Denken antrifft, hat die Gefühlsdimension keinen sinnvollen kognitiven Inhalt. Sie drückt unseren Zustand aus, ist aber selbst weder auf diesen Zustand noch irgendein anderes Objekt gerichtet. Da diese Dimension ein Bewußtseinsraum ist, ist es nicht möglich, sich ihrer nicht bewußt zu sein; es gibt keine ungefühlten Gefühle.

Die intentionale Dimension der Emotionen läßt sich in drei Komponenten aufgliedern: eine kognitive, eine evaluative und eine motivationale. Bei der kognitiven Komponente geht es um Informationen über die jeweils gegebenen Umstände; bei der evaluativen Komponente geht es um die Einschätzung der persönlichen Bedeutung dieser Information; bei der motivationalen Komponente geht es um unsere Wünsche oder unsere Bereitschaft, unter diesen Umständen zu handeln. Angenommen, Hans beneidet Adam um seine besseren Schulnoten; Hans hat in diesem Fall Informationen über Adams Noten, bewertet seine eigene Unterlegenheit negativ und wünscht, sie zu beseitigen.

Zwischen diesen drei intentionalen Komponenten und der Gefühlsdimension gibt es keine Trennung. Emotionen bedeuten nicht, daß man getrennt voneinander vier Aktivitäten ausführt:

erkennen, bewerten, wünschen und fühlen. Es sind nur vier verschiedene Aspekte einer typischen emotionalen Erfahrung.

Typische mentale Zustände umfassen sowohl die intentionale als auch die Gefühlsdimension. Das Verhältnis zwischen den beiden Dimensionen ist in jedem mentalen Zustand ein anderes. Bei den Emotionen sind beide Dimensionen von zentraler Bedeutung, aber bei den meisten mentalen Zuständen ist nur einer von beiden dominant. So dominiert die Gefühlsdimension bei Schmerzerfahrungen, Durst und Hunger und bei affektiven Störungen. Die intentionale Dimension dominiert bei den kognitiven Fähigkeiten der Wahrnehmung, der Erinnerung und des Denkens. Es besteht ein wechselseitiges Abhängigkeitsverhältnis zwischen der intentionalen und der Gefühlsdimension. Wenn die eine vorherrscht, tritt die andere oft so stark zurück, daß man sie kaum wahrnimmt. Von schwerverwundeten Soldaten weiß man, daß sie häufig fast keinen Schmerz spüren, solange sie sich auf dem Schlachtfeld befinden; starke Schmerzen von ihren Verwundungen empfinden sie erst, wenn man sie abtransportiert.[9] Während des Kampfgeschehens war ihre ganze Aufmerksamkeit auf den Feind, ihr intentionales Objekt, konzentriert, was für das Überleben höchst sinnvoll ist; die Gefühlsdimension war unter diesen Umständen in den Hintergrund gedrängt. Sobald die Gefahr schwindet und kein anderes intentionales Objekt da ist, können sie ihre eigene Situation besser wahrnehmen, und die Gefühle treten wieder in den Vordergrund. Auch wenn man sich ganz auf eine geistige Aktivität konzentriert, können Schmerz- oder Hungergefühle in den Hintergrund treten.

Das umgekehrte Verhältnis zwischen der Komplexität der intentionalen Dimension und der Intensität der Gefühlsdimension ist typisch für Fälle, in denen das Aktivitätsniveau des mentalen Systems konstant bleibt. Wenn dieses Niveau sich ändert, etwa im hohen Alter oder in Situationen höchster Erregung, ändern sich beide Dimensionen oft in der gleichen Richtung.

Die kognitive Komponente

When your heart is on fire you must realize, smoke gets in your eyes.
The Platters

Es ist Pech, abergläubisch zu sein.
Andrew Mathis

Die kognitive Komponente liefert die erforderliche Information über eine gegebene Situation. Ohne eine gewisse Information, sei sie wahr oder falsch, kann sich keine emotionale Einstellung herausbilden. Die Angst vor dem Motorradfahren setzt Kenntnisse über die Gefahren des Motorrads voraus. So ist es auch, wenn man verliebt ist – man muß schon etwas über den Geliebten wissen.

Bei Emotionen ist der kognitive Aspekt oft *verzerrt.* Das liegt an mehreren, miteinander zusammenhängenden Eigentümlichkeiten der Emotionen: (a) Einseitigkeit, (b) Nähe und (c) einer intensiven Gefühlsdimension.

Emotionale *Einseitigkeit* widerspricht der breiten und objektiven Perspektive, die für geistige und wissenschaftliche Erkenntnis gefordert ist. Es kann zu falschen Annahmen führen, wenn man nicht das ganze Bild sieht. Aristoteles vergleicht Emotionen wie den Zorn mit einem behenden Diener, der, ohne seinen Herrn ganz ausreden zu lassen, hinausläuft und dann den Befehlt verkehrt ausführt, oder einem Hund, der, wenn es bloß klopft, gleich Laut gibt, ohne achtzugeben, ob es ein Freund ist. Und Malebranche sagt: »Die Sinne und die Leidenschaften müssen schweigen, wenn man das Wort der Wahrheit vernehmen möchte.«[10]

Die Einseitigkeit der Emotionen verträgt sich mit großer *Nähe*, die ihrerseits den kognitiven Inhalt von Emotionen weiter verzerrt. Man braucht eine gewisse Distanz, um eine Perspektive zu gewinnen, welche die vielfältigen Aspekte des Objekts umfaßt. Distanz zu wahren ist jedoch das Gegenteil der für Emotionen typischen engagierten und vertrauten Perspektive.

Die *intensive* Gefühlsdimension von Emotionen setzt oft unsere Fähigkeit zu vernünftigen kognitiven Einschätzungen außer Kraft. Bei intensiven Gefühlen funktionieren einige unserer intellektuellen Fähigkeiten nicht mehr normal. Je intensiver der emotionale Zustand, desto leichter kommt es zu kognitiven Verzerrungen. Deshalb hat man gesagt, Emotionen seien blind; sie blicken nicht über die unmittelbare Gratifikation hinaus.

Das alles vermag eine angemessene Erkenntnis unseres emotionalen Kontexts zu behindern, doch hat die Einseitigkeit der Emotionen auch kognitive Vorteile. Es gibt Hinweise, daß Emotionen in kognitiven Prozessen eine wichtige Rolle spielen. Der Bewohner eines Ghettos vermag seine Entbehrungen aus Empörung und Zorn vielleicht genauer zu erkennen als jemand, der das Ghetto von außen aus einer distanzierten, »objektiven« Perspektive betrachtet. Emotionale Erregung erhöht tatsächlich die *Aufmerksamkeitsfähigkeit*. In der Regel verstärken Emotionen das Gedächtnis. Wir erinnern uns besser an Ereignisse, die emotional bedeutsam sind.[11]

Die scheinbar widersprüchlichen Aspekte der kognitiven Komponente von Emotionen – einerseits verzerrend, andererseits verläßlich zu sein – lassen sich in Einklang bringen, wenn wir die *Umgebung* berücksichtigen, in der Emotionen funktionieren. Emotionen sind zentrale kognitive Mittel für das

Erkennen unserer unmittelbaren Umgebung. Hier ist die Verläßlichkeit der emotionalen kognitiven Komponente hoch. Bei ferneren Objekten ist die emotionale Perspektive oft verzerrt. Auch die Wahrnehmung ist in bezug auf unsere unmittelbare Umgebung ein brauchbares kognitives Instrument; bei räumlich und zeitlich weiter entfernten Objekten sind Denken, Erinnerung und Vorstellungsvermögen nützlicher.

Die evaluative Komponente

Nicht die Tatsachen selbst beunruhigen die Menschen,
sondern die Meinungen darüber.
Epiktet

Ein Freund ist ein Mensch, der dich kennt und trotzdem liebt.
Fr. Jerome Cummings

Die evaluative Komponente der Emotionen ist extrem wichtig. Jede Emotion enthält eine bestimmte Bewertung. Haß beruht auf der negativen Bewertung eines anderen, Stolz auf einer positiven Selbstbewertung und Bedauern darauf, daß man seine Taten als falsch bewertet. Die Emotion der Furcht beruht darauf, daß man etwas als gefährlich bewertet; eine sehr positive Bewertung eines anderen liegt den Emotionen der Liebe und der Bewunderung zugrunde. Wo die evaluative Komponente fehlt oder nur geringes Gewicht hat, befinden wir uns in einem indifferenten Zustand. In einem emotionalen Zustand sind wir weder neutral noch indifferent, sondern hochgradig persönlich involviert. Die evaluative Komponente bewertet die »kalte« Information, welche die kognitive Komponente liefert, im Hinblick auf ihre Folgen für unser Wohlbefinden.

Die Emotion der Hoffnung unterscheidet sich von jener der

Erwartung durch eine evaluative Komponente: Wir erhoffen nur, was wir als irgendwie vorteilhaft bewerten; unsere Erwartung enthält keine derartige Bewertung. Daher ist die Überraschung, wenn sie lediglich als kognitiver Zustand betrachtet wird, keine Emotion.[12] Die Unterscheidung zwischen Kognition und Evaluation sollte man daher nicht übertreiben. Oft können wir die kognitive Komponente nicht von der evaluativen Komponente einer Ansicht trennen, zum Beispiel bei der Einschätzung, daß eine Situation für uns gefährlich ist. Dennoch ist die Unterscheidung wichtig, denn die evaluative Komponente ist vielfach der Faktor, der eine Emotion von einer anderen unterscheidet.

Die *psychologische evaluative Komponente* eines bestimmten emotionalen Zustands darf nicht verwechselt werden mit der *moralischen Bewertung des gesamten Zustands*. Aus psychologischer Sicht ist eine Emotion positiv, wenn sie eine positive Bewertung des Objekts, eine positive Motivation und ein angenehmes Gefühl enthält. Aus moralischer Sicht ist eine Emotion positiv, wenn sie im Lichte moralischer Werte positiv bewertet wird. Manchmal stimmen beide Sichtweisen nicht überein: Schadenfreude ist aus psychologischer Sicht eine positive, aus moralischer Sicht dagegen eine negative Emotion; Mitleid ist aus psychologischer Sicht eine negative, aus moralischer Sicht eine positive Emotion.

Oft können wir unsere Bewertungsmaßstäbe nicht genau beschreiben, doch in der Regel wissen wir, um was für eine Art von Bewertung es geht, zumindest, ob sie positiv oder negativ ist. Emotionen sind gewöhnlich leicht zu identifizieren, auch wenn das Bewertungsverfahren schwer zu beschreiben ist.

Oft gehen sowohl positive als auch negative Bewertungen in eine Emotion ein, so daß sich Freude und Schmerz in ihr mischen. Mein Zorn enthält zum Beispiel eine negative Bewertung desjenigen, der mich beleidigt hat, und eine positive Bewertung, die aus der Aussicht auf Rache entspringt. In meiner Liebe mischen sich die Bewunderung für die Geliebte und die Befürchtung, daß ich sie verlieren könnte. Doch trotz gegensätzlicher Bewertungen haben typische Emotionen insgesamt einen positiven oder negativen Wert. Es gibt jedoch emotionale Zustände ohne eindeutige Gesamtbewertung, so daß man nicht weiß, ob sie angenehm oder unangenehm sind. Das heißt natürlich nicht, daß ein solcher emotionaler Zustand neutral ist oder daß wir in diesem Zustand indifferent sind. Wir wissen nicht, was wir tun sollen, aber indifferent sind wir nicht.

Bei der Bewertung ist zwischen zwei Arten zu unterscheiden, der deliberativen und der schematischen. Eine deliberative Bewertung liegt vor, wenn wir über ein Ereignis nachdenken und dadurch zornig werden. Ein Beispiel für eine schematische Bewertung ist die Liebe auf den ersten Blick. Eine deliberative Bewertung geht langsam und bewußt vor und unterliegt weitgehend der willentlichen Kontrolle. Sie beruht auf verbal zugänglicher, semantischer Information und verfährt überwiegend linear und seriell. Bei schematischen Bewertungen handelt es sich um spontane Reaktionen, die auf einem unausgesprochenen, elementaren Bewertungssystem beruhen. Sie erfolgen zumeist schnell und automatisch und werden kaum wahrgenommen. Sie beruhen auf fertigen Bewertungsschemata, die bereits in der Evolution und in der persönlichen Entwicklung festgelegt wurden; in ihnen ist daher die Geschichte verkörpert. Weil die Bewertungsmuster Bestandteil unserer psychologischen Konstitution sind, brauchen wir sie nicht erst zu schaffen; sie werden unter entsprechenden Umständen automatisch aktiviert. Die schematische Aktivität verläuft weitgehend außerhalb unserer Wahrnehmung, kommt mit minimalen Aufmerksamkeitsressourcen aus und ist nicht gänzlich auf verbale Information angewiesen.[13]

Zuweilen können beide Arten von Bewertung einander widersprechen. Es kommt zum Beispiel vor, daß uns die Furcht nicht verläßt, obwohl die bewußte, deliberative Beurteilung ergibt, daß wir nicht mehr in Gefahr sind. Desgleichen können wir uns in jemanden verlieben, obwohl wir wissen, daß diese Liebe nicht gut für uns ist und nicht von langer Dauer sein wird. Solche Fälle können wir mit der Annahme erklären, daß bestimmte schematische Bewertungen in einem Maße konstitutiv werden, daß sie durch keine bewußte Überlegung mehr zu ändern sind. In solchen Situationen sind trügerische Wahrnehmungen durch keinerlei intellektuelles Wissen zu korrigieren.

Wegen der schematischen Natur emotionaler Bewertungen können wir sagen, daß Emotionen kein isoliertes Resultat einer kognitiven Folgerung sind, sondern Bestandteil einer kontinuierlichen Interaktion. Die wohlerwogene Bewertung ist ein vorbereitender Prozeß, der seinem Produkt vorausgeht und von ihm getrennt ist. Ein Schema ist ein konstitutives, aktives Organisationsprinzip, das von dem organisierten Zustand nicht getrennt, sondern ein Teil von ihm ist.

Aus der spontanen und schematischen Natur der Emotionen folgt nicht, daß deliberative Überlegungen keine Emotionen erzeugen können. Es kann geschehen, daß wir an den Tod denken und Angst bekommen oder daß wir an unseren Ehepartner denken und eifersüchtig werden. Gedanken wirken sich auf Stimmungen aus, und Stimmungen beeinflussen unsere Gedanken. Deliberative Überlegungen sind für Emotionen jedoch nicht konstitutiv, sondern spielen eine vorbereitende Rolle. Denken kann das System auf die Aktivierung schematischer Bewertungen vorbereiten, indem es uns den Bedingungen näher bringt, unter denen Bewertungsmuster spontan aktiviert werden. Deliberatives Denken kann der unmittelbare Auslöser für die Aktivierung eines Bewertungsmusters sein, doch die emotionale Bewertung selbst erfolgt nicht bewußt. Deshalb kann das emotionale System auf bedeutsame Ereignisse fast augenblicklich reagieren und sich dennoch umfassend auf das Leistungsvermögen und die Flexibilität komplexer kognitiver und evaluativer Fähigkeiten stützen, zum Beispiel das theoretische Denken.[14]

Die Entwicklung eines automatischen Bewertungsmechanismus läßt sich eindeutig mit der biologischen Funktion der Emotionen erklären, auf dringliche Situationen eine rasche Reaktion zu ermöglichen. Daß persönliche und soziale Umstände an der Entstehung von Emotionen maßgeblich beteiligt sind, ändert nichts am spontanen und unreflektierten Charakter der Emotionen. Dadurch, daß solche Umstände unseren Charakter formen, nehmen einige unserer spontanen und natürlichen emotionalen Reaktionen eine bestimmte Form an. Man kann hier von einer »erlernten Spontaneität« sprechen; diese Spontaneität ist eine unmittelbare Reaktion, die aber durch unsere persönliche und soziale Geschichte geformt wurde.[15]

Die motivationale Komponente

Nur tote Fische schwimmen mit dem Strom.
Unbekannt

Zwei Dinge sind schlecht für das Herz –
Treppen raufrennen und Menschen runterputzen.
Bernard M. Baruch

Die motivationale Komponente bezieht sich auf den Wunsch oder die Bereitschaft, gegenwärtige, frühere oder künftige Umstände zu erhalten oder zu verändern. Bei »leidenschaftlichen« Emotionen wie Zorn und sexuellem Verlangen äußert sich der Wunsch typischerweise in offenkundigem Verhalten, bei »leidenschaftslosen« Emotionen wie Neid und Hoffnung ist das Verhaltenselement weniger sichtbar, sie äußern sich als bloßer Wunsch.

Emotionen sind keine theoretischen Zustände; es geht bei ihnen um ein praktisches Anliegen und eine entsprechende *Handlungsbereitschaft*. Da Emotionen auf Bewertungen beruhen, aus denen eine positive oder negative Haltung gegenüber dem Objekt folgt, führen sie auch zu einer Handlung oder einer Handlungsbereitschaft, die mit der Bewertung übereinstimmt. So geht eine positive emotionale Bewertung eines anderen Menschen oft mit der Bereitschaft einher, mit diesem zusammenzusein. Die mit Emotionen verbundene Handlungsbereitschaft ist nicht neutral, sondern so etwas wie ein Wunsch, der unsere positive Haltung zu dieser Handlungsoption ausdrückt. Wenn uns jemand gleichgültig ist, empfinden wir weder eine Emotion noch eine Neigung, etwas für oder gegen diesen Menschen zu tun. Hier die Äußerung eines Model-Agenten über Schönheit: »Das ist, wenn jemand zur Tür hereinkommt, und es bleibt einem die Luft weg … ich meine eine Frau, an der man auf der Straße buchstäblich nicht vorbeigehen kann.«[16] Emotionale Zustände, wie sie entstehen, wenn wir einem schönen Menschen begegnen, können uns nicht gleichgültig lassen. Wir lassen dann buchstäblich alles stehen und liegen und konzentrieren uns ganz auf das emotionale Anliegen.

Die evaluative Komponente der Emotionen bezieht sich weniger auf ein bestimmtes Verhalten als vielmehr auf eine bestimmte Motivation.[17] Die motivationale Komponente kann sich auf unterschiedliche Weise auf reales Verhalten beziehen: (a) als ausgeprägte Begierde, die in reales Verhalten umgesetzt wird; (b) als Begehren oder Verlangen, das aufgrund äußerer Zwänge nicht in reales Verhalten umgesetzt wird; oder (C) als bloßer Wunsch, der nicht in reales Verhalten umgesetzt werden soll.

Die Liebe ist eine typische Emotion mit ausgeprägten Begierden, die sich in bestimmten charakteristischen Aktivitäten äußern: Streicheln und Schmusen, Achtsamkeit auf die Bedürfnisse und Wünsche der Geliebten und so weiter. Diese müssen sich nicht alle jederzeit und in jedem Fall von Liebe zeugen; wenn solche Verhaltensweisen jedoch ständig ausbleiben, kann das ein Zeichen dafür sein, daß es auch an der Liebe fehlt. Es gibt außerdem andere Verhaltensweisen, die ebenfalls darauf hindeuten, daß von Liebe keine Rede sein kann. So könnte jemand sagen: »Wenn du mich wirklich lieben würdest, würdest du das nicht tun.«

Trotz des engen Zusammenhangs zwischen Emotionen und Motivation kann man nicht sagen, daß jede Emotion mit einem bestimmten Verhalten verbunden ist. Bei bestimmten Emotionen ist der Zusammenhang mit spezifischen Verhaltensweisen enger als bei anderen. Die für Angst typischen Verhaltensweisen sind zum Beispiel leichter zu bestimmen als die für Neid oder Freude typischen; diese sind unbestimmter.

Manchmal äußert sich die motivationale Komponente in Begierden oder Wünschen, die aufgrund verschiedener Zwänge nicht in reales Verhalten umgesetzt werden. Die Verhaltensäußerung einer Emotion ist von den Umständen abhängig und fehlt manchmal ganz, sei es, daß sie unterdrückt wird, sei es, daß sie bloß imaginiert wird. Ein total gelähmter Mensch kann Emotionen haben, ohne daß diese sich in Muskelaktivität äußern. Aber auch in solchen Fällen ist die Handlungstendenz vorhanden.

Der Zusammenhang zwischen motivationaler Komponente und realem Verhalten ist am schwächsten bei einem bloßen Wunsch. Im Unterschied zu einem unpraktikablen Verlangen, das aufgrund äußerer Zwänge nicht in Handeln umgesetzt wird, liegt es beim bloßen Wunsch an der Natur des Wunsches selbst, daß er sich nicht manifestiert. So wird der momentane Wunsch, einen erfolgreichen Kollegen zu töten, nicht in die Tat umgesetzt, weil er nicht mit der Moral zu vereinbaren ist. Auf jeden Fall ist die motivationale Komponente der Emotion eher auf eine *Handlungstendenz* als auf reales Handeln bezogen.

Wegen des engen Zusammenhangs zwischen Emotionen und Handlungstendenz sind Emotionen ein gern benutztes Mittel, Menschen zu einem bestimmten Handeln zu bewegen. Aristoteles sagte, daß Menschen durch Erregung der Emotionen zum Handeln bewegt werden. Tatsächlich erklären und rechtfertigen wir unser Handeln nicht selten mit dem Verweis auf Emotionen. Wenn Politiker uns bewegen wollen, für sie zu stimmen, appellieren sie denn auch vornehmlich an den emotionalen Bereich. Emotionale Fragen wie Abtreibung oder Bürgerrechte sind ein wirksames Mittel, um positive oder negative Gefühle bei Wählern zu wecken. Statt diese Fragen auf einem intellektuellen Niveau zu diskutieren, bedient man sich im Wahlkampf zumeist emotionaler Parolen und Bilder.

Wie wichtig die Handlungsbereitschaft ist, wird deutlich, wenn wir die Emotionen mit dem *Humor* vergleichen. Während die Emotionen auf die Praxis ausgerichtet sind, geht es beim Humor um eine abstraktere, weniger zielgerichtete Aktivität. So bereiten wir uns im Falle von Angst oder Wut sowohl physiologisch als auch mental auf Flucht oder Kampf vor, doch wenn wir über etwas Lustiges lachen, bereiten wir uns auf keinerlei Aktion vor. In dem Moment, wo wir lachen, sind wir sogar zeitweise handlungsunfähig.[18] Oft bedienen wir uns des

Humors, um Emotionen wie Angst, Zorn oder Kummer abzublocken oder um Sperren zu lösen. Für die Natur ist der Humor kein Scherz. Sein Überlebenswert besteht zumindest teilweise darin, daß er ein Gegengewicht zu dem starken Einfluß bildet, den Emotionen und Stimmungen auf unser Verhalten haben. In dieser Hinsicht ähnelt der Humor der Kunst; beide lenken die Aufmerksamkeit vom Ich und seinen Wünschen ab und versetzen uns dadurch in die Lage, die Realität aus einer sicheren und etwas anderen Perspektive zu betrachten. Dadurch können wir uns entspannen und besser mit der Realität fertig werden. Man könnte meinen, daß neben dem Lachen auch das Weinen eine geeignete Verhaltensform ist, um andere Verhaltensweisen zu unterbrechen. Weinen wird jedoch mit Hilflosigkeit assoziiert, während das Lachen mit dem Auflösen von Spannungen oder anderen problematischen Situationen zusammengebracht wird. Zufällig nimmt das Gesicht beim Lachen und beim Weinen dieselben Züge an.[19]

Die Gefühlskomponente

Liebe ist kein Gefühl.
Liebe wird erprobt, Schmerzen nicht.
Man sagt nicht: »Das war kein wahrer Schmerz,
sonst hätte er nicht so schnell nachgelassen.«
Ludwig Wittgenstein

Der Ausdruck »Gefühl« hat mehrere Bedeutungen: das Wahrnehmen von taktilen Eigenschaften, Körperempfindungen, Emotionen, Stimmungen, Wahrnehmen allgemein und dergleichen mehr. In dieser Diskussion beschränken wir uns auf Wahrnehmungsformen, die unseren eigenen Zustand zum Ausdruck bringen und auf kein bestimmtes Objekt gerichtet sind. Angesichts seiner Bedeutung für das Erkennen unseres eigenen Zustands ist es plausibel, daß das Seelenleben sowohl aus evolutionärer wie aus persönlicher Sicht mit Gefühlszuständen beginnt; in diesem Stadium ist das Leben eine Abfolge von angenehmen und unangenehmen Empfindungen. Wenn sich dann später die intentionalen Fähigkeiten entwickelt haben, wird die Gefühlsdimension gewöhnlich zum Bestandteil eines komplexen mentalen Zustands, der auch die intentionale Dimension einschließt. Mentale Zustände mit nur einer grundlegenden Dimension, also Zustände des reinen Gefühls oder der reinen Intentionalität, kommen beim Menschen, wenn überhaupt, nur sehr selten vor. Die real vorkommenden mentalen Zustände sind komplexe Erfahrungen, die typischerweise sowohl das Gefühl als auch die Intentionalität einschließen.

Gefühle zu beschreiben ist wegen ihrer homogenen und elementaren Natur zwar nicht unmöglich, aber doch schwierig. Es gibt auch nur wenige Wörter für Gefühle, so daß wir oft auf Metaphern und andere Redefiguren zurückgreifen müssen. Viele Gefühle haben nur eine »Als-ob«-Erkennbarkeit (»Ich habe das Gefühl, als ob es eine Zitrone wäre«; »Ich habe das Gefühl, als hätte mich ein Messer gestochen«).[20]

Es ist nicht einfach, die wechselhaften Merkmale der Gefühlskomponente zu bestimmen. Gefühle haben ohne Zweifel eine Intensität und eine Dauer, und manche haben außerdem einen Ort; wie steht es aber mit sonstigen Eigenschaften? Die Eigenschaften, schmerzhaft oder angenehm zu sein, sind offenkundig. Die meisten Menschen empfinden fast die ganze Zeit irgendeinen Grad von Annehmlichkeit oder Unannehmlichkeit, wenn auch oft von geringer Intensität. Abgesehen vom Behagen und Unbehagen kann noch das Kontinuum der Erregung ein gemeinsamer Aspekt der Gefühlsdimension sein.

Daß die Gefühle den Emotionen in der Alltagssprache so eng benachbart sind, gibt einen Hinweis darauf, daß die Gefühle für die Emotionen eine wichtige Rolle spielen. Wegen der Dringlichkeit und des Ausnahmecharakters emotionaler Situationen sind Gefühle in Emotionen leichter wahrnehmbar und intensiver als in den meisten anderen mentalen Zuständen. Es ist von Vorteil, wenn man die mit den Emotionen verknüpften plötzlichen Veränderungen wahrnimmt. Die Gefühle sind als eine Form von Wahrnehmung auf solche Veränderungen spezialisiert und erfüllen daher eine wesentliche Funktion für die Emotionen.

So wichtig die Gefühle auch für die Emotionen sind, wäre es doch falsch, beide gleichzusetzen, denn die Emotionen besitzen neben der Gefühlskomponente auch eine intentionale Komponente. Anders als die komplexe Erfahrung der Emotionen sind Gefühle stärker in Raum und Zeit lokalisiert, und sie sind nicht intentional. Bloße Gefühle sind eher passive Zustände als Emotionen. Außerdem können wir die für eine bestimmte Emotion typischen Gefühle erleben und bestimmen, ohne die entsprechende Emotion selbst zu erleben.[21]

Manchmal kann man zwei verschiedene Emotionen anhand der mit ihnen verbundenen Gefühlskomponente unterscheiden, zum Beispiel die Trauer und den Stolz. In anderen Fällen kann die Gefühlskomponente in dieser Hinsicht versagen. Ein und dieselbe Emotion, etwa die Liebe, kann mit einer Fülle von Gefühlen verbunden sein, so wie ein und dasselbe Gefühl mit verschiedenen Emotionen gepaart sein kann, zum Beispiel die Scham, die Reue, das Bedauern und das Schuldgefühl. Für viele Emotionen gilt zwar, daß sie eine ganze Reihe von Gefühlen umfassen, doch in der Regel beschränkt sich deren Fülle auf eine bestimmte Menge charakteristischer Gefühle; auf jeden Fall kann nicht jedes Gefühl mit jeder Emotion verknüpft werden.

Der affektive Bereich

Den, der den Sex erfunden hat,
würde ich gerne mal kennenlernen,
um zu sehen, woran er jetzt arbeitet.
Unbekannt

Laß dich nicht davon beunruhigen,
daß die Welt morgen untergeht.
In Australien ist *es schon morgen.*
Charles Schultz

In den vorangegangenen Abschnitten haben wir eine vorläufige Beschreibung der Emotionen gegeben. Der affektive Bereich umfaßt außer den Emotionen noch andere Phänomene wie Sentiments, Stimmungen, affektive Störungen und affektive Merkmale.

Ich habe vorgeschlagen, Intentionalität und Gefühl als die beiden grundlegenden mentalen Dimensionen zu betrachten. Bei der Beschreibung der mentalen Aspekte des affektiven Bereichs ist es angebracht, sich auf diese grundlegenden Dimensionen zu beziehen. Dementsprechend umfaßt ein affektives Phänomen eine inhärente positive oder negative Bewertung (dies ist das typische intentionale Merkmal) und eine signifikante Gefühlskomponente. Die Kombination einer inhärenten Bewertung mit einer signifikanten okkurenten Gefühlskomponente ist das, was die affektiven Phänomene von den nichtaffektiven unterscheidet. Eine bloße positive oder negative Bewertung, wie sie beispielsweise in einem verbalen Lob zum Ausdruck kommt, stellt keine affektive Einstellung dar; ein bloßes Gefühl wie etwa ein Kitzel, der keinerlei inhärente Bewertung enthält, wird nicht zum affektiven Spektrum gerechnet.

Die beiden vorgeschlagenen Merkmale sollen nicht nur der Unterscheidung zwischen affektiven und nichtaffektiven Phänomenen dienen, sondern auch der Differenzierung der einzelnen Phänomene innerhalb des affektiven Bereichs. Ich schlage daher vor, die Unterschiede zwischen den Haupttypen affektiver Phänomene zu charakterisieren durch (a) den jeweiligen spezifischen oder allgemeinen Typus der Bewertung und (b) die okkurente (aktuelle) oder dispositionale (potentielle) Natur des gegebenen Phänomens. Daraus ergeben sich vier Kombinationen, die man als elementare Typen affektiver Phänomene betrachten kann:

1. Spezifische Intentionalität, okkurenter Zustand – *Emotionen* wie Neid, Zorn, Schuldgefühl und sexuelles Begehren;
2. Spezifische Intentionalität, dispositionaler Zustand – *Sentiments* wie lang anhaltende Liebe oder Trauer;
3. Allgemeine Intentionalität, okkurenter Zustand – *Stimmungen* wie Fröhlichkeit, Zufriedenheit, »Trübsinn« und Niedergeschlagenheit;
4. Allgemeine Intentionalität, dispositionaler Zustand – *affektive Merkmale* wie Schüchternheit und Mißgunst.

Emotionen und Sentiments haben ein spezifisches intentionales Objekt, wohingegen das intentionale Objekt von Stimmungen, affektiven Störungen und affektiven Merkmalen allgemein und diffus ist. Emotionen und Stimmungen sind ihrer Natur nach okkurente Zustände; Sentiments und affektive Merkmale sind dispositionaler Natur. Diese Unterschiede äußern sich auch zeitlich: Emotionen und Stimmungen sind als okkurente Zustände von relativ kurzer Dauer, während Sentiments und affektive Merkmale mit ihrem dispositionalen Charakter länger Bestand haben. Emotionen halten in der Regel zwischen einigen Minuten und einigen Stunden an, fallweise aber auch nur Sekunden oder ganze Tage. Stimmungen können sich über Stunden, Tage, Wochen und manchmal sogar Monate hinziehen. Sentiments erstrecken sich über Wochen, Monate oder sogar etliche Jahre. Affektive Merkmale können sich ein Leben lang erhalten.[22]

Die obengenannten Typen affektiver Phänomene stellen die wesentlichen, paradigmatischen Fälle dar; daneben gibt es einige Phänomene, die Grenzfälle darstellen. Das ist zu erwarten, gehört es doch zu den Definitionskriterien dieser Phänomene, daß ihr intentionales Objekt gradueller Natur ist.

In der obigen Beschreibung typischer affektiver Phänomene fehlen zwei Gruppen, die oft dieser Kategorie zugeschlagen werden: die Gefühle und die affektiven Störungen.

Gefühlen wie Zahnschmerzen, Frieren und dem Genuß von Speiseeis wird vielfach eine evaluative Komponente zugeschrieben. Demnach müßten sie als affektive Phänomene betrachtet werden. Tatsächlich ist die Situation verwickelter. Gewiß sind Schmerz und Lust inhärente Eigenschaften des Gefühls, aber sie sind keine intentionalen Zustände, welche den Zustand unseres Körpers bewerten. Folglich sind Gefühle strenggenommen Komponenten von affektiven Einstellungen und selbst keine derartigen Einstellungen.

Affektive Störungen wie Depression und Angst passen eindeutig in keine der Gruppen affektiver Phänomene; ihre Intentionalität ist nicht so spezifisch wie die von Emotionen und nicht so allgemein wie die von Stimmungen. Was im übrigen ihre dispositionale oder okkurente Natur betrifft, nehmen affektive Störungen eine mittlere Stellung zwischen Emotionen und Stimmungen auf der einen sowie Sentiments und affektiven Merkmalen auf der anderen Seite ein. Ich schlage vor, die affektiven Störungen als extreme oder pathologische Beispiele der obengenannten typischen Fälle zu betrachten. So kann Furcht, wenn sie eine ganz extreme Form annimmt, in Angst, und Traurigkeit in Depression umschlagen.

Klassifizierung der Emotionen

Auf dieser Welt gibt es zwei Arten von Menschen, gute und böse. Die guten schlafen besser, aber die bösen haben in den wachen Stunden viel mehr Spaß.
Woody Allen

Ihr Weißen seid sonderbar. Wir finden es sehr primitiv, daß ein Kind nur zwei Eltern hat.
Ein Ältester der australischen Aborigines

Emotionen sind komplizierte, scheinbar heterogene Zustände oder Prozesse, die man auf ganz unterschiedliche Weise beschrieben hat. Wie in anderen Forschungsbereichen braucht man, um zu einer aufschlußreichen Theorie zu gelangen, eine Klassifikation, die die Vielfalt der Emotionen reduziert. Der Wert einer Klassifikation hängt davon ab, daß sie die Natur der einzelnen Emotionen und ihr Verhältnis zu den anderen zu klären vermag. In diesem Abschnitt sollen die Emotionen insgesamt klassifiziert werden. Die Klassifikation liefert ein umfassendes Bild der einzelnen Emotionen und weist auf wichtige Beziehungen zwischen ihnen hin.

In meiner Klassifikation stütze ich mich auf die für die Emotionen charakteristische Komponente, also die evaluative Komponente. Ferner benutze ich zwei charakteristische Merkmale emotionaler Bewertungen: (a) ihre positive oder negative Natur und (b) ihr Objekt. Das erste Merkmal drückt unseren eigenen

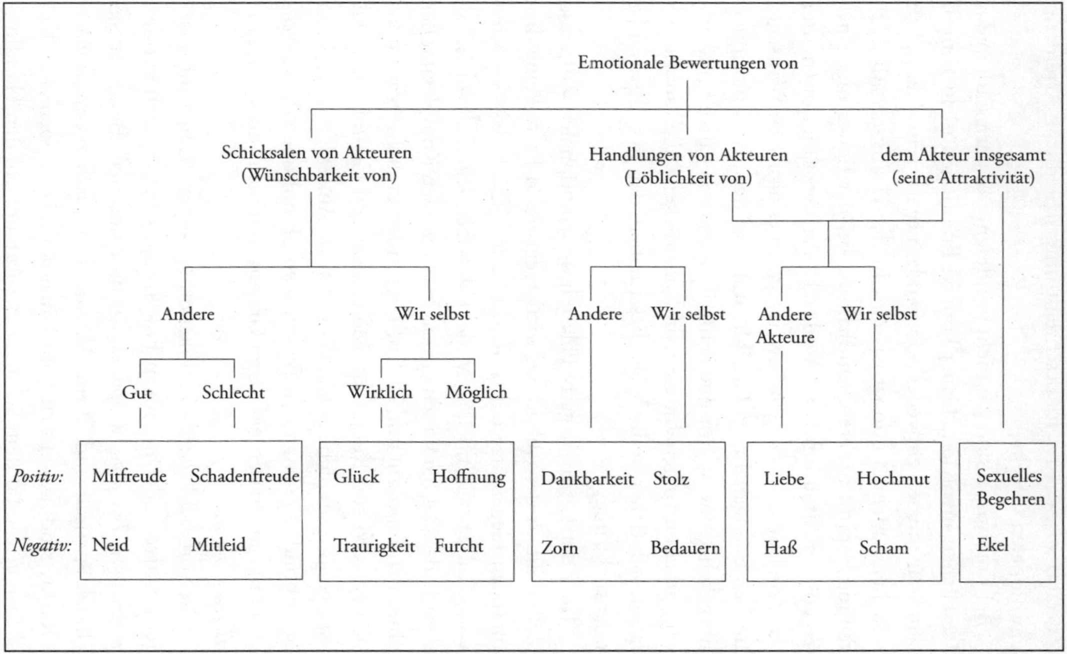

Emotionale Bewertungen von
Schicksalen von Akteuren (Wünschbarkeit von)
Handlungen von Akteuren (Löblichkeit von)
dem Akteur insgesamt (seine Attraktivität)
Andere
Wir selbst
Andere
Wir selbst
Andere Akteure
Wir selbst
Gut
Schlecht
Wirklich
Möglich
Positiv:
Negativ:
Mitfreude
Schadenfreude
Neid
Mitleid
Glück
Hoffnung
Traurigkeit
Furcht
Dankbarkeit
Stolz
Zorn
Bedauern
Liebe
Hochmut
Haß
Scham
Sexuelles Begehren
Ekel

Zustand aus, das zweite beschreibt unterschiedliche Arten von emotionalen Objekten.

Bei Emotionen sind wir nicht indifferent, sondern stark in das Geschehen involviert. Daher können Emotionen nicht neutral sein – sie müssen entweder positiv oder negativ sein. Neutral zu sein heißt nichtemotional zu sein. In der Positiv-negativ-Einteilung kommt unsere Grundhaltung bei der Bewertung einer gegebenen Situation zum Ausdruck. Positive Emotionen sind Ausdruck einer günstigen Bewertung, eines positiven Wunsches und eines angenehmen Gefühls, während negative Emotionen umgekehrt eine ungünstige Beurteilung, eine negative Motivation und ein unangenehmes Gefühl ausdrücken. Alle Emotionen lassen sich daher in der Weise beschreiben, daß man etwas mag oder nicht mag.

Trotz der Positiv-negativ-Polarität der emotionalen Zustände stellen die in der Abbildung wiedergegebenen Paare keine diametralen Gegensätze dar. Zorn ist nicht einfach das Gegenteil von Dankbarkeit, noch ist Mitleid bloß das Gegenteil von Schadenfreude. Das hat seinen Grund in der großen Komplexität der einzelnen Emotion und in der Präsenz nichtevaluativer Komponenten, also von Kognition, Motivation und Gefühl, die nicht zwingend eine solche polare Natur haben. Außerdem sind die in der Abbildung genannten Beispiele von Emotionen die *typischsten* Emotionen der jeweiligen Gruppe und nicht unbedingt die *allgemeinsten*.

Die vorgeschlagene Klassifikation beruht nicht nur auf unserer positiven oder negativen Bewertung, sondern auch auf den *vielfältigen Typen von Objekten*, die für emotionale Bewertungen charakteristisch sind. Wenn Akteure die typischen emotionalen Objekte sind, lassen sich Emotionen in drei Gruppen einteilen, abhängig von (a) dem Schicksal der Akteure, (b) den Handlungen der Akteure und (c) dem Akteur insgesamt. Jede dieser Gruppen läßt sich weiter unterteilen in Emotionen, die auf andere Akteure gerichtet sind, und solche, die sich auf uns selbst richten. Diese Gruppen sind Ausdruck von drei grundlegenden Mustern bei der Bewertung von Akteuren: (a) Wünschbarkeit der Situation des Akteurs, (b) Löblichkeit der spezifischen Handlungen des Akteurs und (c) Attraktivität des Akteurs.[23] Zwar ist in der jeweiligen Gruppe von Emotionen eines dieser drei Bewertungsmuster das grundlegende Muster, doch können auch die beiden anderen Grundmuster präsent sein. So gilt beim Neid die grundlegende Bewertung der Wünschbarkeit der Situation des anderen, doch die übrigen Muster – die Löblichkeit der Handlungen des anderen und die Attraktivität des anderen – stellen ebenfalls wichtige Bewertungsmuster dar. Manchmal sind die drei Bewertungsmuster voneinander abhängig. So hängt die Wünschbarkeit von der Löblichkeit und der Attraktivität ab, und die Attraktivität hängt manchmal von der Wünschbarkeit ab.

Nun ist die evaluative Komponente der jeweiligen Emotion weit komplexer als die bloßen Grundmuster. Zum Grundmuster können jeweils spezifischere Bewertungen hinzutreten. Überdies hängt die Bestimmung des grundlegenden Bewertungsmusters von spezifischen Bewertungen ab. Nehmen wir zum Beispiel das sexuelle Begehren, das im wesentlichen auf dem scheinbar einfachen Muster der Attraktivität des anderen beruht. Dieses Muster kann von anderen Faktoren beeinflußt sein, beispielsweise Klasse, Rasse, Geruch, Aussehen, Größe, Akzent (zumindest in England!), Stärke, Ähnlichkeit mit früheren Liebhabern, Intellekt, Vorgeschichte einer Pawlowschen Konditionierung, Aidsrisiko, gegenwärtige Stimmung usw. In dieser Vielfalt äußert sich die Komplexität der emotionalen Bewertungen: Je komplexer die

Emotion ist, desto größeres Gewicht haben diese persönlichen und Kontextfaktoren bei der Erzeugung der Emotion.

Innerhalb der jeweiligen Gruppe kann nochmals eine weitere Unterteilung vorgenommen werden in Emotionen, die sich auf andere richten, und solche, die sich auf uns selbst richten. Diese Einteilung, in der die soziale Natur der Emotionen zum Ausdruck kommt, spiegelt zwei zentrale soziale Anliegen wider: die Sichtweise, die wir von anderen haben, und die Sichtweise, die andere von uns haben. Unser Verhältnis zu anderen ist in der Tat zentral für die Emotionen. Zwar sind wir, was die auf uns gerichteten Emotionen betrifft, sowohl Subjekt als auch Objekt, doch unser Anliegen ist die Art und Weise, wie andere uns bewerten und behandeln.

Bei den auf das *Schicksal der Akteure* gerichteten Emotionen ist die Wünschbarkeit der gegebenen Situation das wichtigste Bewertungsmuster. Diese Gruppe ist nicht nur – wie die anderen Untergruppen – unterteilt in Emotionen, die sich auf andere und auf uns selbst richten, sondern sie enthält noch eine weitere Unterteilung, und zwar in Emotionen, die sich auf das *Unglück oder Glück* anderer richten, und solche, die sich auf das eigene *wirkliche oder mögliche* Schicksal richten. Bei den Emotionen, die sich auf das Schicksal anderer richten, gibt es noch eine wichtige Möglichkeit des Vergleichs hinsichtlich der Wünschbarkeit der Situation der anderen und jener der eigenen Situation. Das Schicksal anderer weckt bei uns intensive Emotionen, hauptsächlich, weil es für die Beurteilung unseres eigenen Schicksals von großer Bedeutung ist. Dementsprechend umfassen die auf das Schicksal anderer gerichteten Emotionen zwei wichtige Bewertungsarten, bezogen auf (a) den Wert des Schicksals anderer für uns und (b) den Wert des Schicksals anderer für sie selbst. Zum Teil hängen diese beiden Bewertungsarten nicht miteinander zusammen, so etwa bei Neid, Eifersucht und Schadenfreude; in anderen Fällen, etwa bei Mitgefühl und Mitfreude, hängen sie miteinander zusammen.

Bei den auf unser eigenes Schicksal gerichteten Emotionen besteht ein positiver Zusammenhang zwischen der positiven (oder negativen) Bewertung des Schicksals und der Frage, ob es gut (oder schlecht) für uns ist. Daher besteht kein Anlaß, die Gruppe weiter zu unterteilen in Glück oder Unglück. Hier gilt unsere Hauptsorge der Frage, ob Glück oder Unglück ein realer Aspekt unserer (gegenwärtigen oder früheren) Situation ist oder nur ein möglicher zukünftiger Aspekt. Bei anderen Akteuren ist die Dimension wirklich/potentiell nicht so bedeutsam, da das Hauptinteresse der aktuellen Situation gilt.

Was das Schicksal anderer betrifft, besteht die positive Emotion im Hinblick auf ihr Glück in Mitfreude und im Hinblick auf ihr Unglück in Schadenfreude. Wird das Glück anderer negativ bewertet, folgen daraus die Emotionen Neid und Eifersucht, während die negative Bewertung des Unglücks anderer den Emotionen Mitleid und Mitgefühl zugrunde liegt. Die auf unser eigenes Schicksal gerichteten Emotionen werden folgendermaßen unterteilt: Die grundlegend positive Emotion gegenüber unserem potentiellen Schicksal ist Hoffnung, die grundlegend negative ist Furcht. Die positive Emotion gegenüber unserem wirklichen Schicksal ist Glück, die negative ist Traurigkeit.

In der zweiten Gruppe von Emotionen, die sich auf spezifische Handlungen von Akteuren richtet, gilt das wichtigste Bewertungsmuster der Billigung oder Mißbilligung (Löblichkeit) dieser Handlungen. Werden die Handlungen eines anderen Akteurs gebilligt, besteht die typische positive Emotion in Dankbarkeit; werden die Handlungen eines anderen Akteurs mißbilligt, ist die typische negative Emotion Zorn. Was unsere eigenen

Handlungen betrifft, äußert sich unsere Billigung in Stolz und unsere Mißbilligung in Bedauern und Schuldgefühl.

In der dritten Gruppe von Emotionen, die sich auf *den Akteur als ganzen* richten, besteht das wichtigste Bewertungsmuster in der Wirkung des Akteurs, also darin, ob er attraktiv oder abstoßend ist. Diesen Emotionen liegen umfassende Bewertungen des Akteurs zugrunde. Auch hier können wir wieder unterscheiden zwischen Emotionen, die sich auf andere Akteure oder auf uns selbst richten. Wichtige Emotionen gegenüber anderen Akteuren sind Liebe und Haß; diejenigen, die sich auf uns selbst beziehen, sind Hochmut und Scham.

Eine weitere Teilgruppe der auf den Akteur als ganzen gerichteten Emotionen bilden primitivere Emotionen wie bloße Anziehung oder Abstoßung. Diese Emotionen, die sich auch auf Nichtakteure richten können, können eine ähnliche Gefühlsdimension haben wie die auf Akteure gerichteten Emotionen, aber ihre intentionale Dimension ist sehr viel einfacher. Typische Emotionen in dieser Gruppe sind Ekel und sexuelles Begehren.

Das Muster, das *der Bewertung des Akteurs insgesamt* zugrunde liegt, ist komplex, denn es umfaßt sowohl Erwägungen über die Attraktivität (oder Widerwärtigkeit) des Akteurs als auch die Billigung (oder Mißbilligung) seiner Handlungen. Eine gewisse Abneigung ist zwar auch im Haß enthalten, aber er umfaßt außerdem eine negative moralische Bewertung der Merkmale und Handlungen des Akteurs. Auch die Liebe umfaßt mehr als eine schlichte Form von Anziehung, und dies gilt in einem geringeren Maße auch für das sexuelle Begehren. Da die Menschen als verantwortlich für ihre Handlungen gelten, sind diese Handlungen wichtig für die Bewertung ihrer gesamten Persönlichkeit. Tatsächlich sind es die Handlungen des Akteurs, was Akteure emotional von Nichtakteuren unterscheidet.

Die hier vorgestellte Klassifikation beschreibt *begriffliche Beziehungen* zwischen den Emotionen. Dementsprechend sind die grundlegenden Bewertungsmuster, aus denen die Klassifikation abgeleitet wurde, universal. Muster, die nicht so grundlegend sind, können von der jeweiligen Kultur oder den Kontext abhängen.

Zusammenfassung

Wir können keine großen Dinge tun,
sondern nur kleine Dinge mit großer Liebe.
Mutter Teresa

Mein Mann und ich sind im Begriff, uns entweder einen Hund zu kaufen oder uns ein Kind zuzulegen. Wir können uns aber nicht entscheiden, ob wir lieber unseren Teppich oder unser Leben ruinieren.
Rita Rudner

Die wesentlichen Merkmale typischer Emotionen sind Instabilität, große Intensität, kurze Dauer und eine einseitige Perspektive. Diese Beschreibung gilt für die »heißen Emotionen«, also die typischen intensiven Emotionen. Die vier wesentlichen Komponenten der Emotionen sind Kognition, Evaluation, Motivation und Gefühl. Alle vier Komponenten sind in typischen Emotionen enthalten; die Emotionen lassen sich nicht auf eine von ihnen reduzieren. Während die Merkmale die gesamte emotionale Erfahrung kennzeichnen, sind die Komponenten Ausdruck einer begrifflichen Gliederung der Elemente dieser Erfahrung.

Es ist allein die evaluative Komponente, durch die sich eine Emotion von der anderen unterscheidet. Um die Einzigartigkeit einer Emotion detailliert zu beschreiben, muß man die ihr zugrunde liegenden Bewertungsmuster heranziehen. Die evaluative Komponente ist zwar das Unterscheidungskriterium zwischen den Emotionen, aber darum noch lange nicht das einzige Kriterium, um Emotion von Nichtemotion zu unterscheiden. Ein solches Kriterium ist weitaus komplexer und bezieht sowohl andere Komponenten als auch andere Merkmale von typischen Emotionen ein.

Man kann sagen, daß der affektive Bereich sich aus vier grundlegenden Prototypen zusammensetzt: Emotionen, Stimmungen, Sentiments und affektiven Merkmalen. Diese Phänomene lassen sich mit Hilfe von zwei Kriterien unterscheiden: dem spezifischen oder allgemeinen Typus der jeweiligen Evaluation und der okkurenten oder dispositionalen Natur des gegebenen Phänomens. Im Lichte einer solchen Unterscheidung werden affektive Störungen als extreme oder pathologische Beispiele der obengenannten typischen Fälle erklärt. Affektive Phänomene unterscheiden sich auch in ihrer zeitlichen Dimension. Von allen Phänomenen im affektiven Bereich haben Emotionen in der Regel die kürzeste Dauer, da sie sich gewöhnlich über Minuten oder Stunden erstrecken; affektive Merkmale haben die längste Dauer und können sich ein Leben lang erhalten.

Es wurde eine umfassende Klassifikation der Emotionen vorgeschlagen. Diese beruht auf zwei Bewertungsmerkmalen: (a) der positiven oder negativen Natur des Zustands und (b) dem Objekt, auf das der Zustand sich richtet. Was ihr Objekt betrifft, wurden die Emotionen in drei wichtige Gruppen unterteilt: (a) das Schicksal von Akteuren, (b) die Handlungen von Akteuren und (c) der Akteur insgesamt. Die Gruppe wurde weiter unterteilt in Emotionen, die sich auf andere richten, und solche, die sich auf einen selbst richten. Die Unterscheidung zwischen positiven und negativen Emotionen ist für die Beschreibung der Emotionen sehr wichtig.

3 Wenn die Gefühle überfließen
Emotionale Intensität

Wenn zwei Menschen unter dem Einfluß der heftigsten, verrücktesten, trügerischsten und flüchtigsten aller Leidenschaften stehen, dann müssen sie geloben, daß sie dauernd in diesem begeisterten, unnormalen und erschöpfenden Zustand bleiben, bis daß der Tod sie scheidet.
George Bernard Shaw

Oft äußern sich Menschen über die Intensität ihrer Emotionen – sie sagen, sie seien von Zorn überwältigt, sie seien zutiefst betrübt oder sie seien wahnsinnig verliebt. Solche Ausdrücke, die die emotionale Intensität messen, sind ganz geläufig, aber dennoch ist der Begriff der »emotionalen Intensität« alles andere als klar. In diesem Kapitel werde ich zunächst diesen komplexen Begriff klären und anschließend die Umstände erörtern, unter denen Emotionen intensiviert werden.

Die Komplexität der emotionalen Intensität

Die Hälfte der Menschheit ist unterdurchschnittlich.
Unbekannt

Um einen Ehemann zu halten, muß man dafür sorgen, daß er ein bißchen eifersüchtig ist; um ihn zu verlieren, muß man dafür sorgen, daß er ein bißchen eifersüchtiger wird.
Henry Louis Mencken

Der Begriff der »emotionalen Intensität« ist komplex; er bezieht sich auf unterschiedliche Phänomene, die nur zum Teil miteinander zusammenhängen. Was meint David, wenn er zu

Anastasia sagt, daß er sie mehr liebt, als er je eine andere Frau geliebt hat? Er kann verschiedene Dinge meinen, zum Beispiel: (a) daß das Gefühl, das er für sie empfindet, das stärkste ist, das er jemals empfunden hat; (b) daß er noch keine andere Frau länger geliebt hat als sie; (c) daß er ständig an sie denkt; (d) daß er in ihr die wunderbarste Frau der Welt sieht; (e) daß er bereit ist, für sie mehr zu tun, als er je bereit war, für eine andere Frau zu tun. All das sollte bei der Analyse der emotionalen Intensität berücksichtigt werden.

Die verschiedenen Merkmale der emotionalen Intensität kommen in den zwei grundlegenden Aspekten zum Ausdruck: der Magnitude (*Spitzenintensität*) und der zeitlichen Struktur (vorwiegend *Dauer*). Wenn Adams Gefühlskomponente in diesem Moment sehr stark ist, aber nur wenige Minuten dauert, kann man sagen, daß seine Liebe schwächer ist als eine Liebe von ähnlicher Magnitude, die einige Monate dauert. Selbst bei vergleichbaren Werten für die Spitzenintensität kann die Dauer beträchtlich schwanken. In einer Untersuchung stuften die Teilnehmer die positive Emotion, die damit verbunden ist, daß »jemand, den Sie attraktiv finden, Sie zu einem Kaffee einlädt«, fast ebenso hoch ein wie die Emotion, die man empfindet, nachdem man »das Kind des Nachbarn vor einem Autounfall bewahrt hat«. Die durchschnittliche geschätzte Dauer der ersteren Emotion betrug jedoch 20 Minuten, die der letzteren dagegen über fünf Stunden. Darüber hinaus gaben die Befragten an, daß sie nach ungefähr zwei Stunden nicht mehr an die Kaffeeeinladung denken würden, wohingegen das Erlebnis mit dem verhinderten Autounfall sie rund eine Woche lang innerlich beschäftigen würde.[1]

Die beiden grundlegenden Aspekte der emotionalen Intensität, nämlich Spitzenintensität und Dauer, äußern sich in allen vier wesentlichen emotionalen Komponenten: Gefühl, Motivation,

Evaluation und Kognition. Wir können daher einem Gefühl, einem Handlungsantrieb, einer extremen Bewertung und einer kognitiven Beschäftigung eine Spitzenintensität und eine Dauer zuschreiben. Hochgradig bedeutsame emotionale Ereignisse schlagen sich in beiden Aspekten aller vier Komponenten nieder.

Bei den Aspekten der Spitzenintensität und Dauer findet man in der Regel einen Zusammenhang mit der Einseitigkeit der Emotionen. Emotionen mit einem eingeschränkten Fokus haben gewöhnlich eine höhere Spitzenintensität und eine kürzere Dauer als allgemeinere Emotionen. Zorn und sexuelle Begierde, in denen sich ein eingeschränkteres Anliegen äußert als in Haß und Liebe, haben gewöhnlich eine stärkere momentane Magnitude, sind aber von kürzerer Dauer. Bei der sexuellen Begierde besteht die Gefühlskomponente gewöhnlich aus kurzen Ausbrüchen intensiver Gefühle, während bei der Liebe die Spitzenintensität des Gefühls geringer sein mag, dafür aber länger anhält.

So schwierig es auch sein mag, die emotionale Intensität zu messen, scheuen gewöhnliche Leute doch nicht davor zurück. Wir alle greifen in diesem Zusammenhang zu quantitativen Begriffen. Wir sprechen von einer »größeren« oder »geringeren« emotionalen Intensität, und nicht selten schätzen wir in unserem Alltagsverhalten die Intensität der Emotionen von anderen und von uns selbst zutreffend ein. So erweisen sich Selbstaussagen über ein Glücksgefühl als erstaunlich valid. Psychologen haben eine Reihe von Verfahren und Skalen entwickelt, um die emotionale Intensität generell als auch die Intensität bestimmter Emotionen zu messen. Für fast jede bedeutende Emotion gibt es eine Skala. Zusätzlich zu solchen psychologischen Messungen wird die emotionale Intensität oft abgeschätzt, wobei man sich auf die Messung der zugrundeliegenden physiologischen Komponenten stützt, was wirklich verläßliche Resultate bringt.

Der Begriff der »emotionalen Intensität« bezeichnete ein komplexes Konstrukt, dessen Komponenten inkommensurabel zu sein scheinen; gleichwohl läßt sich die Intensität des gesamten emotionalen Zustands durch einen Vergleich mit ähnlichen Zuständen abschätzen. Unterschiedliche emotionale Intensitäten lassen sich miteinander vergleichen, wenn wir ein bestimmtes Merkmal finden, dessen Änderungen in der Regel mit Intensitätsänderungen des gesamten Zustands korreliert sind. Ein solches Merkmal kann die Instabilität sein, da sie ein grundlegendes Charakteristikum von Emotionen ist und eine komparative Abschätzung ihres Wertes einfach ist. Ein anderer derartiger Faktor kann die insgesamt empfundene Intensität sein.[2]

Bei einer komparativen Schätzung der emotionalen Intensität ist es nicht nötig, den exakten Wert der jeweiligen emotionalen Komponente zu bestimmen. Je ähnlicher zwei Situationen einander sind, desto leichter fällt der Vergleich.

Intensitätsvariablen

Wenn Gott mir doch irgendein klares Zeichen geben würde!
Wie zum Beispiel eine großzügige Einzahlung auf meinen Namen
bei einer Schweizer Bank …
Woody Allen

Ein sicherer Weg zur Demütigung ist, zuzugeben,
daß du das gezahlt hast, was der Autohändler verlangte.
Unbekannt

Die emotionale Intensität hängt davon ab, wie wir die Bedeutung von Ereignissen einschätzen. Wir können, was das betrifft, von verschiedenen Intensitätsvariablen sprechen, die sich in zwei große Gruppen unterteilen lassen; eine bezieht sich auf die wahrgenommene Wirkung des Ereignisses, das den emotionalen Zustand hervorgerufen hat, die andere auf Hintergrundumstände der an dem emotionalen Zustand beteiligten Akteure. Die wichtigsten Variablen, welche die Wirkung des Ereignisses ausmachen, sind die Stärke, die Realität und die Relevanz des Ereignisses; die wichtigsten Variablen für die Hintergrundumstände sind Verantwortlichkeit, Bereitschaft und die Frage des Verdiensts (der Rechtfertigung). Die vorgeschlagene Klassifikation ist Ausdruck der beiden wichtigsten Aspekte der emotionalen Situation: der Wirkung des auslösenden Ereignisses und der diesem vorausgehenden subjektiven Hintergrundumstände. Von der ersten Gruppe hängt ab, wie wir unsere aktuelle Situation bestimmen; die zweite Gruppe ist wichtig für unsere Einsicht, ob die Situation hätte verhindert werden können und ob wir es verdienen, in einer solchen Situation zu sein.

Die Variablen der ersten Gruppe zielen auf primäre Einschätzungen, weil sie direkt für unsere aktuelle Situation relevant sind. Die Variablen der zweiten Gruppe zielen auf sekundäre Einschätzungen in dem Sinne, daß sie sich auf Hintergrundumstände beziehen, die nicht direkt für unsere aktuelle Situation relevant sind. Die emotionale Intensität kann auch dann hoch sein, wenn die Variablen über die Hintergrundumstände fehlen; eine Schlange wird zum Beispiel auch dann Angst erregen, wenn Hintergrundvariablen wie unsere persönliche Verantwortlichkeit, unsere Bereitschaft oder unser Verdienst nicht berücksichtigt werden. Das Fehlen der Variablen über die Wirkung des Ereignisses schließt dagegen jede Möglichkeit einer Emotion aus: Ein Ereignis ohne Wirkung erzeugt keine Emotion. Wenn die primären Variablen sehr stark sind, kann das Gewicht der sekundären Variablen erheblich reduziert sein. Wenn die eigene

Tochter bei einem Unfall umgekommen ist, wird die Frage, ob die Tochter oder jemand anders für den Unfall verantwortlich war, für die Intensität der Trauer in vielen Fällen belanglos sein. Sie kann im Laufe der Zeit größeres Gewicht bekommen und unsere Aufmerksamkeit leichter von dem Ereignis selbst auf seine Hintergrundumstände ablenken. In unserer aktuellen Situation mag der Hinweis auf die Hintergrundumstände zwar überflüssig erscheinen, aber er hat großen funktionalen Wert für die Verhinderung oder Erleichterung ähnlicher Erfahrungen in der Zukunft.

Die Wirkung des Ereignisses

Rauchen tötet. Wenn du tot bist, hast du einen sehr wichtigen Teil deines Lebens verloren.
Brooke Shields in einem Vorgespräch vor ihrer Berufung zur Sprecherin einer Antiraucherkampagne der Bundesregierung

Die Variablen für die Wirkung des Ereignisses können eingeteilt werden in (a) die Stärke des Ereignisses, (b) seinen Realitätsgrad und (c) seine Relevanz. Es sei noch einmal betont, daß wir hier von der subjektiv wahrgenommenen Wirkung sprechen; gemeint ist also die wahrgenommene Stärke, Realität und Relevanz des Ereignisses.

Stärke

Ich war arm und ich war reich, und reich ist besser.
Bessie Smith

Kein Mensch in der Welt hat mehr Mut als der, der, nachdem er eine Erdnuß gegessen hat, aufhören kann.
Channing Pollack

Die Stärke des Ereignisses ist ein wichtiger Faktor für die Bestimmung der Intensität des emotionalen Erlebens. Sie bezeichnet zum Beispiel das Ausmaß des Unglücks bei Mitleid, den Grad unserer Unterlegenheit bei Neid, die Höhe des von uns erlittenen Schadens bei Zorn oder das Maß der Schönheit der Geliebten. Zwischen der wahrgenommenen Stärke des Ereignisses und der emotionalen Intensität besteht gewöhnlich eine positive Korrelation: je stärker das Ereignis, desto intensiver die Emotion. Die Korrelation ist zwar positiv, aber nicht immer linear: Eine höhere Intensität ist nicht immer der erhöhten Stärke des Ereignisses proportional. Wird bei sehr starken Ereignissen die Stärke nochmals erhöht, wird das kaum die emotionale Intensität erhöhen, die ohnehin schon sehr hoch ist und fast ihr Maximum erreicht hat. Wenn kurz nach der Nachricht, daß bei einem Flugzeugabsturz 200 Menschen umgekommen sind, gemeldet wird, daß die Zahl der Opfer tatsächlich 204 beträgt, wird das die Intensität unserer Trauer nicht nennenswert verändern, wenn überhaupt. Die typische Kurve der emotionalen Intensität steigt bei einer Steigerung der jeweiligen Variablen bis zu einem bestimmten Punkt, von dem an eine weitere Steigerung der Variablen die emotionale Intensität kaum noch verändert. Eine solche Kurve ist auch für andere Variablen typisch.

Realität

Ich liebe Mickey Mouse mehr als jede Frau, die ich jemals gekannt habe.
Walt Disney

Shopping ist besser als Sex. Wenn du nicht befriedigt bist, kannst du es hinterher umtauschen und dir etwas aussuchen, das dir wirklich gefällt.
Adrienne Gusoff

Die zweite wichtige Variable, von der die Wirkung des Ereignisses abhängt, ist dessen Realitätsgrad: Je näher mehr wir die Situation für real halten, desto intensiver ist die Emotion. Diese Variable ist besonders wichtig für zukunftsorientierte Emotionen wie Hoffnung und Furcht;[3] bedeutsam ist sie jedoch auch für andere Emotionen.

Die Wichtigkeit des Realitätsgrades für das Auslösen machtvoller Emotionen wird daran deutlich, daß ein sehr starkes Ereignis, das durchaus relevant für unser Wohlergehen sein kann, unter Umständen keine Erregung provoziert, wenn wir es als Phantasie erkennen; die emotionale Intensität läßt entsprechend nach. Die Wirkung eines potentiellen nuklearen Holocausts ist zwar entsetzlich, doch lassen viele sich davon nicht beunruhigen, weil sie das Ereignis nicht als eine reale Möglichkeit betrachten.[4] Ein guter Freund von mir fürchtet sich so sehr vor einem Atomkrieg, daß er sich für diesen Fall einen Wasser- und Lebensmittelvorrat in seinem Haus angelegt hat. (Wenn wir einen Ausflug machen, nimmt er die Lebensmittel mit, die beinahe ihr Verfallsdatum erreicht oder es leicht überschritten haben.) Mein Freund und ich sind uns in der Einschätzung der verheerenden Wirkung eines Atomkriegs durchaus einig, nicht aber in der Einschätzung seiner drohenden Realität. Ich glaube, daß es realere Gefahren für mein Leben gibt als den Atomkrieg.

Angesichts der wichtigen Rolle, welche die Phantasie bei den Emotionen spielt, könnte man die Wichtigkeit des Realitätsgrades vielleicht anzweifeln. So weiß man zum Beispiel, daß Kunstwerke imaginäre Gestalten darstellen, und dennoch lösen sie leicht heftige Emotionen aus. Oft sind die von Kunstwerken ausgelösten Emotionen sogar intensiver als die, welche wir für reale Menschen empfinden, zum Beispiel hungernde Menschen in einem (von unserem Standort aus) fernen Erdteil, von deren Schicksal wir in der Zeitung lesen oder im Radio hören.

Auch ein Ereignis, das anscheinend keine relevante Wirkung hat, kann starke Emotionen auslösen, wenn wir es schaffen, dieses Ereignis als real zu betrachten. Die Ereignisse in einem Spielfilm mögen keine relevante Wirkung auf uns haben, können uns aber dennoch emotional sehr stark packen, wenn wir uns entscheiden, an die mögliche Realität der Filmereignisse zu glauben. Kunstwerke können also durchaus Emotionen hervorrufen.

Um dieser Schwierigkeit zu begegnen, müssen wir zwei verschiedene Bedeutungen von Realität berücksichtigen: die ontologische Bedeutung, die sich darauf bezieht, ob das Ereignis wirklich existiert, und die epistemologische Bedeutung, die sich auf seine Eindringlichkeit bezieht. Die erstgenannte Bedeutung beschreibt das »Korrespondenzkriterium« der Wahrheit, dem zufolge eine Behauptung als wahr gilt, wenn ihr Inhalt einem existierenden Ereignis in der Welt entspricht. Die zweite Bedeutung hängt zusammen mit dem »Kohärenzkriterium« der Wahrheit, dem zufolge eine Behauptung wahr ist, wenn sie mit anderen Behauptungen zusammenpaßt. Die emotionale Intensität ist dann am größten, wenn ein Ereignis in beiden Bedeutungen real ist. Was die ontologische Bedeutung von Realität belangt, können wir sagen, daß wir ängstlicher sind, wenn wir wissen, daß die Gefahr tatsächlich existiert, als wenn wir vermuten, daß die Gefahr eingebildet ist. Was die epistemologische Bedeutung angeht, können wir sagen, daß die von einem Bild erzeugte Emotion um so intensiver ist, je eindringlicher das Bild ist.

Kunstwerke sind natürlich real in der epistemologischen Bedeutung, daß sie eindringlich sind. Sie liefern uns eindringlichere Informationen als Nachrichten über real existierende Ereignisse. Der Grad der Eindringlichkeit ist offensichtlich ein anderer, je nachdem, ob wir Zeitung lesen oder einen Film betrachten. Die detaillierte und konkrete Darstellung vom Leben eines fiktiven Charakters in einem Film bringt uns diesen Charakter eindringlicher nahe als ein Zeitungsbericht über einen real existierenden Menschen.

Obwohl wir von der imaginären Natur des Kunstwerks wissen, schreiben wir ihm eine Art von Existenz zu, so als würden wir seine imaginäre Existenz »einklammern«. Deshalb sind wir irritiert, wenn jemand während eines Films Witze macht und uns dadurch an dessen fiktiven Charakter erinnert. Wir wissen, daß wir einen Film betrachten oder einen Roman lesen, doch während wir uns auf das Bild oder die Geschichte konzentrieren, erfahren wir uns so, als wären sie bis zu einem gewissen Grade real. So kommt es vor, daß wir wünschen, der Tod des Helden könnte vermieden werden, obwohl wir den Film schon gesehen oder das Buch schon gelesen haben. Beim Lesen eines Romans oder beim Betrachten eines Films nehmen wir nicht die Unwirklichkeit wahr, sondern verlassen wissentlich den Bereich des Realen zugunsten des Bereichs des Imaginären, in dem wir die Ereignisse aufnehmen, als wären sie real. Wir suspendieren unseren Zweifel.[5]

Relevanz

Geh nie zu einem Doktor, dem die Büropflanzen eingegangen sind.
Erma Bombeck

Wie groß deine Triumphe und wie tragisch deine Niederlagen auch sein mögen – rund einer Milliarde Chinesen ist das völlig wurscht.
Unbekannt

Die dritte wichtige Variable für die Wirkung des Ereignisses ist seine Relevanz: Je relevanter das Ereignis ist, desto größer ist die emotionale Bedeutung und damit die emotionale Intensität. Relevanz ist von höchster Bedeutung für die Bestimmung der Bedeutsamkeit eines emotionalen Ereignisses. Was für uns irrelevant ist, kann für uns nicht emotional bedeutsam sein.

Emotionale Relevanz bezieht sich typischerweise entweder (a) auf das Erreichen unserer Ziele oder (b) auf unsere Selbstachtung. Die Zielrelevanz mißt das Ausmaß, in dem eine gegebene Veränderung unsere Leistung oder das Erreichen bestimmter wichtiger Ziele fördert oder behindert. Veränderungen, die unsere Ziele befördern, sind mit positiven Emotionen verbunden, und solche, die diese Ziele behindern, mit negativen Emotionen. Ein angenehmes Ereignis kann negativ bewertet werden, wenn es das Erreichen eines bestimmten Ziels erschwert. Angesichts der sozialen Natur der Emotionen ist unsere Selbstachtung ein wichtiges emotionales Problem. Wir beneiden Bäume nicht um ihre Höhe und Löwen nicht um ihre Stärke, weil diese für unsere persönliche Selbstachtung irrelevant sind. Die Relevanzkomponente beschränkt die emotionale Wirkung auf Gebiete, die für uns besonders bedeutsam sind.

Die beiden miteinander verwandten Aspekte der Relevanz kommen bei allen Emotionen ins Spiel, wenn auch in unterschiedlichem Maße. Der Aspekt der Zielerreichung ist dominanter bei Furcht, Hoffnung, Reue und Haß, während der Aspekt der Selbstachtung bei Emotionen wie Neid, Eifersucht, Scham und Stolz stärker in Erscheinung tritt. Ist jemand auf einem Gebiet, das für meine Selbstbewertung von geringer Relevanz ist, besser als ich, kann ich dem Betreffenden gegenüber oft die Haltung der Bewunderung einnehmen. Im Falle hoher Relevanz werde ich dagegen unter sonst gleichen Umständen eher die Haltung des Neides einnehmen.

Die emotionale Relevanz hängt eng mit der emotionalen Nähe zusammen. Ereignisse, die uns zeitlich, räumlich oder in ihrer Wirkung näher sind, sind gewöhnlich emotional relevant und bedeutsam. Der Zusammenhang zwischen Relevanz und Nähe ist nicht einfach zu beschreiben. Die Relevanz scheint mit der emotionalen Bedeutsamkeit enger zusammenzuhängen als die Nähe. Das Wörterbuch definiert Relevanz als »eine merkliche und nachweisbare Bedeutung für den vorliegenden Fall haben«; Nähe wird definiert als »in Zeit, Raum, Wirkung oder Grad nahe sein«.[6] Ein nahes Objekt ist gewöhnlich emotional bedeutsam, weil es für unser Wohlbefinden relevant ist. Doch nicht jeder, der in unserer Nachbarschaft lebt, ist von großer emotionaler Bedeutung für uns. Räumliche Nähe führt nicht immer zu emotionaler Bedeutsamkeit.

Relevanz hat wie andere Variablen nicht nur Einfluß auf die Intensität eines emotionalen Zustands, sondern auch auf dessen Natur. Wenn es uns zum Beispiel schlechter geht als einem anderen, können wir ihm gegenüber entweder Neid oder Mitfreude empfinden. Welche dieser beiden Haltungen wir einnehmen, hängt stark von der Relevanz ab: Bei hoher Relevanz werden wir wahrscheinlich neidisch sein, bei niedriger Relevanz wird unsere emotionale Haltung dagegen eher Mitfreude sein.

Hintergrundumstände

Von allen traurigen Worten der Zunge *oder der* Feder
sind die traurigsten: Es hätte sein können.
John Greenleaf Whittier

Diese Gruppe von Variablen bezieht sich auf Hintergrundumstände der an der emotionalen Begegnung beteiligten Akteure. Die wichtigsten Aspekte dieser Umstände sind Verantwortlichkeit, Bereitschaft und Verdienst. Verantwortlichkeit bezieht sich auf die deskriptive Frage, wer für die emotionale Veränderung verantwortlich war; Bereitschaft bezieht sich darauf, ob der Akteur auf die Veränderung gefaßt ist; Verdienst bezieht sich auf die normative Frage, ob der Akteur die spezifische emotionale Veränderung verdient hat.

Verantwortlichkeit

Ich möchte Kinder haben,
und ich weiß, daß mir die Zeit davonläuft:
Ich möchte sie haben, solange meine Eltern noch jung genug sind,
sich um sie zu kümmern.
Rita Rudner

Niemand hat je genug auf ein gewinnendes Pferd gesetzt.
Richard Sasuly

Verantwortlichkeit bezieht sich auf die Natur der Tätigkeit, welche das emotionale Erlebnis hervorruft. Generell gilt: Je größer unsere Verantwortung für die gegebene Veränderung ist (etwa dadurch, daß wir eine gewisse Kontrolle über die Situation haben oder Mühe aufwenden, um sie herbeizuführen), desto leichter ist eine Alternative erreichbar und desto intensiver ist folglich die Emotion. Die wichtigsten diesbezüglichen Fragen sind: (a) der Grad der Kontrollierbarkeit, (b) die aufgewendete Mühe und (c) die Absicht.

(a) Kontrollierbarkeit

Schicksalsschläge lassen sich ertragen – sie kommen von außen, sind zufällig. Aber durch eigene Schuld leiden – darin liegt der Schmerz des Lebens.
Oscar Wilde

Je größer die eigene Kontrolle, desto größer die emotionale Intensität. Die Abhängigkeit der emotionalen Intensität von der Variablen der Kontrollierbarkeit läßt sich an vielen Alltagsphänomenen und in empirischen Untersuchungen nachweisen. Wenn man selbst am Zustandekommen eines Ergebnisses beteiligt war, empfindet man größeren Stolz (oder größere Enttäuschung) als bei einem Ergebnis, das der Laune eines anderen, mächtigen Akteurs entsprungen ist. Wenn unsere unterlegene Position dem eigenen Versagen zuzuschreiben ist, wächst der Neid, und wenn das Versagen uns von anderen zugeschrieben wird, wächst die Enttäuschung.

In dem Film *Sophies Entscheidung* verlangt ein KZ-Aufseher von einer jüdischen Mutter, selbst zu entscheiden, welches ihrer beiden kleinen Kinder in die Gaskammern geschickt wird und welches weiterleben darf. Die Mutter fleht den Aufseher an, selber das Kind auszusuchen und damit ihren Einfluß auf die Entscheidung zu beseitigen. Seine Grausamkeit äußert sich unter anderem darin, daß er dies ablehnt. Indem er die Mutter zwingt, zu entscheiden, welches Kind sterben wird, schafft er eine der grausamsten Situationen überhaupt für eine Mutter: Ihr wird es so erscheinen, als sei ihr Verhalten schuld am Tod ihres Kindes.

In Übereinstimmung mit der erwähnten positiven Korrelation zwischen emotionaler Intensität und Kontrollierbarkeit hat man festgestellt, daß wir dazu neigen, unseren eigenen Einfluß auf ein positives Ergebnis zu überschätzen und unseren Einfluß auf ein negatives Ergebnis zu unterschätzen; wir unterschätzen außerdem den Einfluß anderer auf positive Ergebnisse und überschätzen ihren Einfluß auf negative Ergebnisse.[7] Diese Erwägungen können erklären, warum Fehler in der Regel Emotionen verursachen. Die Veränderung, die Fehler mit sich bringen, ist nicht nur unerwartet, sondern unterlag bis zu einem gewissen Grad auch unserer Kontrolle.[8]

Wenn es um die Kontrollierbarkeit geht, sollten wir unterscheiden zwischen Situationen, die auf unserem Charakter und unseren Gewohnheiten beruhen, und solchen, die auf unserem zufälligen oder deliberativen Verhalten beruhen. Da die ersteren schwerer zu modifizieren und zu kontrollieren sind, ist ihre Alternative nicht so leicht erreichbar, und die mit ihnen verbundenen Emotionen sind weniger intensiv. Betrachten wir das folgende Beispiel von Daniel Kahneman:

> Mr. Adams ist sehr zerstreut. Er hat zufällig einen Umschlag mit 300 Dollar vernichtet. Mr. Bender ist sehr ordentlich und gut organisiert. Er hat zufällig einen Umschlag mit 300 Dollar vernichtet. Wer von beiden wird sich mehr aufregen?

Mr. Bender wird sich mehr aufregen, weil er mehr persönliche Kontrolle besitzt und sich für die Dinge verantwortlich fühlt. Für Mr. Adams ist es dagegen angesichts seines Charakters nicht ungewöhnlich, daß er Geld verliert; die Alternative ist weit von der Realität entfernt.[9]

Es gibt einige Phänomene, die der erwähnten positiven Korrelation zwischen Kontrollierbarkeit und emotionaler Intensität zu widersprechen scheinen. Wenn die Korrelation in diesen Fällen nicht besteht, liegt das meiner Meinung nach daran, daß sich außer der Kontrollierbarkeit auch andere Variablen geändert haben und diese für die scheinbare Ausnahme von der allgemeinen Korrelation verantwortlich sind.

Betrachten wir zum Beispiel den Fall, daß ein Paar sich trennt. Bei Männern wie bei Frauen besteht unabhängig davon, von wem die Initiative ausgegangen ist, die starke Tendenz, die Verantwortung dafür zu beanspruchen. In diesem Fall wird die Intensität der Trauer und Scham, die mit einer Trennung verbunden ist, durch die Kontrollierbarkeit des auslösenden Ereignisses vermindert. Es fällt leichter, die Trennung zu akzeptieren und mit ihr fertig zu werden, wenn man sie als kontrollierbares, erwünschtes Ergebnis betrachtet – und nicht als etwas, das einem gegen seinen eigenen Wunsch aufgezwungen wurde.[10] Man könnte meinen, dieser Fall sei eine Ausnahme von der allgemeinen positiven Korrelation zwischen Kontrollierbarkeit und emotionaler Intensität, doch der wirkliche Grund ist ein anderer: Es geht hier um eine andere emotionale Variable, nämlich die Relevanz. Wenn wir größere Verantwortung für die Trennung beanspruchen, verringert das die Relevanz für unser Selbstbild, und entsprechend verringert sich die emotionale Wirkung der Trennung. Eine ähnliche Situation haben wir vor uns, wenn eine Frau ein Liebesverhältnis beenden möchte, sich aber Sorgen macht, daß ihr Partner verletzt sein könnte. Damit es ihn nicht so kränkt, läßt sie ihn glauben, die Trennung sei in Wirklichkeit seine Entscheidung, die er zu seinem eigenen Wohl getroffen hat. Aus Sorge um das Selbstbild ihres Partners übertreibt die Frau seine Verantwortlichkeit, und damit sinkt die Relevanz des Ereignisses für sein Selbstbild. Eine Ausnahme von der allgemeinen positiven Korrelation zwischen Verantwortlichkeit und emotionaler Intensität liegt auch hier nicht vor – vielmehr geht es in beiden Fällen um eine andere Intensitätsvariable.

Man darf die Variable der Kontrollierbarkeit, die sich auf unsere bisherige Kontrolle über die Umstände bezieht, von denen die jeweilige Emotion erzeugt wurde, nicht mit unserer gegenwärtigen Kontrolle über die emotionalen Umstände verwechseln. Zwischen der emotionalen Intensität und der bisherigen Kontrolle besteht zwar eine positive Korrelation, doch die Korrelation zwischen emotionaler Intensität und gegenwärtiger Kontrolle ist negativ. Ein Ereignis, das als von unserer persönlichen Kontrolle abhängig wahrgenommen wird, ist weniger belastend als eines, das als unkontrollierbar wahrgenommen wird.[11] Ein bedrohliches Ereignis wird als stärker wahrgenommen, wenn wir seinen Verlauf nicht zu kontrollieren vermögen. Die relevante Intensitätsvariable ist hier nicht die Kontrollierbarkeit, sondern die Stärke des Ereignisses, die mit seiner gegenwärtigen Wirkung auf uns zusammenhängt. Wenn es darum geht, daß wir Emotionen erleiden, bezieht sich das gewöhnlich nicht auf die Kontrollierbarkeit des auslösenden Ereignisses, sondern auf unsere Unfähigkeit, die emotionalen Umstände zu kontrollieren.

(b) Mühe

In unserer ganzen bisherigen Geschichte gibt es keinen Mann,
der ein sorgloses Leben geführt und es verdient hätte,
daß man sich seines Namens erinnert.
Theodore Roosevelt

Ein weiterer Faktor, der in die Variable der Verantwortlichkeit einfließt, ist die Mühe. Sie beschreibt ebenso wie die Verantwortlichkeit des Ausmaßes unserer Beteiligung an der Erzeugung von Emotionen. Unter Mühe sind hier körperliche und seelische Mühen zu verstehen sowie der Aufwand an allen erdenklichen

Ressourcen. Generell gilt: Je mehr Mühe wir in etwas hineinstecken, desto bedeutsamer wird es und desto intensiver ist die damit verbundene Emotion. Wie das Sprichwort sagt: Je mehr du zahlst, desto mehr ist es wert. Umgekehrt gilt es natürlich genauso: Je höher der mögliche Gewinn, desto mehr Mühe wenden wir auf.[12] In der Redensart »Wie gewonnen, so zerronnen« steckt die Erfahrung, daß etwas, was wir mühelos erlangt haben, von uns geringgeschätzt wird, so daß es uns nicht umwirft, wenn wir es wieder verlieren.

Der Zusammenhang zwischen der aufgewendeten Mühe und der Bedeutung des Ereignisses äußert sich in unserer Haltung nicht nur zu unseren eigenen Erfolgen und Mißerfolgen, sondern auch zu den Erfolgen und Mißerfolgen anderer. Wenn man sich Mühe macht, verdient man eher Erfolg als Mißerfolg – das gilt für uns selbst wie für andere. Wenn wir sehen, daß ein anderer seinen Erfolg mit großer Mühe erlangt hat, ist unsere emotionale Haltung positiver, als wenn er seinen Erfolg großer Begabung verdankt. Dementsprechend wird mangelnde Anstrengung negativer wahrgenommen als geringe Begabung.[13] Die größere emotionale Bedeutung der Anstrengung gegenüber der Begabung rührt daher, daß die Alternative im Falle der Anstrengung leichter erreichbar ist. In den Augen anderer sind wir für die aufgewendete Mühe stärker verantwortlich als für das Niveau unserer Begabung; folglich können wir eine Situation, in der es um die aufgewendete Mühe geht, eher kontrollieren.

Die Mühe kann wie die übrigen Variablen nicht nur die Intensität eines emotionalen Zustands bestimmen, sondern auch dessen Natur. Wenden wir weniger Mühe auf, als es uns möglich gewesen wäre, können Schuldgefühle entstehen; wenn wir unsere Mißerfolge mangelnder Anstrengung zuschreiben, haben wir ein schlechtes Gewissen. Wir haben ein schlechtes Gewissen, weil wir glauben, daß der Erfolg von uns abhing, daß wir aber die Gelegenheit ungenutzt ließen.[14]

(c) Absicht

Wenn man sagt, daß man einer Sache grundsätzlich zustimmt,
so bedeutet es, daß man nicht die geringste Absicht hat,
sie in der Praxis durchzuführen.
Otto von Bismarck

Die Absicht ist ein weiterer Faktor unserer Verantwortlichkeit. Wenn wir etwas zu tun beabsichtigen, ist unser Engagement und unsere Verantwortung in der Regel größer, als wenn das Ereignis ohne unsere vorherige Absicht stattgefunden hätte. Dementsprechend ist in der Regel auch die emotionale Intensität größer. So wird unser Zorn heftiger sein, wenn wir glauben, daß die andere Person uns mit Absicht gekränkt hat, und unsere Scham wird brennender sein, wenn unsere erbärmliche Handlungsweise auf Absicht beruhte.

Absicht und Kontrollierbarkeit sind im allgemeinen hochgradig kovariant: Man beabsichtigt das, was kontrollierbar ist, und kann kontrollieren, was beabsichtigt ist. Es gibt aber Fälle, in denen Absicht und Kontrolle sich nicht decken. So könnte zum Beispiel ein sogenannter »Überleister« beabsichtigen, sich eine Auszeit zu nehmen, aber er schafft es nicht, von seinen Arbeitsgewohnheiten zu lassen. Die Unterscheidung zwischen Absicht und Kontrolle liegt dem Unterschied zwischen Mord und Totschlag zugrunde: Kontrolle liegt in beiden Fällen vor, aber nur der Mord ist zusätzlich mit einer Absicht verbunden.[15]

Bereitschaft

Glücklich, wer nichts erwartet, denn er kann nicht enttäuscht werden.
Jonathan Swift

Ich hatte nicht damit gerechnet, daß ich mich in den Präsidenten verliebe. Ich war selbst überrascht.
Monica Lewinsky

Die Variable der Bereitschaft mißt die kognitive Veränderung in unserer Haltung; wichtige Faktoren dieser Variablen sind Unerwartetheit (beziehungsweise Erwartung) und Ungewißheit.

Der Unerwartetheit, die man an der Überraschung durch die eingetretene Situation messen kann, wird allgemein eine zentrale Rolle für die Emotionen zuerkannt. Da Emotionen bei einer plötzlichen Veränderung entstehen, ist Unerwartetheit typisch für Emotionen und gewöhnlich positiv korreliert mit ihrer Intensität, zumindest bis zu einem gewissen Punkt. Wir sind zorniger, wenn wir das gegenteilige Resultat erwartet haben, so wie wir es als ausgesprochen entzückend empfinden, wenn unsere Wünsche ganz unerwartet in Erfüllung gehen. Unerwartetheit kann man beschreiben als die Kluft zwischen der wirklichen Situation und der gedachten Alternative, die wir erwartet haben. Wenn die wirkliche Situation besser ist, kommt es zu einer angenehmen Überraschung; wenn sie schlechter ist, kommt es zu Enttäuschung oder Reue.[16]

Da die Unerwartetheit in hohem Maße die emotionale Intensität bestimmt, kann man eine negative emotionale Wirkung dadurch verringern, daß man seine Erwartungen senkt. Damit erreichen wir, daß negative Ereignisse uns weniger frustrieren und positive Ereignisse uns stärker überraschen. Wer nichts erwartet, wird nie enttäuscht sein. Allerdings werden dann auch die positiven Emotionen begrenzt sein, weil kein Ereignis als eine signifikante Veränderung wahrgenommen wird; ein Ereignis als eine signifikante Veränderung wahrzunehmen setzt die Erwartung der Normalsituation voraus, von der das jeweilige Ereignis signifikant abweicht. Wer nichts erwartet, besitzt eine geringe emotionale Sensibilität; dies gilt gleichermaßen für positive und negative Emotionen.

Die behauptete negative Korrelation zwischen Erwartetheit und emotionaler Intensität kann man in Frage stellen. Man kann darauf hinweisen, daß die Erwartung signifikanter Ereignisse wie einer schwierigen Prüfung oder einer ersehnten sexuellen Begegnung oft die emotionale Intensität erhöht. Man fand zum Beispiel heraus, daß Menschen, die sich über das, was geschehen könnte, Gedanken machen, unter Informationen über chirurgische Eingriffe oder der Krankheit ihres Kindes stärker leiden als »Vermeider«.[17] Wie in anderen Fällen scheinbarer Ausnahmen sind dies keine echten Gegenbeispiele zu der behaupteten allgemeinen Korrelation; vielmehr liegen hier Umstände vor, unter denen sich andere Variablen wie beispielsweise die Relevanz und die Stärke des Ereignisses geändert haben. Je wichtiger das erwartete Ereignis ist, desto häufiger denken wir daran, und desto stärker und relevanter wird es; daher die größere emotionale Wirkung. Überdies steigert Erwartetheit für gewöhnlich die Bewältigungskompetenz und verringert damit die emotionale Intensität. So werden wir, wenn wir die Fragen in unserer Prüfungsarbeit vorher kennen, besser in der Lage sein, die Situation zu bewältigen, und unsere Angst wird entsprechend geringer sein. Allerdings gibt es Fälle, in denen Erwartetheit nichts an unserer Bewältigungskompetenz ändert, weil ihre Widrigkeit oder Unvorhersagbarkeit so groß ist. In diesen Fällen erhöht die Erwartetheit die emotionale Intensität, da das erwartete Ereignis zentraler und relevanter wird; deshalb denken wir ständig daran.

Ein Faktor, der mit der Unerwartetheit verwandt, aber nicht identisch ist, ist die Ungewißheit. Wir können damit rechnen, daß ein Ereignis eintreten wird, ohne aber Gewißheit zu haben, wie wahrscheinlich es tatsächlich ist. Ungewißheit ist positiv korreliert mit emotionaler Intensität. Je größer unsere Gewißheit, daß das erregende Ereignis eintreten wird, desto geringer sowohl unsere Überraschung, wenn es tatsächlich eintritt, als auch die emotionale Intensität. Wenn wir Gewißheit haben, erscheint uns die Alternative zu der Situation als weniger leicht erreichbar, und daher sind die Emotionen weniger intensiv. Diese Variable hat Spinoza im Auge, wenn er über den Menschen, der nach dem Gebot der Vernunft lebt, sagt: »Wer richtig erkannt hat, daß alles aus der Notwendigkeit der göttlichen Natur folgt und nach den ewigen Gesetzen und Regeln der Natur geschieht, der wird sicherlich nichts finden, was des Hasses, des Spottes oder der Verachtung wert wäre ....«[18] Tatsächlich haben Menschen, die sich einer ärztlichen Untersuchung unterziehen, vorher in der Regel mehr Angst vor den Ergebnissen als hinterher, denn wenn die Resultate erst einmal bekannt sind, ist ihre Ungewißheit bezüglich der vielen möglichen Alternativen ausgeräumt. Selbst dann, wenn die schlimmste vorgestellte Alternative – die emotional bedeutsamste – durch die Tests bestätigt wird, bedeutet das für den Betroffenen, daß er jetzt weiß, was er zu erwarten hat, und sich in seinem Verhalten darauf einstellen kann, was die Angst vor dem Unbekannten verringert.[19]

Eine scheinbare Ausnahme von der positiven Korrelation zwischen Ungewißheit und emotionaler Intensität ist die Furcht vor dem Tode. Die Intensität dieser Furcht scheint von der Gewißheit unseres unausweichlichen Todes nicht vermindert, sondern womöglich noch gesteigert zu werden. Seine Erklärung findet dieses Phänomen in der höchst negativen Wirkung des Ereignisses auf uns. Eine Wirkung von solcher Wucht mindert das Gewicht aller sonstigen Variablen, wenn sie es nicht sogar gänzlich aufhebt. Könnten wir der negativen Wirkung des Todes weniger Gewicht beimessen und uns ausschließlich auf seine Unvermeidlichkeit konzentrieren, ließe sich die Furcht verringern. Seneca sagte denn auch, daß wir uns von der Todesfurcht befreien können, indem wir regelmäßig über seine Unvermeidlichkeit meditieren.[20] Tatsächlich wird unsere Trauer über den Tod anderer verringert, wenn wir ständig an seine Unvermeidlichkeit denken oder wenn wir schon eine Weile mit dem Tod gerechnet haben, beispielsweise wegen einer langwierigen Krankheit.

Verdienst

Wie sich Verdienst und Glück verketten,
das fällt den Toren niemals ein.
Johann Wolfgang von Goethe

Ich mußte beinahe warten.
Ludwig XIV., als seine Kutsche genau in dem Moment vorfuhr,
als er aus der Tür trat.

Ob wir unsere Situation oder die von anderen als verdient (billig, gerecht) empfinden oder nicht, bestimmt maßgeblich die Natur und Intensität von Emotionen. Niemand möchte ungerecht behandelt oder nicht seinem Wunsch gemäß belohnt werden. Obwohl die Menschen uneins darüber sind, was gerecht und ungerecht ist, wünschen sich die meisten eine gerechte Welt. Die meisten Menschen nehmen ausdrücklich oder stillschweigend an, die Welt sei wohlwollend und sinnvoll und das Selbst sei eine wertvolle Person.[21]

Dementsprechend ist das Gefühl der Ungerechtigkeit schwer zu ertragen – manchmal sogar schwerer als das Ungemach, das einem angetan wird. Wenn wir den Eindruck haben, ungerecht behandelt zu werden, oder wenn wir die Welt insgesamt als ungerecht empfinden, wird das als eine Abweichung wahrgenommen, die emotionale Reaktionen auslöst. Je außergewöhnlicher die Situation ist, je stärker sie also von unserer Grundlinie abweicht, desto mehr empfinden wir die negative Situation als ungerecht und die positive Situation als Glücksfall. Unter solchen Umständen rückt die Frage des Verdienstes in den Mittelpunkt und erregt heftige Emotionen. Bei manchen Emotionen wie Mitleid und Neid ist die Variable des Verdienstes sehr wichtig, bei anderen wie der Furcht ist sie weniger bedeutend.

Die Schwierigkeit, das Verdienst zu bestimmen, beruht darauf, daß es dem *moralischen Anspruch* ähnlich, gleichzeitig aber verschieden von ihm ist. Die Berufung auf ein Verdienst wie »Ich verdiene, im Lotto zu gewinnen« gründet sich auf unseren Eindruck vom Wert unserer Eigenschaften und Handlungen; die Geltendmachung eines moralischen Anrechts wie etwa »Sie hat ein Anrecht auf eine Gehaltserhöhung« bezieht sich oft auf Verpflichtungen, die in den Beziehungen zu anderen Akteuren begründet sind. Die Berufung auf ein Verdienst muß aber nicht zwingend mit Verpflichtungen anderer begründet sein; sie stützt sich vielmehr auf die Wertschätzung, die Menschen zu verdienen glauben. In einer interessanten Untersuchung wurden Leute gebeten, sich an einem Interview mit einer Psychologin zu beteiligen. Während des Interviews rief ein Kollege die Psychologin heraus, die sich daraufhin entschuldigte und den Raum verließ. Attraktive Leute warteten im Durchschnitt drei Minuten und zwanzig Sekunden, bevor sie Aufmerksamkeit verlangten. Weniger attraktive Leute warteten im Durchschnitt neun Minuten. In der eigenen Einschätzung ihres Selbstbewußtseins gab es zwischen beiden Gruppen keinen Unterschied. Die attraktiven Leute hatten nur das Gefühl, eine bessere Behandlung zu verdienen.[22] Grundlage des Unterschiedes in der Berufung auf ein Verdienst ist der Wert, den die attraktiven Leute zu besitzen glauben.

Die einseitige und oft private Natur von Verdienstansprüchen hat ihren Grund darin, daß sie sich oft auf persönliche Wünsche stützen. Es ist nicht so, daß es bestimmte objektive Situationen gibt, denen wir emotionalen Wert beimessen oder auch nicht. Der emotionale Wert und damit das, was wir als verdient empfinden, beruht auf persönlichen Einstellungen und Wünschen. Wir wünschen nicht immer das, was an sich gut ist; oft wird das, was wir wünschen, erst dadurch gut. Etwas, das ansonsten keinen großen Wert für uns hat, wird emotional wertvoll, weil wir es begehren. Oft messen wir Menschen Wichtigkeit für uns zu, weshalb sie nach unserem Empfinden mehr von uns verdienen, einfach weil wir sie mögen. Der entscheidende Grund, warum meine Kinder wichtig für mich sind, ist, daß ich sie liebe. Das ist hinreichend als Begründung meiner Ansicht, daß sie mehr von mir verdienen als andere Kinder.[23] Diese Eigenheit des Verdienstes macht es ziemlich schwer, Verdienstansprüche objektiv zu bewerten.

Ansprüche, die sich auf ein moralisches Anrecht stützen, beziehen sich auf eine bestimmte Art der Behandlung durch andere, während Verdienstansprüche sich außerdem auf die Gerechtigkeit der Situation beziehen. Wenn wir unsere Situation als unverdient empfinden, bedeutet das nicht zwangsläufig, daß wir jemandem kriminelles oder unmoralisches Verhalten vorwerfen; wir nehmen jedoch an, daß es in einem gewissen Sinne ungerecht ist, daß wir uns in dieser Situation befinden. Bei typischen moralischen Ansprüchen ist der Akteur eine Person mit Verantwortung, während bei Verdienstansprüchen auch eine unpersönliche Sache Akteur sein kann. Ein Regenguß kann Umstände hervorrufen, die unverdient, aber nicht unmoralisch sind. Während moralische Ansprüche sich auf Menschen und manchmal auf andere Lebewesen richten, können Verdienstansprüche auch auf leblose Objekte gerichtet sein. Man kann sagen: »Cleveland verdient eine bessere Werbung, weil es eine interessante Stadt ist.«[24]

Ansprüche auf persönliches Verdienst beruhen auf als unverdient oder verdient wahrgenommenen Situationen, die nicht unbedingt in einem moralischen Sinne unverdient oder verdient sind. Als unverdient wahrgenommene Situationen können auf unpersönlichen, beliebigen Umständen beruhen. Wenn jemand unglücklich ist, muß das nicht auf kriminellen oder unmoralischen Taten oder Einstellungen eines bestimmten Akteurs beruhen, aber gleichwohl kann die unglückliche Person ihre Lage als unverdient empfinden. Es ist nicht unmoralisch, wenn eine reiche Person eine große Summe im Lotto gewinnt oder eine andere reiche Person heiratet; viele arme Menschen werden es jedoch als unverdient betrachten. Mit einer Behinderung geboren zu sein kann in dem Sinne als ungerecht betrachtet werden, daß niemand ein solches Unglück verdient, aber dem liegt gleichwohl keine kriminelle oder unmoralische Handlung zugrunde. Und wenn wir sagen, daß jemand, der fleißig arbeitet, auch verdient, Erfolg zu haben, so meinen wir damit nur in seltenen Fällen, daß andere moralisch verpflichtet sind, ihm zum Erfolg zu verhelfen.

Ein Verdienstanspruch unterscheidet sich von einem moralischen, auf das Recht gestützten Anspruch, auch wenn beide sich auf eine bestimmte Art der Behandlung durch andere Personen beziehen. Der moralische Anspruch setzt Anspruchsberechtigung und die Erfüllung einiger allgemeiner Regeln voraus, während das Verdienst die Erfüllung bestimmter Bedingungen der persönlichen Würdigkeit voraussetzt, die in keiner gesetzlichen oder amtlichen Bestimmung festgelegt sind. Manchmal fällt der Anspruch aufgrund des Verdienstes mit dem Anspruch aufgrund des Rechts zusammen, zum Beispiel dann, wenn der siegreiche Präsidentschaftskandidat der am besten geeignete ist. Die beiden Arten von Ansprüchen können in Konflikt geraten, wenn jemand einen Rechtsanspruch auf etwas hat, das er nicht verdient, oder etwas verdient, auf das er keinen Rechtsanspruch hat. Ein Denunziant, der seinen Bruder verrät, hat Anspruch auf die ausgelobte Belohnung, aber hat sie nicht verdient; anders verhält es sich bei dem unterlegenen Präsidentschaftskandidaten, der als der am besten Geeignete verdient, Präsident zu sein, aber keinen Anspruch darauf hat. Daß Ansprüche, die sich auf ein moralisches Recht berufen, den normativen Bereich der Gerechtigkeit nicht ausschöpfen, versteht sich von selbst.[25]

Generell werden unverdiente Situationen als nicht ganz normal empfunden, was die Erreichbarkeit einer Alternative und damit auch die emotionale Intensität verstärkt. Deshalb haben Mordopfer in vielen Fernsehserien ein unmoralisches Vorleben, so daß sie die Strafe gewissermaßen verdient haben. Das verringert die Intensität der negativen Emotionen, die wir empfinden, wenn wir den Mord beobachten.

In erfreulichen Situationen besteht eine positive Korrelation zwischen dem Verdienst der Person (des Subjekts oder des Objekts), die ihr Glück genießt, und der emotionalen Intensität. Es ist, als würden »die Guten gewinnen«. Deshalb sind wir in der Regel stolzer auf ein Lob, das wir wirklich verdient haben. Und wir freuen uns mehr über den Erfolg eines Freundes, der ihn verdient hat, als über den eines Freundes, der ihn nicht verdient hat. Außerdem können wir unser unverdientes Glück mehr genießen, je überraschender es uns zuteil wurde. In solchen Fällen ändert sich die Variable der Bereitschaft, und daher gilt die allgemeine Korrelation nicht mehr.

Unterschiede der Persönlichkeit

Wir sehen die Dinge nicht, wie sie sind,
wir sehen sie so, wie wir sind.
Anaïs Nin

Jakob diente also um Rahel sieben Jahre.
Weil er sie liebte, kamen sie ihm wie wenige Tage vor.
Genesis 29,20

Bei der Einschätzung der Bedeutung einer emotionalen Änderung muß unsere persönliche Eigenart berücksichtigt werden. Faktoren wie Persönlichkeitsmerkmale, Weltbilder, kultureller Hintergrund und die aktuelle persönliche Situation sind wesentlich, um die emotionale Bedeutsamkeit gegebener Ereignisse zu bestimmen, aber sie verstoßen nicht gegen die Logik der Emotionen. Unterschiede der persönlichen Eigenart können dazu führen, daß gegebenen Ereignissen eine unterschiedliche Bedeutung zugeschrieben wird; das ändert aber nichts an den allgemeinen Regeln über den Zusammenhang einer Intensitätsvariablen mit der emotionalen Intensität. Verschiedene Menschen bewerten die Realität einer Situation unterschiedlich:

Manche Männer betrachten ein bestimmtes Verhalten einer attraktiven Frau als verführerisch und reagieren mit heftigem sexuellen Verlangen, während andere das Verführerische nicht sehen und so gut wie kein Verlangen verspüren.

Der Einfluß der Kultur macht sich vornehmlich in der Wahrnehmung und der Interpretation der Bedeutung von Ereignissen geltend, während es sich auf die allgemeinen Bewertungsregeln nicht auswirkt. Es kann an kulturellen Unterschieden liegen, wenn die Relevanz eines Ereignisses für unser Wohlbefinden unterschiedlich bewertet wird, doch auf die allgemeine positive Korrelation zwischen der emotionalen Intensität und der Relevanz des Ereignisses haben sie keinen Einfluß.

Daneben gibt es Unterschiede in der Sensibilität. Als emotional bezeichnen wir einen Menschen, der sich leicht zu emotionalen Reaktionen hinreißen läßt. Normale, alltägliche Ereignisse werden als bedeutsam wahrgenommen. Menschen mit geringer emotionaler Sensibilität brauchen dagegen einzigartige Ereignisse, um etwas gleichermaßen Bedeutsames zu erleben.[26]

Unterschiede der Persönlichkeit sind also keine Variablen der emotionalen Intensität, sondern Faktoren, welche die Signifikanz von Ereignissen bestimmen. Solche Unterschiede wirken sich auf die Signifikanz einzelner Variablen über die Funktion aus, die den Zusammenhang zwischen einer emotionalen Variablen und der emotionalen Intensität beschreibt, doch an der Funktion selbst, in der die Logik der Emotionen zum Ausdruck kommt, ändern sie nichts.

Zusammenfassung

Zuviel des Guten kann wundervoll sein.
Mae West

Im Hafen ist ein Schiff sicher, aber dafür werden Schiffe nicht gebaut.
Unbekannt

Wie wir gesehen haben, ist die Idee der »emotionalen Intensität« eine äußerst komplexe Idee. Dennoch ist es möglich, die emotionale Intensität zu beschreiben und vorherzusagen. In diesem Kapitel wurden sechs wesentliche Variablen der emotionalen Intensität beschrieben: die Stärke des Ereignisses, das die Emotion erzeugt, die Realität des Ereignisses, die Relevanz des Ereignisses, unsere Verantwortlichkeit für das Ereignis, unsere Bereitschaft für das Ereignis und unser Verdienst an unserer gegenwärtigen Situation.

Ich habe eine eindeutige Korrelation zwischen jeder dieser Variablen und der emotionalen Intensität vorgeschlagen. Solche Variablen sind Bestandteil der Logik der Emotionen. Bei der Beschreibung der Korrelation zwischen den einzelnen Variablen und der emotionalen Intensität stellen die scheinbaren Ausnahmen von der allgemeinen Korrelation ein herausragendes Problem dar. Man kann einwenden, daß diese Ausnahmen gegen die Logik der Emotionen verstoßen. Ich habe behauptet, das sei nicht der Fall, und wenn wir die Wirkung anderer Variablen berücksichtigen, bleibt die Korrelation erhalten. Die sogenannten »Ausnahmen« sind nur aus einer lokalen und begrenzten Perspektive Ausnahmen; aus einer umfassenden Perspektive stimmen sie mit der übergreifenden Logik der Emotionen überein.

4 Die Emotion als mentaler Modus

Nachdem die Emotionen in den vorangegangenen Kapiteln beschrieben und erklärt wurden, können wir jetzt versuchen, sie zu definieren. Ich schlage vor, die Emotionen als einen mentalen Modus zu definieren. Wenn wir die Ansätze miteinander verbinden, könnten wir zu einem umfassenderen Verständnis der Natur der Emotionen gelangen.

Definition der Emotionen

Emotion ist der kürzeste Abstand zwischen zwei Menschen.
Unbekannt

Wenn Sie nicht gesehen haben, wie Ihre Frau einen Verkehrspolizisten anlächelt, haben Sie noch nicht ihr hübschestes Lächeln gesehen.
Kin Hubbard

Gerade wegen ihrer Komplexität waren alle bisherigen Versuche, die Emotionen zu definieren, mit notorischen Schwierigkeiten behaftet. Als Definition der Emotionen wurden unter anderem vorgeschlagen: mentale Entitäten, Zustände, Dispositionen, Fähigkeiten, Typen des intentionalen Bezuges und Gefühle. Bei Laien stößt man überdies auf systematische Unterschiede in ihren unausgesprochenen Theorien der Emotion: Manche betrachten die Emotionen als etwas Unveränderliches (wie die Wesenstheoretiker), während andere sie als eher formbar auffassen (in Übereinstimmung mit den Veränderbarkeitstheoretikern). Ich möchte in eine Diskussion über die Schwierigkeiten der einzelnen Vorschläge eintreten. All diese Vorschläge sind insofern angemessen, als die Emotionen diese Elemente tatsächlich enthalten. Dennoch bin ich angesichts der Komplexität der Emotionen der Ansicht, daß die Emotionen durch ein einzelnes mentales Element nicht hinlänglich zu definieren sind. Deshalb glaube ich, daß wir die Emotionen als einen allgemeinen Modus des mentalen Systems definieren sollten.

Der Ausdruck »Modus« hat mehrere Bedeutungen. Die der hier vertretenen Auffassung am nächsten kommenden Bedeutungen sind die einer bestimmten Art und Weise des Seins (»dies ist ein neuartiger Modus von Erziehung«) oder Tuns (»Notfallbetriebsmodus«). Der Modus bezeichnet eine komplexe Ausgestaltung (»eine Lebensweise«) und Funktionsweise (»Eisenbahnen sind ein wichtiges Verkehrsmittel«) im Zeitverlauf. Er ist eine dynamische, strukturierte Form (oder ein Stil) des Systems, in der zum Ausdruck kommt, wie die mentale Erfahrung organisiert ist oder abläuft. Der Modus bezeichnet die Art und Weise, in der etwas stattfindet oder getan wird. Er umfaßt eine Kombination aus Eigenschaften und Beziehungen. Ein Modus ist immer eine Art von etwas, sei es eine bestimmte Entität, ein Lebewesen, ein System und dergleichen.

Eine Emotion ist ein allgemeiner Modus (oder Stil) des mentalen Systems. Ein allgemeiner mentaler Modus umfaßt verschiedene mentale Elemente und drückt eine dynamisch funktionierende Ordnung des mentalen Systems aus. Die in einem bestimmten Modus enthaltenen Arten von Elementen und die jeweilige Anordnung dieser Elemente machen die Besonderheit des jeweiligen Modus aus. Der emotionale Modus umfaßt die Aktivierung bestimmter Dispositionen und die Präsenz einiger aktualisierter Zustände. Er umfaßt ferner die Betätigung verschiedener mentaler Fähigkeiten und die Nutzung verschiedener Arten von intentionalen Bezügen. Dieser Modus umfaßt

Kognition, Evaluation, Motivation und Gefühl. Im Lichte der logischen Regelmäßigkeiten des emotionalen Modus können emotionale Phänomene erklärt werden.[1]

Mentale Modi

Die Menschheit steht vor einer schmerzhaften Entscheidung: arbeiten oder tagsüber fernsehen.
Unbekannt

Ein Intellektueller ist ein Mensch, der etwas Interessanteres entdeckt hat als Sex.
Aldous Huxley

Neben dem emotionalen Modus gibt es andere mentale Modi: den perzeptuellen, den imaginativen und den intellektuellen Modus. Ein bestimmter mentaler Modus ist nicht zwangsläufig das komplette Gegenteil eines anderen Modus; sie können in einigen, aber nicht in allen Merkmalen voneinander abweichen. Die Wahrnehmung zum Beispiel kommt in allen Modi vor, wenn auch in unterschiedlicher Form. Ähnlich verhält es sich mit den Gefühlen: Im emotionalen Modus sind sie intensiv, während sie für den perzeptuellen und den intellektuellen Modus unwesentlich sind. Das Denken, das im intellektuellen Modus dominiert, wirkt sich auf den perzeptuellen, den imaginativen und den emotionalen Modus weniger aus.

Während der verschiedenen Phasen unseres Lebens und der evolutionären Entwicklung von Menschen verstärkt oder verringert sich die Dominanz einzelner mentaler Modi. Der perzeptuelle Modus ist in unserer frühen Kindheit und den ersten Phasen der menschlichen Entwicklung dominant. Der imaginative Modus könnte in diesen Phasen ebenfalls vorhanden gewesen sein, allerdings auf weniger komplexe, dafür aber intensivere Art und Weise; dieser Modus ist in unserer späten Kindheit und Adoleszenz dominanter, bleibt aber unser Leben lang präsent. Der intellektuelle Modus ist bezeichnend für höhere Stadien unserer individuellen und evolutionären Entwicklung.

Mentale Modi sind keine isolierten Entitäten, sondern Prototypen verschiedener mentaler Phänomene: Ein Prototyp ist typisch für unsere übliche, alltägliche Situation, der andere ist typisch für das mit wissenschaftlichen, objektiven Berechnungen einhergehende abstrakte Denken, und wieder ein anderer ist typisch für intensive, stürmische mentale Erfahrungen. Es gibt viele Arten von Phänomenen, die nicht perfekt zu einem dieser drei Prototypen passen. Einige der einen mentalen Modus konstituierenden Merkmale lassen darüber hinaus Abstufungen zu, so daß eine exakte Abgrenzung zwischen den verschiedenen Modi nicht möglich ist. Gleichwohl besitzt die Beschreibung der Prototypen von mentalen Modi großen Erklärungswert.

Man kann zwischen allgemeinen und spezifischen mentalen Modi unterscheiden. Ein allgemeiner Modus ist umfassend in dem Sinne, daß er die meisten Typen mentaler Elemente enthält; ein spezifischer Modus enthält nur einige mentale Elemente. Ich halte den emotionalen Modus für den umfassendsten, da er typischerweise mehr Arten von mentalen Elementen enthält als jeder andere Modus. Am wenigsten umfassend ist vermutlich der perzeptuelle Modus, da er nicht die Aktivierung mehrerer mentaler Fähigkeiten verlangt. Der imaginative und der intellektuelle Modus nehmen eine mittlere Stellung ein. Der intellektuelle Modus mag zum Beispiel nicht solche mentalen Elemente enthalten wie Wahrnehmung, Gefühle, Motivation und Evaluation. Von Fall zu Fall wird man diese Elemente sicherlich auch beim intellektuellen Modus antreffen, aber sie sind nicht konstitutiv oder gar typisch für ihn. Im gleichen Sinne ist das Denken nicht konstitutiv für die imaginative Stimmung.

Wir können unterscheiden zwischen Elementen, die konstitutiv für einen bestimmten Modus sind, und Elementen, die häufig mit ihm verbunden sind. Beispiele für konstitutive Elemente des emotionalen Modus sind Kognition, Evaluation, Motivation, Gefühl, Instabilität, große Intensität, Einseitigkeit und kurze Dauer. Bestimmte Handlungen sind typischerweise mit Emotionen verbunden, stellen aber keine für sie konstitutiven Elemente dar; ein konstitutives Element ist dagegen die Handlungsbereitschaft. Denken ist ein konstitutives Element des intellektuellen Modus; Gefühl, Motivation und Evaluation gehen zuweilen mit dem intellektuellen Modus einher, doch manchmal kommt dieser Modus auch ohne sie vor.

Ein mentaler Modus ist typischerweise komplex, strukturiert, episodisch und dynamisch.[2] Komplex ist er, weil er zahlreiche Elemente umfaßt; strukturiert ist er in dem Sinne, daß die Elemente auf eine bestimmte, organisierte Weise angeordnet sind; und dynamisch ist er, weil er in den einzelnen Manifestationen seiner konstitutiven Elemente, in der Art der jeweils assoziierten Elemente oder in den Beziehungen zwischen ihnen typischerweise Veränderungen erfährt. Darüber hinaus ist ein mentaler Modus episodisch, weil er von begrenzter Dauer ist.

Die einzelnen mentalen Modi lassen sich unterscheiden anhand weniger Kategorien, etwa der grundlegenden psychologischen Merkmale, der grundlegenden Art von Informationsverarbeitungsmechanismen und der grundlegenden logischen Prinzipien der Informationsverarbeitung. Die Kategorie der psychologischen Merkmale läßt sich unterteilen in Merkmale wie

Komplexität, Instabilität und Intensität sowie in Komponenten wie Evaluation und Motivation. Schematische Mechanismen und deliberative Mechanismen sind Beispiele für Informationsverarbeitungsmechanismen. Logische Prinzipien sind jene, welche die Bedeutsamkeit von Ereignissen bestimmen; hier geht es beispielsweise darum, ob Veränderung oder Stabilität von größerer Bedeutung ist.

Über die Zahl und die Typen von allgemeinen mentalen Modi läßt sich streiten, da unterschiedliche Einteilungen möglich sind. Ich schlage vor, diese Modi einzuteilen in den perzeptuellen, den imaginativen, den emotiven und den intellektuellen Modus.

Der ursprüngliche mentale Modus ist der perzeptuelle, der die Empfindung und die sinnliche Wahrnehmung einschließt. Die Empfindung kann als die positivste Form der mentalen Fähigkeit betrachtet werden. Beim Empfinden nehmen wir nur Veränderungen in unserem Körper wahr. Die Empfindung kann als ein Zeichen charakterisiert werden und nicht als kognitive Beschreibung, denn sie beschreibt nicht die Veränderungen, die in uns geschehen, sondern zeigt nur ihr Vorhandensein an. Die Empfindung hat trotz ihrer primitiven Natur einen enormen Überlebenswert. Die sinnliche Wahrnehmung von Veränderungen in unserem Körper ist für das Überleben von entscheidender Bedeutung, weil sie uns zwingt, die Veränderungen zu beachten. Die wenigen Menschen, die durch eine Krankheit die Empfindungsfähigkeit eingebüßt haben, befinden sich in jedem Moment ihres Lebens in realer Gefahr. Die Empfindung ist keine intentionale Fähigkeit, denn sie richtet sich nicht auf ein Objekt und hat keinen kognitiven Inhalt. Die intentionalen Fähigkeiten entstanden später, als der Organismus in der Lage war, nicht nur Veränderungen im eigenen Körper wahrzunehmen, sondern auch die für diese Veränderungen verantwortlichen Umstände. Die ersten intentionalen Fähigkeiten, die sich herausbilden, sind die perzeptuellen Fähigkeiten, bei denen wir die Reize, die auf unsere Sinnesrezeptoren treffen, voneinander trennen und eine perzeptuelle Umwelt als mentales Objekt erschaffen. Wenn wir nur perzeptuelle Fähigkeiten besäßen, wären wir auf die Grenzen unseres Körpers beschränkt. Die Entwicklung darüber hinausgehender intentionaler Fähigkeiten wie Gedächtnis, Vorstellungsvermögen und Denken befähigt uns, uns auch solcher Dinge bewußt zu sein, die nicht präsent sind, und Faktoren zu betrachten, die sich außerhalb unserer unmittelbaren Umgebung befinden.[3]

Der wichtigste mentale Modus, der sich nach der Wahrnehmung entwickelt, ist das Vorstellungsvermögen. Das Vorstellungsvermögen setzt nicht nur perzeptuelle Fähigkeiten voraus, die uns den Rohstoff für den Inhalt der Vorstellungen liefern, sondern auch die Fähigkeit, diesen Inhalt zu behalten, wenn das betreffende Objekt nicht mehr präsent ist oder nie präsent gewesen ist. Insofern geht die Wahrnehmung logisch dem Vorstellungsvermögen voraus.

Das Denken, die zentrale Fähigkeit im intellektuellen Modus, unterscheidet sich von den anderen imaginativen Fähigkeiten insofern, als es einen perzeptuellen Inhalt nicht nur betrachtet, sondern auch analysiert. Bei der Vorstellung erweitert der aktive Teil des Akteurs den Rahmen, in dem der perzeptuelle Inhalt präsent ist, beim Denken kommt noch die kritische Prüfung dieses Inhalts hinzu. Diese Fähigkeit umfaßt höhere und komplexere kognitive Prozesse.

Der emotionale Modus ist der umfassendste und komplexeste Modus, auch deshalb, weil er der einzige Modus ist, in dem alle (oder fast alle) konstitutiven Fähigkeiten der übrigen Modi zugleich Bestandteil seiner eigenen konstitutiven Fähigkeiten sind. So äußert sich die positivste Fähigkeit, das Empfinden, in der Fähigkeit des Fühlens, die eine Art von Empfindung und konstitutiv für die Emotionen ist. Der emotive Modus ist zugleich der dynamischste Modus, weil er alle für die übrigen Modi typischen Aktivitäten umfaßt. Wegen dieser Vielfalt von Aktivitäten und Einstellungen ist das Gleichgewicht dieses Modus höchst gefährdet; daher seine dynamische und episodische Natur.

Da der emotionale Modus aus Fähigkeiten besteht, die für alle übrigen Modi konstitutiv sind, hat er sich parallel zu den übrigen Modi entwickelt. Wir können emotionale Reaktionen sogar bei Lebewesen beobachten, die kaum über imaginative oder intellektuelle Fähigkeiten verfügen. Allerdings unterscheiden sich diese emotionalen Erfahrungen substantiell von menschlichen Erfahrungen, in denen das Denken eine zentrale Rolle spielt. Der Mensch hat emotionale Erfahrungen, die im Tierreich wahrscheinlich nicht existieren (oder nur in einer so primitiven Form, daß sie den Namen nicht verdienen); dazu gehören beispielsweise Emotionen wie die Reue, die Schadenfreude und wohl auch die romantische Liebe. Selbst Emotionen wie Zorn und Furcht, die der Mensch mit den Tieren teilt, unterscheiden sich in beiden Fällen sehr.

Im emotionalen Modus fällt dem Akteur eine höchst bedeutsame Rolle zu, denn er muß zwischen verschiedenen, oft widersprüchlichen Möglichkeiten entscheiden, und die Entscheidungskriterien sind nicht immer klar.

Die mentalen Modi lassen sich auch anhand anderer Kategorien unterscheiden:

(a) grundlegende *psychologische Merkmale*;
(b) grundlegende Typen von *Mechanismen der Informationsverarbeitung*;

(c) grundlegende *logische Prinzipien* der Informationsverarbeitung.

Beim emotionalen Modus unterscheide ich zwischen psychologischen Merkmalen wie Komplexität, Instabilität und Intensität sowie zwischen Komponenten wie Evaluation und Motivation. Die Mechanismen der Informationsverarbeitung unterteile ich in schematische und deliberative Mechanismen. Die ersteren ordne ich dem emotionale Modus zu, die letzteren dem intellektuellen Modus. Die logischen Prinzipien entscheiden über die Bedeutung von Ereignissen, beispielsweise, ob Veränderung oder Stabilität von größerer Bedeutung ist. Auf diese Prinzipien gehe ich im nächsten Kapitel ein.

Zusammenfassung

Wenige Dinge auf Erden sind lästiger als die stumme Mahnung,
die von einem guten Beispiel ausgeht.
Mark Twain

Mir ist aufgefallen, daß die Leute, die zu spät kommen,
oft viel besser gelaunt sind als die Leute, die auf sie warten müssen.
E.V. Lucas

Ich habe für die Beantwortung der Frage »Was ist eine Emotion?« zwei Verfahren vorgeschlagen. Beim ersten werden im Zuge einer ausführlichen und detaillierten Beschreibung alle grundlegenden Eigenschaften, Merkmale und Komponenten der Emotionen beschrieben. Danach wird eine Emotion durch wahrgenommene signifikante Veränderungen erzeugt; ihr Fokus ist ein persönlicher und komparativer; ihre Hauptmerkmale sind Instabilität, große Intensität, Einseitigkeit und kurze Dauer; ihre grundlegenden Komponenten sind Kognition, Evaluation, Motivation und Gefühl. Die Intensität einer typischen Emotion wird bestimmt von Variablen wie Stärke, Realität und Relevanz des Ereignisses sowie von unserer Verantwortlichkeit, unserer Bereitschaft und unserem Verdienst im Hinblick auf das Ereignis. Auch Kontext- und Persönlichkeitsvariablen wirken sich auf die emotionale Intensität aus. Eine Emotion ist Teil eines größeren affektiven Bereichs, zu dem auch Sentiments, Stimmungen, affektive Merkmale und affektive Störungen gehören.

Das zweite Verfahren zur Beantwortung der Frage zielt mehr auf das allgemeine Wesen von Emotionen. Mein Vorschlag ist, Emotionen als einen allgemeinen mentalen Modus zu betrachten. Dieser Modus ist komplexer, umfassender und dynamischer als alle anderen mentalen Modi.

Beide Verfahren zusammen liefern uns einen umfassenden Rahmen für das Verständnis dessen, was man eine Emotion nennt, einen Rahmen, den man unter allen Umständen, in denen eine Emotion vorkommt, nutzen kann. Dieser Rahmen ist für die Erklärung emotionaler Erfahrungen durchaus nützlich, aber es bleibt noch eine Menge zu tun, um ihn mit weiteren Details über diese Erfahrungen auszufüllen.

5 Die Logik der Emotionen

Das Herz hat seine Gründe, von denen die Vernunft nichts weiß.
Blaise Pascal

Die zentrale Behauptung dieses Buches ist, daß die Emotionen nicht chaotisch sind und daß es Gesetzmäßigkeiten gibt, die es rechtfertigen, von einer »Logik der Emotionen« zu sprechen. Diese Behauptung läuft einer langen Tradition zuwider, die zwischen emotionalen Erfahrungen und intellektuellen Überlegungen trennte und von daher die Rationalität der Emotionen bemängelte. In dieser Tradition, die unsere gegenwärtige Kultur weitgehend prägt, gelten Emotionen als ein Hindernis für rationales Denken.

Die Gesetzmäßigkeiten der Emotionen, welche die Logik der Emotionen begründen, habe ich bereits in den vorangegangenen Kapiteln aufgezeigt. In diesem Kapitel will ich diese Gesetzmäßigkeiten zusammenfassen, damit wir die grundlegenden Prinzipien dieser Logik deutlicher erkennen.

Zunächst werde ich die Rationalitätsvorstellung klären und damit zeigen, daß kein Widerspruch darin steckt, wenn wir von der Rationalität der Emotionen sprechen.

Zwei Bedeutungen von Rationalität und Intelligenz

Sex ist erblich. Wenn Ihre Eltern ihn nicht hatten, werden Sie wahrscheinlich auch keinen haben.
Joseph Fischer

Wenn Frauen zögern, einen Mann zu heiraten, nennen wir es Unabhängigkeit. Wenn Männer zögern, eine Frau zu heiraten, nennen wir es Bindungsangst.
Warren Farrell

Seit jeher gilt als »rational«, was eine von zwei Bedeutungen erfüllt: (a) die deskriptive Bedeutung, daß X aus intellektuellen Überlegungen hervorgegangen ist, und (b) die normative Bedeutung, daß X unter den gegebenen Umständen eine angemessene Reaktion darstellen kann.

Die beiden Bedeutungen sind oft miteinander gleichgesetzt worden, obwohl sie sich unterscheiden: Etwas kann in der einen Bedeutung rational sein, in der anderen aber nicht. Das Versäumnis, zwischen den beiden Bedeutungen zu unterscheiden, auf dem die hitzige Debatte über die Rationalität von Emotionen weitgehend beruht, hängt mit einem Mißverständnis der deskriptiven Bedeutung zusammen. Die normative Bedeutung, der zufolge Rationalität an der Erzeugung angemessener Reaktionen beteiligt ist, ist unbestreitbar; über Beschreibungen des psychologischen Mechanismus, der für eine solche Reaktion verantwortlich ist, kann man schon eher streiten.

Wenn wir zufällig zu einer angemessenen Reaktion gelangt sind, wird man den daran beteiligten psychologischen Mechanismus wohl kaum als rational betrachten. Von einem rationalen Mechanismus wird man erwarten, daß er bestimmten konsistenten Gesetzmäßigkeiten gehorcht, die für angemessene

Reaktionen sorgen. Wenn jemand durch Münzwurf zu einer Entscheidung gelangt, ist das Verhalten des Betreffenden auch dann nicht rational, wenn einige der Entscheidungen angemessen sind, weil der zugrundeliegende Mechanismus kein konsistentes Muster angemessener Reaktionen ergibt.

Die Gleichsetzung der deskriptiven Bedeutung von Rationalität mit intellektuellen Überlegungen beruht auf der Annahme, daß allein der Intellekt ein konsistentes Muster angemessener Reaktionen hervorbringen kann. Für strenge Rationalisten, die die Gesetze des Intellekts mit den Gesetzen der Realität gleichsetzen, ist diese Annahme selbstverständlich. Plausibel ist sie auch für andere, die im Intellekt eine allgemeine mentale Fähigkeit sehen, die in höchstem Maße alle erdenklichen Umstände zu berücksichtigen vermag.

Es ist offensichtlich, daß intellektuelle Überlegungen auf reguläre und konsistentere Weise als alle anderen psychologischen Mechanismen zu angemessenen Reaktionen führen. Sie können daher unter mehr Umständen als andere Mechanismen als rationales Mittel betrachtet werden. Es gibt allerdings Umstände, unter denen sie zu unangemessenen Reaktionen führen. Das ist beispielsweise der Fall bei plötzlichen Veränderungen, wenn ein Großteil der einschlägigen Daten nicht verfügbar ist und es mehr auf Schnelligkeit als auf Genauigkeit ankommt oder wenn der Akteur nicht hinreichend gelassen ist, um die passenden intellektuellen Überlegungen anzustellen. In diesen Fällen ist es nicht rational (im optimalen Sinne), sich der intellektuellen Fähigkeit zu bedienen.

Wenn wir einräumen, daß es Umstände geben kann, unter denen intellektuelle Überlegungen nicht zur optimalen Reaktion führen, erweist sich die traditionelle Gleichsetzung der deskriptiven mit der optimalen Bedeutung von Rationalität als falsch. Dann sind wir frei für die Einsicht, daß andere psychologische

Mechanismen als rational in dem Sinne gelten können, daß sie auf reguläre und konsistente Weise zu angemessenen Reaktionen führen. Ein einschlägiges Beispiel ist nach meiner Ansicht der emotionale Mechanismus.

Emotionen sind häufig rational im normativen Sinne, denn oft sind sie die angemessenste Reaktion. In vielen Fällen sind nicht wohlabgewogene, intellektuelle Überlegungen, sondern Emotionen das beste Mittel zum Erreichen unserer optimalen Reaktion. Dies kann sich in mehrerer Hinsicht als zutreffend erweisen – aus kognitiver Sicht, weil Emotionen unter den gegebenen Umständen die verläßlichsten Informationen liefern, aus moralischer Sicht, weil die emotionale Reaktion unter den gegebenen Umständen die beste moralische Reaktion ist, und aus funktionaler Sicht, weil Emotionen unter den gegebenen Umständen die effizienteste Reaktion darstellen. Emotionen sind unter vielen Umständen, die mit ihrer Entstehung zu tun haben, die optimale Reaktion, zum Beispiel, wenn wir uns vor eine plötzliche bedeutsame Veränderung unserer Situation gestellt sehen, aber nur über begrenzte und unvollkommene Mittel zu ihrer Bewältigung verfügen. Unter diesen Umständen ist die emotionale Reaktion oft optimal, weil die optimalen Bedingungen für das normale Funktionieren des intellektuellen Modus nicht gegeben sind. In solchen Fällen ist es rational (im normativen Sinne), sich nicht rational (im traditionellen, deskriptiven Sinne) zu verhalten.

Emotionen sind nicht rational im traditionellen, deskriptiven Sinne, weil sie in der Regel nicht auf wohlerwogenen intellektuellen Überlegungen beruhen. Es bedarf keiner wohlerwogenen Überlegungen, damit der emotionale Modus Informationen rational im normativen Sinne verarbeitet; bei Emotionen ist Vernunft nicht bloß eine Frage der Überlegung, sondern vor allem eine Frage der Sensibilität.

Den Begriff der »Intelligenz« kann man einer ähnlichen Analyse unterziehen. Darunter kann man unsere Fähigkeit verstehen, in komplizierten Situationen angemessen (oder gar optimal) zu funktionieren. Vielfach wurde angenommen, dabei handele es sich im Grunde um eine intellektuelle Fähigkeit. Ich lehne auch diese Annahme ab und behaupte, daß diese Fähigkeit sich gewöhnlich sowohl aus emotionalen als auch aus intellektuellen Fähigkeiten zusammensetzt. Deshalb können wir von emotionaler Intelligenz reden, also von einer Intelligenz, die im emotionalen System eine wichtige Rolle spielt.

Um Verwechslungen zwischen der normativen und der deskriptiven Bedeutung von »rational« und »intelligent« zu vermeiden, schlage ich vor, diese Ausdrücke nur im normativen Sinne zu verwenden, also bezogen auf eine angemessene oder optimale Reaktion auf die gegebenen Umstände.

Der Status der logischen Prinzipien

Geh immer zu den Beerdigungen anderer Leute.
Sonst werden sie nicht zu deiner kommen.
Yogi Berra

Emotional bist du ein Idiot.
Renee, in *Ally McBeal*

Nachdem ich gezeigt habe, daß Verhaltensweisen und Entscheidungsprozesse auf der Grundlage emotionaler Einstellungen als rational betrachtet werden können, schlage ich eine Beschreibung der im emotionalen Bereich geltenden logischen Prinzipien vor. Bei der Beschreibung der emotionalen Prinzipien vergleiche ich diese mit entsprechenden intellektuellen Prinzipien. Da es mir vor allem um den emotionalen Modus geht, verweile ich nicht lange bei der Beschreibung der intellektuellen Prinzipien, die vornehmlich der Erläuterung dient; in einer gründlicheren Erörterung würde man diese Prinzipien vielleicht etwas anders formulieren. Der Verweis auf die logischen Prinzipien des perzeptuellen Modus fällt noch knapper aus.[1]

Kants Unterscheidung zwischen formaler und transzendentaler Logik folgend, können wir unterscheiden zwischen analytischen Regeln gültiger Argumente und synthetischen Prinzipien des Denkens. Die formale Logik besteht aus analytischen Regeln gültiger Argumente, etwa dem Satz vom Widerspruch und dem Satz der Identität. Diese Regeln sind analytisch, weil sie keinen Inhalt haben; sie geben lediglich die formalen Regeln an, gegen die eine gültige Argumentation nicht verstoßen darf. Synthetische Regeln des Denkens sind Prinzipien, die sich mit Inhalten befassen; sie verleihen den Ereignissen, die wir beobachten, einen Sinn. Zu den synthetischen Prinzipien gehören für Kant solche Kategorien wie Kausalität und Substanz. Das Prinzip, daß jedes Ereignis eine Ursache habe, ist keine formale Regel, die eine analytische Wahrheit ausdrückt, da der Begriff der »Ursache« kein Bestandteil der Definition eines Ereignisses ist. Gleichwohl, so Kant, macht sich das wissenschaftliche Denken ein solches Prinzip zu eigen. Folglich ist Kausalität ein synthetisches Prinzip des wissenschaftlichen Denkens. In diesem Sinne möchte ich einige synthetische Prinzipien beschreiben, die dem emotionalen Denken zugrunde liegen, aber im intellektuellen Denken nicht vorkommen. Sowohl die intellektuellen als auch die emotionalen Prinzipien verstoßen nicht gegen die analytischen Regeln der formalen Logik – bezeichnen lediglich unterschiedliche Arten, gegebenen Ereignissen einen Sinn zu geben.

Da die Prinzipien der transzendentalen Logik synthetisch und a priori sind, bestimmen sie nach Kant den Charakter der Erscheinungswelt, auf die wir treffen. Für Kant gibt es nur eine Art von transzendentaler Logik und folglich keine alternativen Erscheinungswelten. Wenn ich annehme, daß das emotionale Denken andere synthetische Prinzipien hat als das intellektuelle Denken, muß ich auch annehmen, daß die emotionale Realität sich von der intellektuellen Realität unterscheidet. Das ist, glaube ich, tatsächlich der Fall.

Die im folgenden beschriebenen logischen Prinzipien sind zu verstehen als Prinzipien der Informationsverarbeitung, die den Sinn der uns umgebenden Ereignisse bestimmen. Es verhält sich hiermit wie mit anderen psychologischen Verallgemeinerungen: Diese Prinzipien werden von der Mehrheit der Leute unter den meisten, aber nicht allen Umständen benutzt. Die Anwendung dieser Prinzipien kann von persönlichen oder kulturellen Faktoren beeinflußt sein.

Logische Prinzipien der emotionalen und intellektuellen Modi

Mein Herz hat seinen eigenen Kopf.
Connie Francis

Ich bin lieber feige als tapfer, denn wenn man tapfer ist,
tun die Leute einem weh.
Edward Morgan Forster

Ich schlage vor, die logischen Prinzipien, die dem emotionalen und dem intellektuellen Modus zugrunde liegen, in drei Gruppen einzuteilen, die jeweils eine andere Art von Information betreffen. Dabei geht es um (a) die Natur der Realität, (b) die Wirkung des jeweiligen Ereignisses auf den Akteur und (c) die Hintergrundumstände des Akteurs. Ausführlich wurden die diesen Prinzipien zugrunde liegenden Annahmen in den vorangegangenen Kapiteln beschrieben, besonders in Kapitel 1, wo es um die grundlegenden Merkmale der Emotionen geht, und in Kapitel 3, wo die Variablen der emotionalen Intensität erörtert werden. Hier eine Liste dieser Prinzipien, die ich im Anschluß kurz beschreibe.

A. Die Natur der Realität

Der emotionale Modus

1. Die emotionale Welt besteht aus der Umgebung, die ich tatsächlich wahrnehme oder in der ich mich zu befinden glaube;
2. Veränderungen sind bedeutsamer als Stabilität;
3. ein persönliches Ereignis ist bedeutsamer als ein unpersönliches Ereignis.

Der intellektuelle Modus

1. Die Umgebung, die ich tatsächlich wahrnehme oder in der ich mich zu befinden glaube, stellt einen Bruchteil der intellektuellen Welt dar;
2. Veränderungen sind nicht bedeutsamer als Stabilität, im Gegenteil: Wir müssen annehmen, daß es stabile Gesetzmäßigkeiten in der Welt gibt;
3. ein persönliches Ereignis ist nicht unbedingt bedeutsamer als ein unpersönliches Ereignis.

B. Die Wirkung des gegebenen Ereignisses

Der emotionale Modus

1. Die wahrgenommene Stärke eines Ereignisses bestimmt am stärksten seine Wirkung;
2. je realer ein Ereignis wahrgenommen wird, desto bedeutsamer ist es;
3. Personen, die relevant und nah sind, sind bedeutsamer als solche, die irrelevant und fern sind.

Der intellektuelle Modus

1. Am bedeutsamsten ist die objektive Stärke eines Ereignisses;
2. die Bedeutung eines Ereignisses stimmt nicht immer mit seiner wahrgenommen Realität überein;
3. meine psychologische Nähe oder Ferne von einer bestimmten Person ist für deren Bewertung nicht relevant.

C. Hintergrundumstände des Akteurs

Der emotionale Modus

1. Je mehr ich für ein bestimmtes Ereignis verantwortlich bin, desto bedeutsamer ist das Ereignis;
2. je weniger ich auf ein bestimmtes Ereignis gefaßt bin, desto bedeutsamer ist das Ereignis;
3. die Frage, ob der Akteur ein bestimmtes Ereignis verdient, ist sehr bedeutsam für die Bewertung dieses Ereignisses.

Der intellektuelle Modus

1. Meine Verantwortung für ein bestimmtes Ereignis ist in vielen Fällen für seine gegenwärtige Bedeutung nicht relevant;

2. ob ich auf ein Ereignis vorbereitet bin oder nicht, ist in vielen Fällen nicht relevant für seine gegenwärtige Bedeutung;
3. die Frage, ob der Akteur ein bestimmtes Ereignis verdient, ist für die Bewertung dieses Ereignisses nicht immer bedeutsam.

A. Die Natur der Realität

1. Die Reichweite der Realität. Emotionales und intellektuelles Denken beziehen sich oft auf verschiedene Arten von Realität: Emotionen befassen sich mit der unmittelbaren persönlichen Realität, wie sie das einzelne Subjekt wahrnimmt, während das abstrakte Denken, der Prototyp des intellektuellen Denkens, sich mit einer ferneren, objektiven Welt befaßt, die allen Subjekten gemeinsam ist. Sinneswahrnehmung und ein lebhaftes Vorstellungsvermögen verstärken die emotionale Bedeutung, sind aber für die Verstärkung der intellektuellen Bedeutung nahezu irrelevant.

Mit der Entwicklung der menschlichen Kognition entfernen wir uns zunehmend von unserer unmittelbaren Umgebung. Angenehme und unangenehme Gefühle, die sich zuerst entwickelt hatten, sind Zeichen von Veränderungen im Körper des Subjekts. Die von der Sinneswahrnehmung bereitgestellten Informationen beziehen sich dagegen auf eine Umgebung, die vom Körper des Subjekts einen gewissen Abstand hat, aber dennoch zur unmittelbaren Umgebung des Subjekts gehört – das Subjekt bleibt im Zentrum dieser Umgebung. Erinnerung und Vorstellungsvermögen erweitern die Realität des Subjekts, indem sie sich auf frühere Umstände beziehen oder auf solche, von denen das Subjekt glaubt, daß es dort gewesen sein könnte.

Das intellektuelle Denken löst den kognitiven Inhalt noch mehr vom Subjekt und überträgt ihn auf Ereignisse, die das Subjekt möglicherweise nicht einmal hat wahrnehmen können – hier befindet sich das Subjekt nicht unbedingt im Zentrum der intellektuellen Welt.

2. Veränderung und Stabilität. Emotionen treten in der Regel auf, wenn wir positive oder negative bedeutsame Veränderungen in unserer persönlichen Situation oder in der Situation derer wahrnehmen, die uns nahestehen. Die Veränderung ist folglich emotional sehr viel bedeutsamer als Stabilität. Der Intellekt befaßt sich mit dem Allgemeinen und Stabilen, während die Emotionen sich mit dem Persönlichen und Unbeständigen befassen. Der Intellekt möchte ein spezifisches Ereignis als einen besonderen Fall einer allgemeinen unveränderlichen Gesetzmäßigkeit betrachten; die Grundlagen des intellektuellen Denkens sind Merkmale, die allen Einzelfällen gemeinsam sind. Veränderung und Instabilität werden oft als Oberflächenphänomene betrachtet, die einer unveränderlichen Gesetzmäßigkeit gehorchen; der Intellekt sucht nach solchen Gesetzmäßigkeiten. Emotionen herrschen so lange, wie ein spezifisches Ereignis als wandelbar und einmalig betrachtet werden kann. Dem Intellekt fällt es dementsprechend schwer, Wandel und Bewegung zu verstehen, während es den Emotionen schwerfällt, sich unter stabilen und universalen Bedingungen zu behaupten. Bergsons Kritik am intellektuellen Denken gründet sich darauf, daß es sich auf das Stabile und Unwandelbare verläßt, während die Realität seiner Ansicht nach genau die gegenteiligen Attribute aufweist: Instabilität und Wandel.[2]

Das emotionale System befaßt sich mit Veränderungen nicht nur von aktuellen, sondern auch von potentiellen Ereignissen.

Die Entstehung von Emotionen hängt daher entscheidend von der Verfügbarkeit einer Alternative ab; je leichter die Alternative erreichbar ist, je näher die vorgestellte Alternative also der Realität ist, desto größer ist die emotionale Bedeutung des Ereignisses. Wir reagieren stärker auf Ereignisse, bei denen man sich unschwer einen anderen Ausgang vorstellen kann. Darauf beruht die heftige emotionale Wirkung von »Beinahe-Situationen« und »Beinaheunfällen«. Für das kühle intellektuelle Denken sollte die Verfügbarkeit einer Alternative keine Relevanz für die Bedeutsamkeit eines Ereignisses besitzen. Bei der Analyse der tatsächlichen Wirkung eines gegebenen Ereignisses ist es unerheblich, ob die Umstände auch anders hätten sein können. Es mag uns betrüben, daß wir eine Gelegenheit knapp verpaßt haben, doch unsere »objektive« Lage ist genau dieselbe, wie wenn es diese Gelegenheit nicht gegeben hätte.

3. Persönliche Anliegen. Emotionen sind keine losgelösten theoretischen Zustände; sie sprechen ein praktisches Anliegen aus einer persönlichen und interessierten Sicht an. Im emotionalen Modus betrachten wir die Welt aus unserer persönlichen Perspektive, schreiben wir den Ereignissen nach unserem persönlichen Ermessen Bedeutung zu. Intellektuelle Überlegungen versetzen den Denker nicht zwangsläufig in den Mittelpunkt der Welt, und sie richten sich auch nicht zwangsläufig auf persönliche oder praktische Anliegen. Der Denker ist eher ein distanzierter, objektiver Beobachter, der nach Gesetzmäßigkeiten sucht, die von seiner Existenz unabhängig sind. Der Wahrnehmende befindet sich im Mittelpunkt der perzeptuellen Umgebung, aber seine persönlichen Merkmale haben weniger Einfluß auf diese Umgebung. Die perzeptuelle Umgebung ist stabiler und weniger persönlich als die emotionale Umgebung.

Kurz, für den perzeptuellen, den emotionalen und den intellektuellen Akteur stellt sich die Welt jeweils anders dar. Die emotionale Realität besteht aus unmittelbaren, instabilen, persönlichen Ereignissen, zu denen es immer auch eine Alternative gibt, wohingegen die intellektuelle Realität distanzierter, stabiler und deterministischer ist. Die perzeptuelle Realität ist stabiler und weniger persönlich als die emotionale Realität, aber von geringerer Ausdehnung als die beiden anderen Arten von Realität. Die Ausdehnung der perzeptuellen Realität ist begrenzter und in manchen Hinsichten auch anders als die emotionale Realität, die wiederum begrenzter ist als die intellektuelle Realität. Die intellektuelle Realität bezieht sich auf Informationen, deren Quellen das Denken, das Vorstellungsvermögen, die Erinnerung und die Wahrnehmung sind; die emotionale Realität bezieht sich dagegen hauptsächlich auf Informationen, deren Quellen das Vorstellungsvermögen, die Erinnerung und die Wahrnehmung sind. Die perzeptuelle Realität bezieht sich hauptsächlich auf Informationen, die aus der Wahrnehmung stammen.

B. Die Wirkung des gegebenen Ereignisses

Von den unterschiedlichen Umgebungen, in denen der jeweilige Modus vorherrscht, hängt die Bedeutung ab, welche die Wirkung des Ereignisses auf den Akteur besitzt. Diese Wirkung hängt von drei obenerwähnten Intensitätsvariablen ab: der Stärke des Ereignisses, dem Grad der Realität und der Relevanz und Nähe des Ereignisses.

4. Die Stärke des Ereignisses. Die Stärke eines Ereignisses ist ein wichtiger Faktor für die Bestimmung seiner Bedeutung; dies gilt für den emotionalen Modus ebenso wie für den intellektuellen.

Doch während sich die Emotionen vorwiegend mit der vom Subjekt wahrgenommenen Stärke befassen, geht es den intellektuellen Überlegungen mehr um die objektive Stärke des Ereignisses, unabhängig davon, wie das Subjekt sie empfindet. Dieser Unterschied beruht darauf, daß bei Emotionen die persönlichen Anliegen eine größere Rolle spielen. Die wahrgenommene Stärke bezieht sich auf die persönliche Wahrnehmung des Subjekts, während die objektive Stärke unabhängig davon ist, wie ein Individuum sie wahrnimmt.

5. Der Grad der Realität. Je mehr wir ein Ereignis als real wahrnehmen, desto intensiver ist die Emotion. Wie schon bei der Analyse des Begriffs der »emotionalen Realität« erwähnt, unterscheide ich zwei Bedeutungen, eine ontologische, die sich darauf bezieht, ob das Ereignis wirklich existiert, und eine epistemologische, die sich in der Eindringlichkeit des Ereignisses äußert.

Im emotionalen Bereich ist die Eindringlichkeit oft bedeutsamer als die bloßen Tatsachen. Deshalb erzeugen Filme oft intensivere Emotionen als die dürre Meldung in einer Zeitung. Im intellektuellen Bereich ist die Eindringlichkeit eines Ereignisses von geringer Relevanz für die Bestimmung seiner Bedeutung. In der Eindringlichkeit kommt die persönliche Perspektive des Subjekts zum Ausdruck: Etwas ist eindringlich, wenn es dem Subjekt nahegeht. Wenn es darum geht, die Realität eines Ereignisses zu bestimmen, ist die Eindringlichkeit der Wahrnehmung des Subjekts von untergeordneter Bedeutung. Im emotionalen Bereich kommt es sowohl auf die ontologische als auch auf die epistemologische Bedeutung an, doch hat die epistemologische Bedeutung größeres Gewicht als im intellektuellen Bereich.

Als sich die Emotionen entwickelten, gab es kaum einen Unterschied zwischen den beiden Bedeutungen von Realität: Was wir in unserer unmittelbaren Umgebung wahrnahmen, war das, was wirklich für uns existierte. Die intellektuelle Fähigkeit, die sich anschließend entwickelte, differenziert zwischen verschiedenen Arten von Realitäten, wobei sie gewöhnlich den Realitätsgrad der wahrgenommenen unmittelbaren Umgebung herabsetzt. Intellektuelle Überlegungen beziehen sich in der Regel auf etwas weit Entferntes, während Emotionen sich auf das beziehen, was im Hier und Jetzt gegeben ist. Dies mag die Schwäche der Vernunft erklären, wenn ihr die Stärke der Emotionen entgegentritt. Eine wichtige Funktion des emotionalen Vorstellungsvermögens besteht darin, abstrakte allgemeine Informationen in konkrete besondere Informationen umzuwandeln; dabei erhält die gegebene Information eine starke evaluative Tönung, und die Handlungsbereitschaft wird größer.

6. Relevanz und Nähe. Das Prinzip der Relevanz beschränkt die emotionale Wirkung auf die Bereiche, die für uns besonders wichtig sind. Da es im Zentrum der emotionalen Einstellungen steht, ist die Relevanz und Nähe von Ereignissen für das Subjekt von großer emotionaler Bedeutung. Emotionen sind Ausdruck unserer Wertvorstellungen und Präferenzen; daher können sie nicht unparteiisch sein. Je weiter jemand von uns entfernt ist, desto geringer wird die Wahrscheinlichkeit, daß wir eine emotionale Einstellung zu ihm haben. Bei intellektuellen Überlegungen hat die Ferne vom Beobachter in der Regel keine Relevanz für die Bestimmung der Bedeutung eines Ereignisses. Die Bedeutung eines Ereignisses wird anhand seiner Eigenschaften bestimmt, ohne Rücksicht auf seine Beziehung zu einer Person. Persönliche Anliegen spielen dabei keine Rolle.

Hintergrundumstände des Akteurs sind im emotionalen Modus bedeutsamer als im perzeptuellen und im intellektuellen Modus. Solche Umstände können den perzeptuellen Inhalt bis zu einem gewissen Grad beeinflussen, aber der Einfluß ist begrenzt: Ein gegebenes Ereignis wird von verschiedenen Wahrnehmenden ganz ähnlich wahrgenommen – die Ähnlichkeit ist weit größer als im emotionalen Modus, in dem die Bedeutung des Ereignisses sehr stark von persönlichen und Hintergrundumständen abhängt.

Der Berücksichtigung der Hintergrundumstände schlägt oft die gleiche Ablehnung entgegen wie der Berücksichtigung der Vergangenheit, die sich in Sprüchen äußert wie »Es ist müßig, über verschüttete Milch zu klagen«, »Du kannst die Uhr nicht zurückdrehen« oder »Geschehen ist geschehen«. In einer zielorientierten Gesellschaft, die eher intellektuell als emotional ausgerichtet ist, zählt die Vergangenheit wenig. Deshalb gilt es als nicht rational, Mittel in vergangene Ereignisse zu investieren; besser täten wir daran, unsere begrenzten Ressourcen auf künftige Ziele zu konzentrieren. Rationale, intellektuelle Entscheidungsprozesse sind denn auch vielfach von einer Ablehnung der Vergangenheit gekennzeichnet.

Es scheint zwar, als sei die Vergangenheit unabänderlich und nicht wiedergutzumachen, aber dennoch ist unsere Einstellung zu vergangenen Ereignissen und damit die Wirkung der Vergangenheit auf uns von großer Bedeutung. Wie Faulkner sagte: »Die Vergangenheit ist nicht tot. Sie ist nicht einmal vergangen.« Wir sollten doch über verschüttete Milch klagen, denn wie sollen wir sonst lernen, die Milch zu schätzen, und wie können wir sonst vermeiden, sie erneut zu verschütten? Eines der besten Verfahren zur Berücksichtigung der Vergangenheit besteht in der Berücksichtigung unserer eigenen Emotionen, denn diese sind unter anderem durch vergangene Ereignisse geprägt worden. Die Tatsache, daß die Verfügbarkeit einer Alternative bei den Emotionen eine große Rolle spielt, zeigt schon, daß Hintergrundumstände für die Emotionen wichtig sind.

7. Verantwortlichkeit. Verantwortlichkeit (oder Zurechenbarkeit) bezieht sich darauf, von wem oder was eine emotionale Erfahrung ausgelöst wurde. Je größer unsere Verantwortung für eine gegebene Veränderung ist, desto leichter ist eine Alternative erreichbar, desto bedeutsamer ist folglich das Ereignis und desto intensiver sind unsere Emotionen. Die wichtigsten diesbezüglichen Fragen sind: (a) der Grad der Kontrollierbarkeit, (b) die aufgewendete Mühe und (c) die Absicht. Je höher der Grad der Kontrollierbarkeit war, je mehr Mühe wir aufgewendet haben und je stärker wir das Ergebnis gewollt haben, desto bedeutsamer ist gemeinhin das Ereignis und desto größer ist die von ihm erzeugte emotionale Intensität.

Im intellektuellen und perzeptuellen Modus ist die Frage der Verantwortlichkeit des Akteurs in der Regel weniger wichtig für die Einschätzung der Bedeutsamkeit eines Ereignisses; in diesen Modi wird die Bedeutung eher aus den aktuellen Umständen abgeleitet (und im intellektuellen Modus zusätzlich aus seinen künftigen Folgen).

8. Bereitschaft. Bereitschaft bezieht sich auf die kognitive Veränderung in unserer Haltung; wichtige Faktoren sind hierbei Unerwartetheit und Ungewißheit. Der Unerwartetheit wird vielfach zentrale Bedeutung für die Emotionen zugeschrieben. Da Emotionen bei einer plötzlichen Veränderung entstehen, ist Unerwartetheit typisch für Emotionen und gewöhnlich positiv korreliert mit ihrer Intensität, zumindest bis zu einem gewissen Punkt. Ebenso wie die Frage der Verantwortlichkeit ist die Frage der Bereitschaft des Subjekts im perzeptuellen und intellektuellen Modus, sich wenig mit früheren Umständen zu befassen, von geringem Belang.

9. Verdienst. Die emotionale Bedeutung eines Ereignisses hängt stark davon ab, ob wir unsere Situation oder die von anderen als verdient (billig, gerecht) empfinden. Niemand möchte ungerecht behandelt oder nicht seinem Wunsch gemäß belohnt werden. Das Gefühl der Ungerechtigkeit ist schwer zu ertragen, manchmal sogar schwerer als das Ungemach, das man zu erdulden hat. Die Frage des Verdienstes, bei der es auch um die frühere Lage und die Rechte des Subjekts geht, ist weniger bedeutsam im perzeptuellen Modus, der sich hauptsächlich um die aktuellen Umstände dreht, und im intellektuellen Modus, in dem es um die gegenwärtigen und künftigen Implikationen eines Ereignisses geht.

Das emotionale Denken hat, wie wir gesehen haben, eine andere Logik als das intellektuelle Denken. Die beiden Logiken widersprechen einander nicht gänzlich, denn sie teilen miteinander bestimmte Prinzipien, sowohl die analytischen Prinzipien, die zur formalen Logik gehören, als auch die synthetischen, die zur transzendentalen Logik gehören. Auf die oben beschriebenen allgemeinen Prinzipien, die dem emotionalen Mechanismus der Informationsverarbeitung zugrunde liegen, sei noch einmal hingewiesen. Es gibt noch andere Arten von Regeln, die für andere Ebenen gelten.

Das intellektuelle Denken ist umfassender als das emotionale Denken: Es bezieht sich auf eine breitere Palette von Umständen und kann sich die Perspektive, unter der die gegebenen Umständen analysiert werden, freier aussuchen. Das emotionale Denken ist hinsichtlich der Art der Umstände, mit denen es sich befaßt, und der Argumentation, deren es sich bedient, stärker eingeengt. Man kann daher sagen, daß das intellektuelle Denken bestimmte für das emotionale Denken typische Prinzipien benutzen kann, während es dem emotionalen Denken nur selten möglich ist, intellektuelle Prinzipien zu benutzen und dabei im emotionalen Modus zu bleiben. So geht die emotionale Erfahrung meistens verloren, wenn man eine umfassende, distanzierte intellektuelle Perspektive einnimmt; nimmt man jedoch die beschränkte und engagierte Perspektive ein, wie sie für Emotionen typisch ist, bedeutet das nicht unbedingt, daß der intellektuellen Modus ausgeschaltet wird.

Da beide Arten von Logik unter verschiedenen Umständen von Nutzen sind, profitieren wir alle davon, wenn sie optimal integriert werden. Diese Integration ist zwar schwierig, aber dennoch zu schaffen – mit unterschiedlichem Erfolg.

Emotionale Intelligenz

Es ist nicht leicht, genau zu bestimmen, wie und wem und worüber und wie lange man zürnen soll und welches die Grenze des rechten und des verkehrten Verhaltens ist.
Aristoteles

Ich habe einen Mann nie genug gehaßt, um ihm seine Diamanten zurückzugeben.
Zsa Zsa Gabor

Der Begriff der »emotionalen Intelligenz« ist ziemlich neu in der Psychologie. Daß er so spät entwickelt wurde, liegt offenbar daran, daß die Integration des emotionalen und des intellektuellen Systems, die den Kern der emotionalen Intelligenz ausmacht, als ein Widerspruch in sich betrachtet wurde.

Die oben erwähnten Unterschiede zwischen dem emotionalen und dem intellektuellen System lassen es zweifelhaft erscheinen, ob es je gelingen wird, sie zu einem System zu integrieren, dem man nachsagen kann, es besitze einen hohen Grad von emotionaler Intelligenz. Deshalb gelten die beiden Systeme gemeinhin als unvereinbar, und der Streit geht darum, welchem von beiden wir den Vorzug geben sollten. Ich halte die Unterschiede zwischen dem emotionalen und dem intellektuellen System für unbestreitbar. Dennoch halte ich die Integration der beiden für möglich.

Das psychologische Modell, mit dem sich diese Integration vielleicht erklären läßt, ist das des Expertenwissens. Das Expertenwissen ist wie das emotionale Wissen intuitiv in dem Sinne, daß es nicht auf einer sorgfältigen Analyse der gegebenen Daten beruht, sondern auf der Aktivierung von kognitiven Strukturen wie zum Beispiel Schemata. Da in emotionalen Situationen Eile geboten ist, sind die mit Emotionen verbundenen kognitiven Aktivitäten in der Regel diejenigen, die nicht viel Zeit und Aufwand erfordern, wie es bei intellektuellen Überlegungen der Fall ist, sondern unmittelbare Reaktionen auf der Grundlage bestehender kognitiver Strukturen. Der Erwerb eines kognitiven Schemas gleicht dem Erwerb von Fähigkeiten. Bevor wir das mit dem Fahrradfahren verbundene kognitive Schema erworben haben, gleicht das Radfahren einer kontrollierten wohlüberlegten Aktivität, die in Etappen erfolgt; der Übergang von einer Etappe zur nächsten geht gewöhnlich mit bewußten Überlegungen einher. Haben wir das Schema einmal erworben, verschwinden die Zwischenetappen zusammen mit den entsprechenden Denkvorgängen. Diese erlernten Aktivitäten können dann automatisch ausgeführt werden, da die intellektuellen Regeln zum Bestandteil der kognitiven Strukturen des Akteurs geworden sind. Der kognitive Aufwand beschränkt sich dann hauptsächlich auf eine Auslöserfunktion. Nehmen wir zum Beispiel Weinexperten. Sie können dank ihrer empfindlichen Wahrnehmung verschiedene Arten Wein erkennen, ohne auf intellektuelle Überlegungen angewiesen zu sein. Wie aus anderen Untersuchungen hervorgeht, können Menschen innerhalb der ersten dreißig Sekunden einer Begegnung herausspüren, welchen grundlegenden Eindruck sie nach fünfzehn Minuten oder auch nach sechs Monaten von dem anderen haben werden.[3]

Der berühmte amerikanische Architekt Frank Lloyd Wright behauptete: »Ein Experte ist jemand, der nicht zu überlegen braucht – er weiß.« Im Expertenwissen, das eine Art von intuitivem Wissen ist, äußert sich die höchste Form von Wissen. Auch bei den Emotionen geht es in der Regel um ein solches intuitives oder unmittelbares Wissen, aber nicht etwa, weil wir Experten in Sachen Emotionen sind, sondern wegen der Dringlichkeit der Situation. Daraus können zahlreiche Verzerrungen entstehen, wie sie häufig mit subjektiven emotionalen Einstellungen einhergehen. Interessanterweise beruht die höchste Form von Wissen, das Expertenwissen, auf dem gleichen kognitiven Mechanismus wie jenes Wissen, das häufig verzerrt ist, nämlich das emotionale Wissen.[4]

Emotionale Intelligenz ist so etwas wie ein Gespür für bestimmte Arten höherer Reize. Wie in anderen Arten von Intelligenz äußert sich in der emotionalen Intelligenz unsere Fähigkeit, komplizierte Situationen zu erfassen und mit ihnen umzugehen. Dieses Gespür hilft uns im Alltag, weil es auf optimale Weise das emotionale System mit dem intellektuellen System integriert.

Emotionale Intelligenz läßt sich beschreiben als die Fähigkeit, emotionale Informationen korrekt und effizient zu verarbeiten und dementsprechend die Emotionen optimal zu steuern. Die emotionale Intelligenz läßt sich in zwei Bereiche aufteilen: (a) Erkennen von Emotionen bei uns und anderen und (b) Steuern von Emotionen bei uns und anderen. Das Erkennen und Steuern der Emotionen verlangt sowohl emotionale Eigenwahrnehmung und Empathie als auch eine intellektuelle Fähigkeit, die unterschiedlichen Folgen verschiedener Alternativen zu kalkulieren.

Die Fähigkeit, unsere Emotionen zu steuern, trägt ohne Zweifel zu unserem Wohlbefinden bei. Es wäre allerdings ein Mißverständnis, daraus zu folgern, daß wir unsere emotionalen Neigungen mißachten sollten, denn das könnte uns daran hindern, die zahlreichen Vorzüge des emotionalen Systems zu genießen. In dem populären Ratschlag, erst bis 10 zu zählen, bevor wir unserem Ärger Luft machen – und bis 100 zu zählen, wenn wir sehr verärgert sind –, steckt die Erkenntnis, daß unmittelbare emotionale Reaktionen gefährlich sein können. Dieser Ratschlag übersieht jedoch keineswegs den funktionalen Wert von emotionalen Reaktionen, denn er geht nicht so weit, bis 1000 zu zählen.

Die Funktionalität der Emotionen

Die Leidenschaften sind wie das Feuer, nützlich auf tausenderlei Weise und gefährlich nur auf eine, durch ihr Übermaß.
Christian Nestell Bovee

Das Gefühl ist eine erniedrigende Krankheit, hervorgerufen dadurch, daß das Herz zu Kopf steigt. Zuweilen wird sie von der reichlichen Ausschüttung einer Natriumchloridlösung aus den Augen begleitet.
Ambrose Bierce

Es gibt neben der Tradition, die die Emotionen als irrational betrachtet, eine andere, der zufolge Emotionen desorganisierte Unterbrechungen der mentalen Aktivität sind, die ein normales Funktionieren behindern. Manche betrachten die Emotionen sogar als eine Art Krankheit, die behandelt werden muß. Trauer, so wurde behauptet, sei eine deutliche Abweichung vom Zustand des Wohlbefindens und müsse daher als ein pathologischer Zustand betrachtet werden, der der Behandlung und Heilung bedarf. Auch Angst wurde schon als Krankheit betrachtet. Selbst positive Emotionen wie die Liebe, deren adaptiver Wert evident ist, wurden als Anzeichen von Schwäche gedeutet. Die Liebe ist von vielen Dichtern und Schriftstellern als eine Art Krankheit beschrieben worden; eine solche Liebe kann, besonders wenn sie unerwidert bleibt, den Liebenden verletzen und töten. Weil Emotionen als zerstörerisch gelten, müssen sie ausgeschaltet oder gezügelt werden. So meint Platon, den Emotionen müsse man mißtrauen, die Stoiker raten dem Weisen, sich von Emotionen zu befreien, und Augustinus behauptet, Gott und die Engel hätten keine Emotionen. Da Emotionen angeblich keinen funktionalen Wert besitzen, hat man gefordert, emotionales Verhalten möglichst aus allen Bereichen zu verbannen. Es wurde behauptet, daß man, um im Arbeitsbereich professionell zu sein, vollkommen rational und daher emotionslos sein müsse.[5]

Ich halte diese Kritik für haltlos; oft beruht sie auf dem Unvermögen, zwischen den beiden erwähnten Bedeutungen von Rationalität zu unterscheiden, nämlich der, daß sie das Ergebnis intellektueller Überlegungen ist, und der, daß sie unter den gegebenen Umständen eine angemessene Reaktion ist. Emotionen sind, wie schon gesagt, unter vielen Umständen die optimale Reaktion. Der funktionale Wert der Emotionen bedeutet nicht, daß Emotionen unter allen Umständen von Vorteil sind, denn die Rationalität von Emotionen ist auf die örtlichen Umstände beschränkt; sie berücksichtigt nicht globale Folgen, sondern nur diejenigen, die aus der lokal gegebenen Situation erwachsen.[6] Es stimmt, daß Emotionen oft unter abnormen Umständen auftreten, aber das heißt nicht, daß Emotionen abnorme Reaktionen sind, die keinen funktionalen Wert haben. So wie es nicht ratsam ist, sich den Kopf abzuschneiden, um seine Kopfschmerzen loszuwerden, ist nicht ratsam, unsere Emotionen zu beseitigen, um uns der mit ihnen verbundenen Schwierigkeiten zu entledigen.[7]

Emotionen stellen insofern einen adaptiven Mechanismus dar, als sie flexible, unmittelbare Reaktionen auf sich ändernde Stimuli sind. Sie sind nützliche, schnelle Reaktionen auf Notfälle; oft sind Emotionen sogar der praktischste und nützlichste Zustand, den wir annehmen können. Die Trauer um einen Verstorbenen ist von Wert; sie ist eine natürliche evaluative Reaktion, die unsere Wertschätzung eines Mitmenschen ausdrückt, und sie ist wichtig für die Entwicklung eines moralischen Verhaltens. Auch die Liebe ist von Wert, denn sie hilft uns, eine engere stärkere Bindung zu anderen Menschen aufzubauen, und die Furcht ist ein Warnmechanismus, der unserer Selbsterhaltung dient. Starke Emotionen rütteln uns zu Leistungen auf, zu denen wir sonst nicht fähig wären. Angst spornt Menschen und Tiere an, schneller und länger zu laufen, als es ihnen normalerweise möglich ist. Emotionen unterbrechen das normale Funktionieren entweder in dem Sinne, daß sie es stören, oder in dem Sinne, daß sie es beträchtlich verstärken. Beide Fälle haben eine adaptive Funktion.

Wir können den funktionalen Wert der Emotionen klären, indem wir drei grundlegende Zwänge betrachten, denen menschliches Handeln unterliegt:

(a) Menschen treffen oft auf unsichere Umstände, unter denen sie unverzügliche Entscheidungen treffen müssen;
(b) Menschen haben begrenzte Ressourcen und vielfältige Ziele;
(c) Menschen sind, um ihre Ziele zu erreichen, auf andere Menschen angewiesen.

Emotionen können angesichts dieser Zwänge drei wesentliche evolutionäre Funktionen haben:

(a) als erster Hinweis auf die richtige Art zu reagieren;
(b) die rasche Mobilisierung von Ressourcen;
(c) als Mittel der sozialen Kommunikation.

In den Individuen zeigen Emotionen Prioritäten auf und ordnen diese, zwischen den Individuen übermitteln sie Absichten. Da Emotionen entstehen, wenn wir eine bedeutsame Veränderung unserer Situation wahrnehmen, muß ihr Zweck etwas mit unserer Fähigkeit zu tun haben, unter diesen Umständen zu funktionieren. Dies kommt in den beiden ersten Funktionen klar zum Ausdruck. Die *indikative* Funktion ist erforderlich, um uns einen ersten Hinweis zu geben, wie wir mit den unsicheren Umständen, vor denen wir stehen, fertig werden. Die *mobilisierende* Funktion ist erforderlich zur Bestimmung des Ortes unserer Investition, nämlich nicht dort, wo unsere Ressourcen verschwendet wären, sondern unter den dringlichen Umständen, wo unsere Investition einen beträchtlichen Gewinn abwirft. Die *kommunikative* Funktion soll anderen unsere Bewertung der Lage vermitteln und sie so zur Hilfe bewegen; ferner soll sie unseren sozialen Status unterstreichen. Die kognitive Komponente unterstützt die indikative Funktion, die motivationale Komponente dient der indikativen Funktion, und die evaluative Komponente ist wichtig für die kommunikative Funktion. Alle Funktionen sind ausgesprochen wichtig, wenn die Dringlichkeit auf der Hand liegt.[8]

Die emotionale Funktion, Objekten und Ereignissen in unserer persönlichen Umgebung einem persönlichen wertenden Sinn zu verleihen, ist recht nützlich aus einer anderen Sicht, nämlich der unserer kurzen und befristeten Existenz. Unser bevorstehender Tod bildet ständig den Hintergrund unseres Lebens. Wenn wir den Tod ernst nehmen, können wir vermeiden, unseren unbedeutenden alltäglichen Mißerfolgen und Erfolgen allzu großen Wert beizumessen. Angesichts unseres bevorstehenden Todes haben diese Ereignisse keinerlei Bedeutung. Warum sollte ich mich darüber freuen, daß mein Sohn in Biologie eine bessere Note bekommen hat, wenn ich weiß, daß ich in nicht allzu ferner Zeit tot sein werde? Viele Menschen, die schwer krank sind und ihren bevorstehenden Tod absehen können, werden gleichgültig gegen ihre Umgebung. Eine wichtige Funktion der Emotionen besteht darin, den Tod einzuklammern, also den Ereignissen in unserer vergänglichen Umgebung hohe persönliche Bedeutung beizulegen, obwohl das Gewicht dieser Ereignisse angesichts des einschneidenden Ereignisses unseres Todes erheblich sinkt, wenn es nicht sogar gänzlich verschwindet.

Die mobilisierende Funktion der Emotionen wird in dringenden Situationen deutlich, wenn wir rasch und mit all unseren Ressourcen auf ein Ereignis reagieren müssen, was unsere Lage erheblich verändern kann. Die emotionale Reaktion ist schnell und intensiv und daher weniger genau und subjektiver. Daher lenken Emotionen unsere begrenzten Ressourcen auf die Ereignisse, die besonders wichtig sind, wodurch die für diese Ereignisse vorgesehenen Mittel erhöht werden. Weil unsere Mittel begrenzt und unsere Ziele vielfältig sind, brauchen wir ein System, das in der Lage ist, unsere Ressourcen rasch von einem Ereignis auf das andere zu verlagern. Ein solches System stellen unsere Emotionen dar.

Es gibt zwei Situationen, in denen Emotionen schädlich sein können: (a) wenn sie nicht den Umständen angemessen sind und (b) wenn sie übertrieben sind.

Bei Tieren ist der Rahmen, innerhalb dessen Emotionen auftreten, sehr viel begrenzter. In diesem Rahmen sind die emotionalen Instinkte sehr funktional und dienen dem fortwährenden Kampf ums Überleben. Für Tiere sind Emotionen daher unter den meisten, wenn auch nicht unter allen Umständen unschädlich.[9] Beim Menschen gibt es mehr Umstände, unter denen Emotionen nicht adaptiv sind. Der Grund ist, daß Menschen ihre (im wesentlichen soziale) Umwelt so schnell verändern, daß adaptive Veränderungen ihres emotionalen Systems nicht Schritt halten können. Doch neben ihrem spontanen emotionalen System lassen die Menschen sich in ihrem Leben von einem deliberativen intellektuellen System leiten. Es gibt viele Umstände, unter denen das intellektuelle System die angemesseneren Reaktionen liefert. Allerdings kommt es vor, daß die ungestümen Reaktionen sich über das intellektuelle System hinwegsetzen – das kann dann schädliche Folgen haben.

Auch ein Übermaß von Emotionen kann schaden, aus demselben Grund, aus dem andere Formen von Übermaß schaden können. Diejenigen, die pauschal die Emotionen verdammen, sehen eher die extremen als die typischen Emotionen. Daß es emotionale Exzesse gibt, macht noch lange nicht aus jeder Emotion eine Krankheit. Schlecht war für Aristoteles ein Mensch, wenn er sich der Ausschweifung hingab, nicht aber, wenn er notwendigen Vergnügungen nachging, zum Beispiel wohlschmekkenden Speisen und Weinen oder dem Geschlechtsverkehr. Was dem Überleben und der Moral schaden kann, ist weniger die Emotion als solche als vielmehr das Übermaß. Man sollte nicht vergessen, daß nicht nur ein Übermaß, sondern auch ein Mangel an Emotionen schädlich ist. Das Ideal ist emotionale Ausgeglichenheit. Ob eine Emotion die Erfüllung einer Aufgabe fördert oder behindert, hängt von verschiedenen Faktoren ab: der Art der Aufgabe, dem Typ und der Intensität der Emotion und dem Charakter der jeweiligen Person.[10]

Zusammenfassung

Say I'm weary, say I'm sad, / Say that health and wealth have miss'd me, / Say I'm growing old, but add, / Jenny kiss'd me.
Leigh Hunt

Der Präsident hat alle Versprechen gehalten, die er zu halten gedachte.
Clinton-Mitarbeiter George Stephanopoulos

Seit langem werden Emotionen als irrational und nichtfunktional kritisiert. Diese Tradition ist grundverkehrt. Emotionen sind rational in dem normativen Sinne, daß sie unter den gegebenen Umständen eine angemessene Reaktion sind. Das heißt nicht, daß Emotionen in dem deskriptiven Sinne rational sind, daß intellektuelle Überlegungen an der Erzeugung der Emotionen beteiligt sind. Wir können uns rational verhalten, ohne ständig über unser Verhalten nachzudenken.

Emotionale Intelligenz ist die optimale Integration des emotionalen und des intellektuellen Systems; sie besteht darin, daß Emotionen optimal erkannt und gesteuert werden. Angesichts der Unterschiede zwischen den beiden Systemen können wir sagen, daß die Logik der Emotionen sich von der Logik des intellektuellen Denkens unterscheidet. Keines der beiden Systeme verstößt gegen die Regeln der formalen Logik, zum Beispiel den Satz vom Widerspruch oder den Satz der Identität, aber sie folgen unterschiedlichen Prinzipien, was ihren Inhalt betrifft. (Diese Unterscheidung ähnelt in gewissem Sinne der Kantschen Unterscheidung zwischen formaler und transzendentaler Logik.) Ein Grundprinzip des emotionalen Denkens ist zum Beispiel, daß diejenigen, die uns nahestehen, wertvoller sind; ein anderes Prinzip, das eher dem intellektuellen Denken entspricht, besagt, daß unsere Entfernung von einem Objekt an seinem Wert nichts ändert. Es gibt alltägliche und moralische Umstände, unter denen es angemessener ist, den emotionalen logischen Prinzipien zu folgen, so daß es rationaler ist, den emotionalen Weg einzuschlagen. Angesichts der Unterschiede zwischen den beiden Formen der Logik wird es nicht einfach sein, sie zu integrieren.

Zwar sind Emotionen nicht unter allen Umständen funktional, aber wenn wir vor einer beträchtlichen Veränderung stehen und die Situation drängt, sind die Emotionen ungeheuer wichtig. Dann sind Emotionen die optimale Reaktion. Drei wichtige Funktionen der Emotionen sind: ein erstes Indiz für die angemessene Richtung, in der wir reagieren sollten, eine rasche Mobilisierung der Ressourcen und die soziale Kommunikation.

Ein Übermaß an Emotionen kann schädliche Folgen haben, aber das gilt für alle Arten von Übermaß. Wir sollten unsere Emotionen weder unterdrücken noch zuviel davon haben; unser Ziel sollte emotionale Ausgeglichenheit sein.

6 Warum geht es uns schlecht, wenn es euch gutgeht? Neid und Eifersucht

Ich war nie neidisch. Nicht einmal, als mein Papa die fünfte Klasse ein Jahr vor mir schaffte.
Jeff Foxworthy

Nachdem ich einen allgemeinen Rahmen für das Verständnis der Emotionen und ihrer Logik vorgestellt habe, wende ich diesen Rahmen nun auf die einzelnen Emotionen an. Zur Analyse der einzelnen Emotionen werden diese mit mindestens zwei anderen Emotionen verglichen. Dieser Vergleich wird die unterschiedlichen Beziehungen zwischen den Emotionen deutlich machen und uns zu einem besseren Verständnis der jeweiligen Emotion verhelfen.

Emotionen, deren Gegenstand das Glück anderer ist, bilden eine gemeinsame Gruppe, deren Macht mit der Bedeutsamkeit zusammenhängt, die wir bei der Beurteilung unseres eigenen Wertes und Glücks dem Vergleich mit anderen beimessen. Wir unterteilen diese Gruppe gemäß dem Glück oder Unglück anderer. Zu den negativen Emotionen, die sich auf das Glück anderer beziehen, gehören vor allem Neid und Eifersucht; die parallele Gruppe der Emotionen, die sich auf das Unglück anderer beziehen, umfaßt vor allem Mitleid und Mitgefühl. Die positive Bewertung des Glücks anderer liegt der Emotion der Mitfreude zugrunde, während die positive Bewertung des Unglücks anderer der Schadenfreude zugrunde liegt. In diesem Kapitel sollen Neid und Eifersucht erörtert werden.

Der Neid hängt typischerweise mit einer negativen Bewertung unserer unverdienten Unterlegenheit zusammen, die Eifersucht mit einer negativen Bewertung der Möglichkeit, etwas – in der Regel eine positive menschliche Beziehung – an einen anderen zu verlieren. Neid und Eifersucht scheinen einer ähnlichen emotionalen Einstellung zu entspringen. Bei beiden geht es um eine Veränderung dessen, was man hat: entweder den Wunsch, etwas zu erlangen, oder die Furcht, etwas zu verlieren. Gegenstand des Neides ist etwas, das man nicht hat, Gegenstand der Eifersucht etwas, das man zu verlieren fürchtet. Dieser Unterschied ist alles andere als belanglos, denn der Wunsch, etwas zu erlangen, ist merklich verschieden von dem Wunsch, es nicht zu verlieren.

Ein anderer Unterschied besteht darin, daß die Eifersucht in der Regel mit ausschließlichen menschlichen Beziehungen zu tun hat. Für den Neid gilt diese Einschränkung nicht. Beim Neid steht unsere unverdiente Unterlegenheit im Vordergrund. Da die Unterlegenheit verschiedene Ursachen haben kann, kann der Neid aus irgendeiner oder auch aus all diesen Ursachen entspringen, nicht nur aus dem drohenden Verlust menschlicher Beziehungen. Grundsätzlich kann Eifersucht sich auch auf den Verlust von etwas anderem als ausschließlichen Beziehungen beziehen, jedoch bei der typischen Eifersucht geht es um den schmerzlichsten Verlust, den einer ausschließlichen Beziehung, wenn unser Partner oder sonst jemand, der uns nahesteht, jemand anderen bevorzugt. Den Ausdruck »Neid« benutze ich hier im allgemeinen im Sinne des bösartigen Neides, bei dem das Subjekt bereit ist, die Situation durch Herabsetzung des Objekts zu verändern.

Neid

Wo es keinen Vergleich gibt, gibt es keinen Neid,
und daher werden Könige nur von Königen beneidet.
Francis Bacon

Viele Leute erkennen etwas Gutes in dem Augenblick,
in dem der andere es zum ersten Mal sieht.
Job E. Hedges

Wenn wir neidisch sind, geht es uns vornehmlich um unsere relative Stellung und nicht um den eigentlichen Wert der geneideten Güter; entscheidend ist also, daß das begehrte Objekt jemand anderem gehört. Weil der Neider das begehrte Ding nicht besitzt, hat er noch keine persönliche Einstellung zu ihm entwickelt, und so wird es ihm genügen, wenn er etwas Ähnliches erlangt. Eine Frau mit stark geschädigter Gesichtshaut mag jede Frau mit glatter Haut beneiden, und ein Vater von Töchtern mag jeden beneiden, der Söhne hat. Insofern ist der Neid etwas Allgemeines, doch seine Entstehung ist oft an ein bestimmtes Ereignis geknüpft. So mag der Vater von Töchtern heftigeren Neid empfinden, wenn seinem Freund ein Knabe geboren wird.

Für die Erklärung von Neid scheinen zwei Dinge bedeutsam zu sein: (a) Unterlegenheit und (b) Verdienst. Daher können wir zwei Erklärungsansätze formulieren: (a) Neid hat zu tun mit *unserer Unterlegenheit*; (b) Neid hat zu tun mit dem *unverdienten Glück* eines anderen. Der erste Ansatz unterstellt, daß andere ein Recht auf ihre Überlegenheit haben; so gesehen drückt der Neid keinen moralischen Protest aus. Im zweiten Ansatz kann der Neid grundsätzlich als eine gerechtfertigte moralische Emotion betrachtet werden, da die anderen ihrer vorteilhaften Lage nicht würdig sind. Im Anschluß an Aristoteles macht Adam Smith sich den ersten Ansatz zu eigen: »Neid ist derjenige Affekt, welcher mit boshaftem Mißfallen den Vorrang derjenigen betrachtet, die doch wirklich auf den ganzen Vorrang, den sie besitzen, einen begründeten Anspruch haben.«[1] Im Einklang mit dem zweiten Ansatz betont Descartes, daß die anderen ihre Stellung nicht verdient haben: Wenn wir neidisch sind, »erachten wir sie deren unwert«.[2]

Die Annahme, das moralische Anliegen sei zentral für den Neid, steckt voller Schwierigkeiten. Zunächst richtet sich der Neid oft gegen Menschen, die glücklich sind, aber glücklich zu sein ist nicht unmoralisch. Sodann spricht der Neid ein persönliches Anliegen an, das oft von einem moralischen Anliegen abweicht: Es enthält den Wunsch, unsere persönliche Lage zu verbessern, nicht den Wunsch, das Wohlergehen anderer zu verbessern. Ferner wünscht der Neider bisweilen, andere ihrer größeren Vorteile zu berauben, auch wenn er sich damit selbst einiger Vorteile beraubt. Für einen solchen Wunsch kann es keine moralische Rechtfertigung geben; sinnvoll wäre er nur, wenn unsere relative Unterlegenheit von entscheidender Bedeutung wäre. Ein Beispiel der Bereitschaft, selbst zu leiden, damit der andere noch mehr leidet, liefert die Geschichte von dem Engel, der auf die Erde kam und einem Bauern versprach, ihm jeden Wunsch zu erfüllen, nur mit einer Bedingung: Der Nachbar würde von demselben das Doppelte erhalten. Wenn das so ist, sagte der Bauer, dann entferne bitte eines meiner Augen.

Wir können zwischen Unzufriedenheit, Neid und Groll unterscheiden. Unzufriedenheit entsteht, wenn wir glauben, daß etwas nicht stimmt, mit anderen Worten, daß eine bessere Alternative verfügbar ist. Neid tritt auf, wenn das, was verkehrt ist, mit unserer unterlegenen Position zusammenhängt; Groll entsteht, wenn wir eine Übeltat zu erkennen glauben; darin steckt ein unausgesprochener Vorwurf. Wenn wir uns ungerecht behandelt fühlen, aber nicht in einer unterlegenen Position zu sein glauben, entstehen eher Zorn und Groll als Neid. Neidische Menschen betonen gern, es gehe ihnen um moralische Gerechtigkeit – damit versuchen sie den Neid zu rechtfertigen. Ihre Haltung bezeichnen sie daher lieber als Groll denn als Neid. Es ist jedoch klar, daß dies oft eine Rationalisierung ihrer negativen Einstellung ist, die sie zu ihrer Unterlegenheit einnehmen.

Wenn moralische Gerechtigkeit nicht das zentrale Anliegen des Neides ist, kommt als natürlicher Kandidat für ein solches Anliegen die Unterlegenheit in Frage. In der Wichtigkeit dieses Problems zeigt sich, welches Gewicht wir unserer relativen Stellung beimessen. Durch den Vergleich mit anderen wollen wir die Ungewißheit über uns selbst verringern und unser Selbstwertgefühl bewahren oder steigern. Bei einem unvorteilhaften Vergleich entsteht oft Neid. Dem Neid geht ein sozialer Vergleich voraus, aber nicht zwingend ein Wettbewerb, auch wenn das in der Regel der Fall ist. Der Wettbewerb ist eine Form des sozialen Vergleichs. Hinter meinem Wunsch, so reich zu sein wie Rockefeller, steckt ein sozialer Vergleich, nicht aber ein Wettbewerb. Ich kann mir nicht vorstellen, daß ich diesbezüglich zu Rockefeller in Konkurrenz trete.

Was uns beim Neid plagt, ist nicht die Deprivation überhaupt, sondern unsere relative Deprivation. Ein Reicher kann einen anderen Reichen darum beneiden, daß dieser ein bißchen mehr hat; ein schöner Filmstar kann einen anderen Star um seine Schönheit beneiden. Stärker als der Wunsch, sich zu verbessern, ist bei Neidern der Wunsch, sich besser zu fühlen. Hinter der Vorstellung der relativen Deprivation steckt die Unterscheidung zwischen dem objektiven und subjektiven Wohlergehen des Subjekts und die Behauptung, beides decke sich nicht; manchmal geht es demjenigen, dem es »objektiv« bessergeht, subjektiv schlechter. So zeigte eine Umfrage, daß Vorgesetzte der untersten Führungsebene, die zwischen 12 000 und 15 000 Dollar im Jahr verdienten, mit ihrem Gehalt zufriedener waren als Generaldirektoren mit einem Jahresgehalt von rund 40 000 Dollar. Das kann man oft beobachten: Diejenigen, die objektiv am meisten entbehren müssen, neigen nicht dazu, die Deprivation zu empfinden.[3] Die Tatsache, daß es beim Neid um eine relative Benachteiligung geht, unterstreicht die Wichtigkeit des Unterlegenheitsgefühls für den Neid. Sie kann möglicherweise auch erklären, warum es offenbar der Ruhm ist, um den wir andere am meisten beneiden.[4]

Das zentrale Element des Neides ist offensichtlich nicht ein moralisches Anliegen, sondern die wahrgenommene eigene Unterlegenheit. Ginge es beim Neid nur um die Unterlegenheit, müßte man eine positive Korrelation zwischen der Intensität des Neides und unserer Unterlegenheit erwarten. Bevor wir uns diesen Schluß zu eigen machen, sollten wir jedoch prüfen, ob die Unterlegenheit der einzige Anlaß zum Neid ist und ob der Neid sich auf alle Arten von Unterlegenheit erstreckt.

Der Neid ist wie andere Emotionen selektiv, denn er richtet sich typischerweise auf Leute, die zu unserer emotionalen Umgebung gehören, also auf diejenigen, die emotionale Bedeutung für uns haben. Das Unterlegenheitsmotiv beim Neid ist insofern selektiv, als es sich auf bestimmte Menschen in bestimmten Bereichen bezieht. Weder vergleichen wir uns mit allen, noch geht alles in den Vergleich ein. Menschen, die in für uns belanglosen Bereichen erfolgreich sind, beneiden wir nicht. Unsere niedrige Position ist, wie schon gesagt, eine relative; sie muß nicht niedrig in bezug auf die gesamte Bevölkerung, die mittlere Position innerhalb der Gesellschaft oder auch nur die obersten fünf Prozent sein; sie ist niedrig im Vergleich zu der Position eines Menschen, der für uns emotional bedeutsam ist.

Ob wir jemanden bewundern oder beneiden, hängt unter anderem davon ab, ob das Glück dieses Menschen eine Rolle für unsere Selbstachtung spielt. Ist das der Fall, so ist unsere Selbstachtung und unsere Selbstbewertung bedroht, und es entsteht Neid. Das gilt besonders für Bereiche, in denen zwischen unserer tatsächlichen und der idealen Selbstbeschreibung große Diskrepanzen bestehen. Hier ist unsere Selbstachtung besonders stark bedroht.

Die selektive Natur des Neides ist eines der Merkmale, in denen sich der typische Neid Erwachsener vom typischen Neid der Kinder unterscheidet. Die meisten Dinge werden für kleine Kinder einfach dadurch wertvoll, daß andere Kinder sie besitzen. Dieser generelle, nicht auf bestimmte Personen oder Bereiche bezogene Neid kommt nur bei kleinen Kindern vor, die noch kein ausgeprägtes Gefühl dafür haben, was für sie relevant oder irrelevant ist, und deshalb jedesmal Unbehagen empfinden, wenn sie einem anderen nicht gewachsen sind. Ältere Kinder sind in dieser Hinsicht selektiver: Wenn sie in wichtigen Bereichen scheitern, ist ihr Neid größer, als wenn sie in unwichtigen Bereichen scheitern.[5] Auch die Schadenfreude von Kindern bezieht sich nicht auf bestimmte Menschen oder Bereiche; sie freuen sich generell, wenn irgend etwas schiefgeht.

Beim Neid geht es also nicht um Unterlegenheit überhaupt, sondern um eine bestimmte Unterlegenheit gegenüber Leuten, die für uns emotional bedeutsam sind. Das erschwert die Entscheidung, ob es beim Neid nur um die Unterlegenheit geht und wir daher eine positive Korrelation zwischen der Intensität des Neides und der Subjekt-Objekt-Kluft erwarten sollten. Da sich der soziale Vergleich vornehmlich auf diejenigen beschränkt, die ähnlich sind, sollte Neid eher bei einer kleinen Subjekt-Objekt-Kluft auftreten. Dabei rückt dann aber die Frage des Verdienstes in den Vordergrund. Bei einem Vergleich mit uns ähnlichen Leuten werden wir vermutlich urteilen, daß unsere unterlegene Situation nicht mit dem zu vereinbaren ist, was wir verdient haben.

Die obenerwähnten Erklärungsansätze für den Neid beruhen auf dem Versäumnis, zwischen emotionalem Verdienst und moralischen Ansprüchen zu unterscheiden und zu erkennen, daß es beim Neid um das Verdienst geht. Beide Ansätze unterstellen, daß das Verdienst immer zum moralischen Bereich gehört. Der Ansatz, dem zufolge Neid allein auf der Unterlegenheit beruht, erkennt, daß es in vielen Fällen an einem moralischen Anlaß fehlt, und folgert daraus, daß das Verdienst bei der Entstehung von Neid keine Rolle spielt. Der Ansatz, der den Neid als eine moralische Emotion betrachtet, setzt diesen gleich mit dem Groll, den er ebenfalls zu den moralischen Emotionen zählt. Um den Neid erklären und den Gegensatz zwischen den beiden Ansätzen auflösen zu können, muß man die Gleichsetzung zwischen dem moralischen Bereich und dem Bereich des Verdienstes zurückweisen.

Gewiß spielt die Frage des Verdienstes bei der Entstehung von Neid eine Rolle, die aber von den beiden erwähnten Ansätzen anders gesehen wird. Zu Recht behauptet der erste, daß Unterlegenheit, und der zweite, daß das Verdienst für den Neid bedeutsam sei. Zu Unrecht unterstellt der erste, daß hier eine »verdiente Unterlegenheit« im Spiel sei, und die zweite, daß dabei das Verdienst anderer eine Rolle spiele. Der Neid befaßt sich weder mit *unserer verdienten Unterlegenheit* noch mit dem *unverdienten Glück anderer*. Ihm geht es allein um *unsere unverdiente*

Unterlegenheit. Die Frage des Verdienstes verbindet sich immer mit dem Problem unserer Unterlegenheit. Unsere Sorge ist keine allgemeine moralische Sorge um Gerechtigkeit, sondern eine persönliche Sorge um die aus unserer Sicht unverdiente Unterlegenheit.

Daß wir bei Neidempfindungen unsere Unterlegenheit als unverdient betrachten, bedeutet auch, daß wir uns gegenüber der beneideten Person nicht generell als unterlegen betrachten; oft mögen wir uns sogar in gewisser Hinsicht als überlegen betrachten. Für uns spiegelt die aktuelle Unterlegenheit unseren wahren Wert nicht angemessen wider; das hilft uns, mit der unangenehmen Situation fertig zu werden. Dieser Abwehrmechanismus entfällt, wenn wir den anderen als eindeutig überlegen wahrnehmen. In diesem Fall wird eher Bewunderung als Neid aufkommen.

Was das Verhältnis zwischen Neid und Ungleichheit betrifft, bin ich überzeugt, daß eine Verringerung der Ungleichheit die Intensität von Neidgefühlen steigern wird. Das mag überraschend klingen und muß empirisch untermauert werden. Angesichts der Probleme beim Definieren und Messen der emotionalen Intensität ist das eine schwierige Aufgabe. Besonders kompliziert ist die Messung der Intensität beim Neid, denn er ist hochgradig von Persönlichkeitsmerkmalen, Selbstbild und dem jeweiligen Kontext abhängig. Die Intensität des Neides in einer bestimmten Gesellschaft zu messen ist auch deshalb schwierig, weil es keine allgemeinen Verhaltensregeln gibt, in denen das Vorhandensein und die Intensität von Neid eindeutig bestimmt sind. Es gibt jedoch empirische Anhaltspunkte dafür, daß die Neigung zum Angleichen der Vermögen am stärksten ist, wenn die Menschen einander mehr oder weniger gleichgestellt sind, und daß der Neid bei verminderter Ungleichheit nicht abnimmt, sondern vielfach sogar zunimmt. Ein Anhaltspunkt ist der Grad der Zufriedenheit schwarzer Amerikaner von unterschiedlichem sozioökonomischem Status. Mit ihrem wirtschaftlichen und gesellschaftlichen Aufstieg wächst bei schwarzen Amerikanern die Unzufriedenheit und die Wahrscheinlichkeit, daß sie an Protesten oder Demonstrationen teilnehmen. Es gibt außerdem Belege dafür, daß Collegeabsolventen mit einem guten Einkommen weniger zufrieden sind als Menschen mit einem geringeren Bildungsgrad, die dasselbe verdienen. Es gibt noch weitere Anhaltspunkte für die Theorie der relativen Deprivation, der zufolge »geschichtete Gesellschaften ein höheres Maß an Ungleichheit ertragen können als ungeschichtete Gesellschaften. Je mehr sich die Leute miteinander befassen, desto weniger tolerieren sie ein gegebenes Maß an Ungleichheit«.[6]

Eifersucht

Die Eifersucht wäre längst nicht so quälend,
wenn wir begreifen würden, daß die Liebe ein Gefühl ist,
das mit unseren Verdiensten überhaupt nichts zu tun hat.
Paul Eldridge

Das prototypische Beispiel von Eifersucht ist die Eifersucht unter Liebenden. Im Unterschied zum Neid, der im wesentlichen eine Zweierbeziehung ist, ist die Eifersucht grundsätzlich eine Dreierbeziehung. Sie gilt den Beziehungen unseres Partners zu anderen, die unsere positive und ausschließliche Beziehung zu dem Partner gefährden können.

Angesichts der Tatsache, daß Neid eine Zweierbeziehung und Eifersucht eine Dreierbeziehung ist, kann Neid ein Bestandteil von Eifersucht, Eifersucht aber nicht ein Bestandteil von Neid sein. Situationen, die Eifersucht erregen, erregen naturgemäß auch einen gewissen Neid. Selbst dann, wenn man den Rivalen für einen unattraktiven, unfähigen Versager hält, reicht die Aufmerksamkeit, die der Rivale von seiten des Liebespartners erfährt, aus, um Neid zu erregen.[7]

Eifersucht richtet sich normalerweise gegen unseren Partner, und da die Zahl der Partner, die wir haben können, begrenzt ist, sind es faktisch nur wenige Menschen, gegen die sich Eifersucht richtet. Der Neid ist in dieser Beziehung zwar weniger beschränkt, aber auch er richtet sich nicht unterschiedslos gegen alle, die uns überlegen sind. Weil die Eifersucht etwas Persönlicheres ist, ist die Zahl ihrer Objekte geringer. Darin unterscheidet sie sich vom Neid, dessen Objekte ausgetauscht werden können, weil er keine persönliche Beziehung voraussetzt und oft durch Merkmale ausgelöst wird, die vielen Menschen gemeinsam sind.

Eifersucht ist persönlicher und macht verwundbarer als Neid; sie kann eher unser Selbstwertgefühl schwer beschädigen, weil sie weit bedeutsamere Aspekte unserer Selbstachtung berührt. Die mit ihr verbundene Bedrohung geht von einer Person aus, die intime und zuverlässige Informationen über uns hat. Die Schwere der Bedrohung erklärt vielleicht, warum Eifersucht ungeachtet der verbreiteten sexuellen Untreue so intensiv empfunden wird. Der von der Eifersucht verursachte heftige Schmerz rührt nicht daher, daß etwas Ungewöhnliches geschehen ist, sondern daher, daß wir etwas verlieren könnten, das für uns von höchster Bedeutung ist.

Nicht nur etwas zu verlieren, sondern es an einen Rivalen zu verlieren, ist das Entscheidende bei der Eifersucht. Es würde keine Eifersucht aufkommen, würde man von seinem Partner abgelehnt, ohne daß der Partner eine neue Beziehung zu jemand anderem aufnimmt. Das Selbstwertgefühl kann zwar durch beides Schaden nehmen, die Ablehnung wie die Bevorzugung eines anderen, aber die Ablehnung allein erregt nicht zwangsläufig Eifersucht, da sie nicht gleichbedeutend ist mit dem Verlust an einen Rivalen.

Beim Neid beunruhigt uns vor allem eine bestehende Unterlegenheitssituation, bei der Eifersucht dagegen die drohende Möglichkeit, in eine solche Situation zu geraten. Daher ist das kognitive Element beim Neid gewöhnlich realitätsnäher als bei der Eifersucht, denn die drohende Möglichkeit kann auch Einbildung sein. Proust vergleicht die Eifersucht mit einem Historiker ohne Dokumente. Oft läßt unsere Eifersucht nicht nach, wenn wir unseren Irrtum erkennen; der geringste Vorwand reicht aus, um dieses Gefühl wieder aufleben zu lassen. Unter Eheleuten wird Eifersucht denn auch meistens nicht durch tatsächliche Untreue ausgelöst, sondern durch die Beobachtung, daß der Partner einem Angehörigen des anderen Geschlechts Aufmerksamkeit schenkt oder ihm Zeit und Unterstützung widmet. Oft steigert sich die Eifersucht zum Äußersten, wenn der Dritte der Exgemahl der Partnerin ist.[8]

Bei einer ganz rigorosen Form von Eifersucht kann es sein, daß soziale Beziehungen jeglicher Art zwischen einer verheirateten Person – gewöhnlich der Frau – und einer Person vom anderen Geschlecht unterbunden werden. In sehr religiösen Gemeinschaften darf eine verheiratete Frau keinerlei sozialen Kontakt mit einem anderen Mann als ihrem Ehemann haben. Bei einer weniger rigorosen Eifersucht werden nur sexuelle Beziehungen ausgeschlossen. Im sexuellen Bereich kann es sogar eine gewisse Flexibilität geben. Dann gestatten wir unseren Partner eine kurze Affäre, sagen wir, einmal im Jahr, oder eine Affäre mit Leuten, die wir nicht kennen, ohne daß wir dies als eine Aufhebung unserer exklusiven Beziehung betrachten, so daß hier kein Anlaß zur Eifersucht entsteht, jedenfalls nicht zu einer heftigen Eifersucht. Bei einer solchen weniger strikt gehandhabten Exklusivität wird es sich oft um ein praktisches Arrangement handeln, um den Partner nicht zu verlieren. Das bedeutet aber nicht unbedingt ein Ende der Eifersucht. Wenn die flexiblere Handhabung der Exklusivität beendet wird, ist mit einer weniger heftigen Eifersucht zu rechnen, als wenn eine striktere Form der Exklusivität beendet wird.

Manchmal gilt die Eifersucht nicht einer realen, sondern nur einer scheinbaren Exklusivität. Es kommt vor, daß es einem Mann gleichgültig ist, wenn seine Frau ein Verhältnis hat, solange dieses Verhältnis geheimgehalten wird und seine scheinbar exklusive Position nicht angetastet wird. Wir können hier zwischen Ehebruch und Untreue unterscheiden. Der Ehebruch hat eine klare Definition, die nicht von den Einstellungen der Partner abhängig ist; die Untreue hängt dagegen von ihren Einstellungen und ihren ausgesprochenen oder stillschweigenden Arrangements ab. In manchen Fällen, etwa bei einer offenen Ehe, gilt der Ehebruch nicht als Untreue. Es gibt aber auch Fälle, in denen eine Aktivität als Untreue gilt, obwohl sie nicht ehebrecherisch ist – beispielsweise, wenn man ohne Kenntnis seines Partners mit jemand anderem ins Kino geht.

Wie der Neid enthält auch die Eifersucht ein Element der Konkurrenz, nicht einer allgemeinen, sondern einer spezifischen Konkurrenz mit einem Dritten. Die Eifersucht rührt aus dem Wunsch her, in einer bestimmten Hinsicht »bevorzugt« zu sein, und dem Verdacht, daß man es nicht ist. Das Schmerzliche an der Eifersucht kommt daher, daß uns ein anderer vorgezogen wird. Der Verlust ist kein Zufall, sondern eine eindeutige Präferenz für den anderen. Diese Präferenz ist ein wichtiger Faktor der Eifersucht. Daraus kann man entnehmen, daß Eifersüchtige ihren Partner nicht als seelenloses Objekt betrachten, sondern als eine freie, verantwortliche Person, die eine begründete Wahl treffen kann.[9] Entscheidend ist in der Eifersucht die freie Wahl des Partners. Unsere Eifersucht wäre schwächer, wenn auch nicht gänzlich ausgeräumt, wenn das Verhalten des Partners ihm aufgezwungen wäre. Mangelnde persönliche Kontrolle verringert, wie schon gesagt, die emotionale Intensität.

Eifersucht wird oft als ein Zeichen der Liebe und Fürsorge für unseren Partner gedeutet, und es gibt viele Beispiele für eine positive Korrelation zwischen Eifersucht und romantischer Liebe. Die Eifersucht setzt wie die Liebe eine Bindung voraus; wenn wir vollkommen gleichgültig sind, kann sie nicht entstehen. Allerdings schließt Eifersucht nicht zwingend Liebe ein. Sie kann auch ohne Liebe und Fürsorge entstehen. Ein Mann, der seine Frau verachtet, kann trotzdem eifersüchtig werden, wenn jemand anders begehrliche Blicke auf sie wirft. In diesem Fall hat die Eifersucht mehr mit Egoismus als mit Liebe zu tun. Ist romantische Liebe immer mit Eifersucht verbunden? Augustinus sagt: »Wer nicht eifersüchtig ist, liebt nicht.« Besser würde man sagen: Wo romantische Liebe ist, besteht immer die *Möglichkeit* der Eifersucht. Denn die romantische Liebe zieht eine positive Beziehung nach sich, die wir schätzen. Die Aussicht, diese Beziehung zu verlieren, könnte Eifersucht auslösen. Der Grad des Engagements in der Beziehung ist oft positiv korreliert mit dem Grad der Eifersucht.[10]

Die Berufung auf das eigene Verdienst ist bei der Eifersucht stärker als beim Neid, weil wir bereits in die Beziehung verwickelt sind, die wir erhalten sehen möchten, und überzeugt sind, durch unser Verdienst dazu berechtigt zu sein. Wir glauben, mehr Anrecht auf etwas zu haben, das wir bereits besitzen, als auf etwas, das wir nie besessen haben. Die Heftigkeit der Eifersucht wie die des Neides ist geringer, wenn wir glauben, unsere Situation verdient zu haben; zum Beispiel, wenn der Rivale nach unserem Eindruck sehr viel besser ist als wir. Ein Verlust ist im Fall der Eifersucht weniger demütigend, wenn der Rivale als eindeutig überlegen erscheint und deshalb bevorzugte Behandlung eher »verdient«. In diesem Fall erscheint der Verlust unausweichlich; wir können nichts tun, um ihn zu verhindern.

Dies gilt auch dann, wenn nicht der Rivale, sondern der Partner als überlegen wahrgenommen wird. Ein Mann von geringer Selbstachtung, der seine Frau als überlegen betrachtet, wird in der Regel weniger eifersüchtig auf sie sein; statt feindlicher Gefühle wird er ihr vielleicht nur Dankbarkeit entgegenbringen für die Aufmerksamkeit, die sie ihm geschenkt hat. Das Zusammensein mit dieser überlegenen Frau stärkt seine Selbstachtung, und obwohl ihre Untreue ihn schmerzt, wird seine Beziehung zu einer solchen Frau in der Gesamtbewertung seine Selbstachtung steigern. Selbstverständlich kann auch in solchen Fällen Eifersucht entstehen, besonders wenn die Untreue publik wird und seiner Selbstachtung einen Schlag versetzt, der alle sonstigen Vorteile aus dem Zusammensein mit dieser Frau überwiegt.

Ich habe behauptet, das moralische Anliegen sei nicht zentral für den Neid. Ist es zentral für die Eifersucht? Es scheint bei der Eifersucht eine größere Rolle zu spielen, auch wenn es in beiden Fällen nicht das wichtigste Anliegen ist. Ein wichtiges Element der Eifersucht ist der Glaube, ungerecht behandelt zu werden. Zwar glaubt der Eifersüchtige, daß nicht nur Gerechtigkeitsnormen verletzt wurden, wie es oft beim Neid der Fall ist, sondern auch moralische Normen, doch läßt sich die Eifersucht mit dem bloßen Hinweis auf die moralische Ungerechtigkeit nicht erklären. Wir können eifersüchtig sein, auch wenn wir nicht glauben, daß unsere Eifersucht gerechtfertigt sei. Ein Ehemann, der ständig Liebesaffären hat, mag seiner Frau das moralische Recht zuerkennen, ihrerseits Affären zu haben, aber wenn sie es dann wahr macht, wird er trotzdem eifersüchtig sein. Präsident John F. Kennedy, der viele Liebesaffären hatte, war trotzdem ziemlich eifersüchtig auf seine Frau Jacqueline, als er den Verdacht hegte, sie habe eine Affäre mit dem reichen griechischen Reeder Aristoteles Onassis (den sie später heiratete).

Ich habe behauptet, das zentrale Anliegen des Neides, nämlich unsere unverdiente Unterlegenheit, sei in dem Sinne spezifisch, daß es sich auf eine spezifische Person bezieht, die für unsere Selbstachtung bedeutsam ist. Mit der Eifersucht verhält es sich ähnlich. Sie bezieht sich selbstverständlich auf eine spezifische Person, unseren Partner, der für unsere Selbstachtung sehr bedeutsam ist. Die Eifersucht hängt ferner von den spezifischen Merkmalen des Rivalen ab. Generell wächst die Eifersucht, wenn der Bereich, in dem der Rivale erfolgreich ist, auch für unsere Selbstachtung von Bedeutung ist. Personen, die großen Wert darauf legen, äußerlich attraktiv zu sein, werden eher mit Eifersucht reagieren, wenn ihr Rivale ungewöhnlich attraktiv ist. Eine Frau, bei der Ideal und Wirklichkeit hinsichtlich ihres persönlichen Reichtums auseinanderklaffen und die Reichtum als sehr wichtig für Selbstachtung betrachtet, wird heftigen Neid empfinden, wenn ihre Nachbarin in der Lotterie gewonnen hat, und große Eifersucht, wenn ihr Mann auf einer Party mit einer reichen Frau geflirtet hat – anders, als wenn die Frau solche Eigenschaften gehabt hätte wie Berühmtheit, Attraktivität oder Popularität.[11]

Eifersucht wird in der Literatur oft als männliches Attribut bezeichnet (z. B. im *Othello*), Neid dagegen als ein weibliches (z. B. in *Cinderella*); die diesbezüglichen empirischen Befunde sind nicht so eindeutig. Zwar gibt es Anzeichen dafür, daß Neid auch bei Männern verbreiteter sein könnte, doch was die Eifersucht angeht, scheint sie von Männern und Frauen gleich stark empfunden zu werden.[12] Geschlechtsunterschiede gibt es allerdings bezüglich der typischen Verhaltensreaktionen von Neid und Eifersucht und der Ereignisse, die diese Gefühle hervorrufen. So neigen Frauen beim Umgang mit ihrer Eifersucht generell eher dazu, Desinteresse vorzutäuschen, um ihre Beziehung zu retten. Eine interessante diesbezügliche Behauptung besagt, daß Eifersucht bei Frauen vornehmlich durch emotionale Untreue ausgelöst werde, bei Männern dagegen durch sexuelle Untreue. Es kann durchaus sein, daß die sexuelle Untreue der Männer als weniger emotionsbefrachtet wahrgenommen wird als die sexuelle Untreue der Frauen, weshalb Frauen der sexuellen Untreue ihrer männlichen Partner weniger Gewicht beimessen. Unter evolutionärem Aspekt könnte man das damit erklären, daß Männern vornehmlich daran gelegen war, daß die Kinder ihrer Partnerin von ihnen stammten, während es den Frauen vor allem darum ging, daß ihr Partner weiterhin Ressourcen in die Aufzucht ihrer Kinder investierte. Das Anliegen der Männer wäre durch sexuelle Untreue, das der Frauen durch emotionale Untreue gefährdet.[13]

Neid ist verwandt mit *Bewunderung.* In beiden Fällen ist das emotionale Objekt uns überlegen, doch während wir dies im ersten Fall negativ bewerten, bewerten wir es im zweiten Fall positiv. Ein wichtiger Unterschied besteht darin, daß das Objekt nur beim Neid unsere Selbstachtung beeinträchtigt. In der Bewunderung empfinden wir das Glück des anderen als eine Steigerung unserer Selbstachtung. In diesem Zustand, der mit den Worten charakterisiert worden ist, sich »im Abglanz des

Ruhmes zu sonnen«, haben wir das Gefühl, an dem Ruhm eines erfolgreichen Menschen, mit dem wir irgendwie verbunden sind, teilzuhaben. – Neid tritt in der Regel bei geringem Abstand zwischen Subjekt und Objekt auf, kann aber auch bei großem Abstand vorkommen. Feindseliger oder bösartiger Neid, wie er in der klinischen Literatur als prototypisch für pathologische Fälle erörtert wird, ist häufiger bei großem Abstand. Wir sollten aber den Neid nicht auf Feindseligkeit reduzieren und umgekehrt. Neider empfinden nicht notwendigerweise Feindseligkeit oder Abneigung gegen die beneidete Person; ihr Gefühl richtet sich vor allem gegen die eigene Unterlegenheit.

Zusammenfassend können wir feststellen, daß Neid und Eifersucht ein wichtiges Merkmal miteinander gemein haben: den Wunsch, etwas zu besitzen. Der Unterschied zwischen beiden besteht in unserem Verhältnis zu diesem Gegenstand: Beim Neid wünschen wir ihn zu erlangen, während wir im Falle der Eifersucht wünschen, ihn nicht zu verlieren. Auf den ersten Blick könnte man meinen, hier gehe es um zwei Aspekte ein und derselben Haltung, doch in Wirklichkeit verbinden sich mit dieser Unterscheidung zahlreiche Komplikationen und bedeutsame Differenzen. Die Furcht, etwas zu verlieren, was wir besitzen, ist etwas völlig anderes als der Wunsch, etwas zu erlangen, das wir nie besessen haben. Eifersucht ist quälender; sie ist heftiger und durchdringender, und sie ist weniger kompromißbereit. Wie wir alle wissen, ist es schwerer, zu verlieren als nicht zu gewinnen.

7 Warum geht es uns schlecht, wenn es euch schlechtgeht? Mitleid, Mitgefühl und Gnade

Es gibt eben zweierlei Mitleid. Das eine, das schwachmütige und sentimentale, das eigentlich nur Ungeduld des Herzens ist, sich möglichst schnell freizumachen von der peinlichen Ergriffenheit vor einem fremden Unglück, jenes Mitleid, das gar nicht Mit-leiden ist, sondern nur instinktive Abwehr des fremden Leidens von der eigenen Seele. Und das andere, das einzig zählt – das unsentimentale, aber schöpferische Mitleid, das weiß, was es will, und entschlossen ist, geduldig und mitduldend alles durchzustehen bis zum Letzten seiner Kraft und noch über dies Letzte hinaus.
Stefan Zweig, *Ungeduld des Herzens*

Die wichtigsten Emotionen in der Gruppe der negativen Einstellungen zum Unglück anderer sind Mitleid, Mitgefühl, Anteilnahme und Trauer. Hier werden vor allem Mitleid und das Mitgefühl erörtert. Etwas ausführlicher gehe ich auf die Haltung der Gnade ein, die zwar keine Emotion ist, aber mit Mitleid und Mitgefühl eng verwandt ist.

Die Haltung der meisten zu Bettlern oder Obdachlosen ist ein typisches Beispiel für Mitleid. Das Mitgefühl richtet sich gewöhnlich auf jene, die uns lieb und teuer sind und ständiger Hilfe bedürfen, zum Beispiel einen Familienangehörigen, der schwer erkrankt, geistig zurückgeblieben oder körperbehindert ist. Mitleid und Mitgefühl entstehen nicht in jedem Fall von Unglück, sondern nur, wenn wir glauben, daß jemand Opfer eines ausgesprochenen Mißgeschicks geworden ist. Mitleid und Mitgefühl sind Spielarten eines teilnahmsvollen Kummers über das erhebliche Mißgeschick eines anderen; sie enthalten jedoch mehr als nur allgemeinen Kummer. Der entscheidende Unterschied ist: Mitgefühl umfaßt ein stärkeres Engagement zu substantieller Hilfe. Mitgefühl umfaßt die Bereitschaft, sich persönlich zu engagieren, was beim Mitleid nicht der Fall ist. Mitleid beschränkt sich eher auf eine Zuschauerrolle; wir können Leute bemitleiden und dabei doch einen sicheren emotionalen Abstand von ihnen wahren. Mitleid geht mit der Ansicht einher, das Objekt sei minderwertig; das Mitgefühl beruht auf der Ansicht, daß alle Menschen gleichwertig sind. Im Vergleich zum Mitgefühl ist die Gefühlskomponente beim Mitleid erheblich schwächer, aber sie ist doch vorhanden – sonst wäre es kein Gefühl.[1]

Mitleid

Mitleid kostet nichts, und es ist nichts wert.
Josh Billings

In vielen Fällen von Mitleid könnten wir beträchtliche Hilfe leisten, sehen uns aber dazu außerstande oder nicht verpflichtet. So könnte ich zwar einigen Bettlern helfen, indem ich ihnen den größten Teil meines Gehalts und meiner Zeit überlasse, doch betrachte ich diese Möglichkeit angesichts meiner Verpflichtungen gegenüber meiner Familie und meines Wunsches, einen gewissen Lebensstandard zu erhalten, als nicht wünschenswert. Unsere begrenzte Möglichkeit, aktuell zu helfen, beruht in solchen Fällen auf einer nicht erkennbaren Verpflichtung und auf unserer mangelnden Bereitschaft, uns persönlich zu engagieren. Dann gibt es noch die Möglichkeit, dem Bettler mit einem ansehnlichen Geldbetrag zu helfen, ohne daß unser Lebensstandard dadurch merklich beeinträchtigt wird. Auch in einem solchen Fall hätte unsere Hilfe wahrscheinlich nur begrenzte Wirkung, denn wir könnten nicht das künftige Wohlergehen dieses Bettlers gewährleisten, noch könnten wir ihm in anderen wichtigen Aspekten seines Lebens helfen.

Hand in Hand mit dem Mitleid begegnet uns vielfach die Ansicht, daß viele Geschöpfe auf der Welt leiden, der einzelne aber nicht viel tun kann, um ihre Lage zu verbessern. Das Beste, was wir tun können – jedenfalls glauben das viele von uns – besteht oft darin, in sehr begrenztem Maße zu helfen oder die Hilfe auf unsere engste Umgebung zu beschränken. Das Leid der Obdachlosen wird von vielen Menschen anerkannt, aber die meisten glauben, keine wirksame Hilfe leisten zu können. Sie denken, sie könnten dem Leid der Obdachlosen allenfalls dadurch Rechnung tragen, daß sie sie bemitleiden. Das Mitleid nimmt daher oft die Form an, daß die Machtlosen – oder die, die sich dafür halten – die Hilflosen bedauern. In einer Anzeige der Gesellschaft für an Multipler Sklerose Erkrankte heißt es: »Sie brauchen nicht Ihr Mitleid, sie brauchen Ihre Hilfe.« Angehenden Sozialarbeitern bringt man denn auch bei, ihre Patienten nicht zu bemitleiden, weil das Mitleid sie daran hindern könnte, ihnen zu helfen. Weil das Mitleid nichts ausrichtet, bezeichnete man es als Luxus.

Mitleid ist unangebracht, wenn es uns möglich ist, Leiden zu lindern. Ärzte, die ihre Patienten heilen können, bemitleiden sie nicht. Ebenso unangebracht ist es, wenn der Präsident, der den Obdachlosen helfen kann, sie bemitleidet. Mitleid ist ebenfalls unangebracht, wenn mein Sohn obdachlos ist und ich die Mittel habe, um ihm zu helfen. Je näher uns der andere steht, desto mehr sind wir verpflichtet, ihm in einer Notlage beizustehen. Wenn wir helfen können, dafür aber nicht unsere Prioritäten ändern wollen, könnte das Schuldgefühl ein Teil des komplexen emotionalen Zustands des Mitleids sein. Dieses Schuldgefühl wird oft verdrängt, sei es, weil wir den anderen für minderwertig halten – so hat er es nicht verdient, daß wir unsere Prioritäten nennenswert ändern –, sei es, weil wir ihn für fähig halten, sein Problem selbst zu lösen. Es gibt andere Fälle von Mitleid, in denen wir wirklich nichts ausrichten können, zum Beispiel, wenn jemand an Krebs stirbt.

Wenn wir die Situation des anderen akzeptieren und uns nicht persönlich verwickeln lassen wollen, kann das verschiedene Gründe haben: (a) wir glauben, daß sich an der unterlegenen Position des anderen nichts ändern läßt; (b) wir glauben, daß der andere irgendwie für seine unterlegene Position selbst verantwortlich ist; oder (c) wir glauben, daß es uns an den erforderlichen Mitteln fehlt. Diese Ansichten sind so etwas wie ein Abwehrmechanismus, der unsere Untätigkeit im Falle von Mitleid irgendwie rechtfertigt. Wir müssen nicht unbedingt alle drei Ansichten vertreten – eine oder zwei davon können für die erforderliche Rechtfertigung ausreichen. Vielfach werden jedoch alle drei Ansichten vorgebracht, und das ermöglicht uns eine bessere Abwehr für den Fall, daß eine davon nicht überzeugend wirkt. Falls wir nur eine dieser Ansichten vorbringen, wäre unser Mitleid am stärksten mit (c) und am schwächsten mit (a), denn unsere Fähigkeit, die Situation zu verändern, ist bei (c) am größten und bei (a) am stärksten eingeschränkt.

Wenn wir den anderen für minderwertig halten, kann unser Mitleid für den Adressaten leicht beleidigend oder demütigend sein. Tatsächlich wird Mitleid oft mit dem Lächerlichen assoziiert. Deshalb möchten die meisten nicht bemitleidet werden. (Manche lassen sich gern bemitleiden, hauptsächlich wegen der Aufmerksamkeit, die sie auf andere Weise nicht erfahren würden. Wahrscheinlich ist das der Grund, warum George in der Fernsehserie *Seinfeld* stolz erklärt: »Niemand ist kranker als ich.«) Wenn sie bemitleidet werden, merken die Leute, daß ihnen etwas fehlt und sie deshalb als minderwertig betrachtet werden. Es ist allerdings fraglich, ob wirklich alle, die jemanden bemitleiden, den Bemitleideten als minderwertig betrachten.

Dem Urteil der Unverdientheit bei den Objekten von Mitleid und Mitgefühl liegt offenbar die Annahme zugrunde, daß kein Mensch verdient, in einer so elenden Situation zu sein. Mit intellektuellen Argumenten können wir die elende Situation eines Massenmörders rechtfertigen, der seiner Hinrichtung entgegensieht, aber wenn wir von den allgemeinen Hintergrundumständen absehen und uns nur auf das Individuum konzentrieren, können wir Emotionen generieren, die darauf hinauslaufen, daß sein Unglück allzu hart ist. Eine solche emotionale Bewertung kann jedoch durch eine intellektuelle Bewertung außer Kraft gesetzt werden, wenn wir schließlich über unsere Handlungsweise entscheiden. Das intellektuelle System mag zwar die abweichenden emotionalen Bewertungen des persönlichen Verdiensts außer Kraft setzen, doch schafft es sie nicht aus der Welt. Das Mitleid mit einem Massenmörder ähnelt in diesem Sinne anderen Situationen, in denen emotionale und intellektuelle Bewertungen aufeinanderprallen.

Das Mitleid hat eine schlechte Presse, sowohl wegen dem, was ihm fehlt, nämlich tatsächliche Hilfe, als auch wegen dem, was es impliziert, nämlich ein Gefühl der Überlegenheit und Zufriedenheit mit unserer eigenen Position. Dennoch ist Mitleid kein Laster. Wer Mitleid empfindet, mag aus moralischer Sicht nicht genug tun, aber er richtet keinen Schaden an. Außerdem kann Mitleid, weil es nicht dem Erfolg, sondern dem Leid Beachtung schenkt, letztlich zu einer gewissen Verbesserung führen. Beim Mitleid überwinden wir unsere natürliche Neigung, unseren Blick von leidenden Menschen abzuwenden. Dies ist ohne Zweifel gesellschaftlich nützlich und moralisch empfehlenswert.

Doch bloße Anerkennung reicht nicht aus; oft ist echte Hilfe vonnöten.

Mitgefühl

Wenn Sie wegen Güte verhaftet würden, gäbe es genügend Beweise, um Sie zu verurteilen?
Unbekannt

Beim Mitgefühl sind wir eher bereit, zu helfen und uns als dazu verpflichtet und fähig zu sehen. Mitgefühl bedeutet also eine größere Verpflichtung, zu helfen und aktiv zu werden. Mitgefühl verlangt von uns, uns über allerlei Unterschiede hinwegzusetzen und von der Gleichheit aller Menschen auszugehen. Beim Mitgefühl beruht unsere Bewertungsperspektive auf der grundlegenden Ähnlichkeit mit dem anderen. Da nur das Mitleid, nicht aber das Mitgefühl auf der Ansicht beruht, der andere sei minderwertig, können wir Mitgefühl, nicht aber Mitleid mit jemandem empfinden, der sich in keiner schlimmeren Lage befindet als wir. Sowohl das Mitleid als auch das Mitgefühl bezieht sich auf jemanden, der leidet. Beim Mitgefühl steht jedoch das Leid des anderen als solches stärker im Mittelpunkt.

Beim Mitgefühl ist die Hilfsbereitschaft offenkundiger. Mitleid bedeutet in der Regel, die gegebene Situation hinzunehmen und sich nur ungern persönlich verwickeln zu lassen. Bei sehr engen Beziehungen gibt es diese Einstellung nicht; für diese Beziehungen ist daher nicht Mitleid, sondern Mitgefühl typisch. Der Vater eines geistig zurückgeblieben Kindes mag über das Unglück seines Sohnes aufgebracht sein oder sich seiner schämen, aber Mitleid wird er nicht empfinden. Er wird sich nicht von diesem vermeintlich minderwertigen Geschöpf distanzieren, sondern die menschlichen Attribute seines Sohnes betonen und ihm so gut wie möglich helfen. Seine Haltung wird von Mitgefühl bestimmt sein. Durch das Mitgefühl und die Scham gibt er zu erkennen, daß zwischen Vater und Sohn fundamentale Bindungen bestehen. Auf diesen Bindungen beruht die Scham, aber auch die Anerkennung des Sohnes als Mitmensch.

Beim Mitgefühl bringen wir wie beim Zorn unsere Unzufriedenheit mit der gegebenen Situation zum Ausdruck. Doch anders als beim Zorn glauben wir nicht, daß sie kurzfristig geändert werden kann. Deshalb versuchen wir, dem anderen zu helfen, die schmerzliche Situation zu ertragen, und nicht, sie zu ändern. Auch dieses Akzeptieren fehlt beim Zorn, der mit dem Wunsch und oft mit der Absicht verbunden ist, die Situation kurzfristig zu ändern. Das Mitleid unterscheidet sich vom Zorn dadurch, daß ihm nicht nur die intensive Gefühlsdimension des Zorns fehlt, sondern auch dessen Orientierung auf Veränderung.[2]

Das Mitgefühl geht wie das Mitleid mit der Ansicht einher, daß der andere ein so schweres Unglück nicht verdient hat. Beim Mitgefühl tritt diese Ansicht deutlicher hervor, und es gilt nicht nur der unverdienten Schwere des Mißgeschicks, sondern dem Mißgeschick überhaupt. Diese unterschiedliche Akzentuierung hängt mit der unterschiedlichen Zuschreibung von Verantwortung zusammen: Beim Mitgefühl betonen wir eher das Ungewollte am Verhalten des anderen, beim Mitleid dagegen seine eigene Verantwortung für seine aktuelle Lage. Manchmal gilt das Mitgefühl nur der Schwere des Mißgeschicks. Wir können Mitgefühl mit einem Verwandten empfinden, der sein ganzes Geld beim Glücksspiel verloren hat, auch wenn wir ihn immer wieder aufgefordert haben, von dieser Sucht zu lassen. Wir gestehen ihm in diesem Fall zu, daß er für sein verdammenswertes

Handeln nicht voll verantwortlich ist. In anderen Fällen mag das Mitgefühl eine Rechtfertigung menschlichen Leidens überhaupt enthalten, ohne aber das spezifische Unglück einer bestimmten Person zu rechtfertigen.

Mitgefühl ist von weit höherem moralischen Wert als Mitleid. Es geht über die bloße Beachtung des Leidens anderer insofern hinaus, als es sich stärker zu substantieller Hilfe verpflichtet. Mitgefühl ist die gebotene moralische Einstellung zum Leiden anderer.

Gnade

Denn Gnädigsein gibt echten Adel kund.
William Shakespeare

Er war so mildtätig, so gnädig, daß er bei einem Regenschauer einen Schirm über eine Ente gehalten hätte.
Douglas Jerrold

Gnade wird oft mit Mitleid und Mitgefühl durcheinandergebracht. Wenn wir verstanden haben, was Gnade ist, können wir auch Mitleid und Mitgefühl besser verstehen. Hier ein paar Musterbeispiele, die wir der Gnade zuordnen können:

(a) ein *Richter*, der dem Angeklagten keine strenge Strafe auferlegt;
(b) ein *Kaufmann*, der darauf verzichtet, ein Darlehen, das er einem armen Mann gewährt hat, einzutreiben;
(c) ein *Gangster*, der eine Geisel (einen feindlichen Soldaten oder einen unschuldigen Menschen) gefangennimmt, aber nicht tötet.[3]

In all diesen Fällen leidet jemand ernstlich oder hat ernstliches Leid zu gewärtigen, und jemand anders interveniert und lindert umgehend das Leid, ohne viel Zeit oder Mühe aufzuwenden. Man kann einen Akt der Gnade demnach so charakterisieren: Jemand wird erheblich milder behandelt, als er angesichts der Macht des Gnade Gewährenden und einer etablierten allgemeinen Verfahrensweise behandelt worden wäre, nach der eher mit einer strengen Behandlung zu rechnen war. Der zu erwartende strengere Ausgang wird durch eine bestimmte Handlung (oder Unterlassung) verhindert.[4]

Wie wichtig das Handeln (oder Unterlassen) in einem Fall der Gnade ist, wird dadurch deutlich, daß die bloße wohlwollende Beachtung des Leidens des anderen nicht ausreicht; von Gnade kann nur die Rede sein, wenn wirklich geholfen wird. Man kann wohl mitleidig, nicht aber gnädig sein, ohne etwas zu tun. Von einem Richter, der sich verständnisvoll zur Lage des Angeklagten äußert, gleichwohl aber eine strenge Strafe verhängt, kann man sagen, daß er Mitleid zeigt, nicht aber, daß er gnädig ist. Der Richter kann nur dann als gnädig bezeichnet werden, wenn die Strafe nicht so streng ist, wie sie normalerweise wäre.

Das gnädige Verhalten des Richters, des Kaufmanns und des Gangsters besteht darin, daß sie jemanden erheblich milder behandeln, als es ihnen angesichts ihrer Macht und der in solchen Fällen üblichen Verfahrensweise möglich gewesen wäre. Was einen Akt als gnädig ausweist, ist die Abweichung von einer etablierten allgemeinen Verfahrensweise. Im Falle des Richters ist die allgemeine Verfahrensweise in allgemeinen Gesetzen festgelegt; der Richter kann diese Gesetze nicht nach Gutdünken aufheben. Im Falle des Kaufmanns richtet sich die allgemeine Verfahrensweise nach Verhaltensregeln, die zumeist in förmlichen Verträgen festgehalten sind; über diese Regeln kann sich der Kaufmann in einem Akt der Gnade nach Gutdünken hinwegsetzen. Für den Fall des Gangsters gibt es keine allgemeine, in förmlichen Regeln festgehaltene Verfahrensweise; maßgeblich ist in diesen Situationen vielmehr ein gebräuchliches Verhaltensmuster. In diesem Fall kommt es ganz auf das Gutdünken des Gangsters an.

Was die Gnade mit dem Mitleid und dem Mitgefühl verbindet, ist eine negative Bewertung des erheblichen Unglücks einer anderen Person. Diese negative Bewertung schlägt sich beim Mitleid und beim Mitgefühl in einem emotionalen Zustand nieder, bei einem Akt der Gnade dagegen in einer bestimmten Handlung. Anders als Mitleid und Mitgefühl ist die Gnade eigentlich keine Emotion, sondern eine bestimmte, durch Handeln ausgedrückte Haltung.[5] Was die Gnade in diesem Fall auszeichnet, ist das mögliche Fehlen eines intensiven Gefühls. Während man ohne ein intensives Gefühl Gnade üben kann, sind Mitleid oder Mitgefühl ohne ein intensives Gefühl undenkbar. Für Emotionen ist der motivationale Zustand des Akteurs von großer Bedeutung, nicht aber für die Gnade. Man kann aus den erbärmlichsten Motiven gnädig handeln. Ein Indiz für die nichtemotionale Natur der Gnade sind intellektuelle Erwägungen. Typische emotionale Bewertungen, wie sie mit dem Mitleid und dem Mitgefühl verbunden sind, sind nicht wohlerwogen, sondern spontan. Der Akt der Gnade ist in der Regel eine intendierte, wohlerwogene Handlung. Man kann nicht versehentlich gnädig handeln.[6]

Gnade ist insofern mit den Emotionen verwandt, als sie eine selektive und diskriminierende Haltung ist. Sie ist jedoch nicht deshalb selektiv, weil sie viele Ressourcen in Anspruch nimmt, wie es bei den Emotionen der Fall ist, sondern weil sie von einer etablierten Verfahrensweise abweicht. Der Richter, der Kaufmann und der Gangster könnten ihre üblichen Aktivitäten nicht fortsetzen, wenn ihr Verhalten insgesamt von Gnade bestimmt wäre. Das Abweichen von einer etablierten Verfahrensweise mag auf emotionalen Erwägungen beruhen und emotionale Reaktionen hervorrufen, aber es muß deshalb nicht ein emotionaler Zustand sein.

Wie die Gnade, so ist auch das Verzeihen keine Emotion; in ihm äußert sich vielmehr das Ende von Emotionen, oftmals der Emotionen des Zorns und des Grolls. Ist das Verzeihen mit der Überwindung einer negativen Emotion verbunden, so äußert sich in der Gnade ein Überwinden der Macht. Gnade wird oft mit Verzeihen assoziiert. Das ist in den Fällen des Kaufmanns und des Gangsters offenkundig; im Falle des Richters ist das Verzeihen kein persönliches, sondern ein institutionelles. Man muß aber zwischen Gnade und Verzeihen keinen Zusammenhang sehen, denn bei der Gnade liegt der Akzent auf Handlungen, beim Verzeihen dagegen auf Haltungen. Das für die Gnade typische Vermeiden einer strengen Behandlung kann ohne eine Haltungsänderung erfolgen, wie sie für das Verzeihen typisch ist. Eine Frau, die sich geschworen hat, ihren Mann zu verlassen, wenn er ihr untreu gewesen ist, kann aus Gnade oder aus Sorge um die Kinder bereit sein, bei ihm zu bleiben, muß ihm aber nicht verzeihen. Gnade kann in den meisten Fällen ein zumindest partielles Verzeihen ausdrücken, aber sie muß nicht zwangsläufig ein umfassendes Verzeihen bedeuten. Schwerer vorstellbar sind Fälle des Verzeihens, in denen die Gnade verweigert wird. Eine Änderung unserer Haltung (wie sie sich im Verzeihen ausdrückt) wird wahrscheinlich eine Änderung unserer Handlungen nach sich ziehen (wie sie sich in der Gnade äußert). Dies wird jedoch nicht immer der Fall sein.

8 Warum geht es uns gut, egal, wie es euch geht? Mitfreude und Schadenfreude

Ich bin froh, daß es Clark Gable ist, der auf die Fresse fallen wird und nicht Gary Cooper.
Gary Cooper zu seiner Entscheidung, nicht die Hauptrolle in *Vom Winde verweht* zu übernehmen.

Positive Emotionen gegenüber dem Glück anderer sind nicht so kompliziert oder zumindest nicht so differenziert wie negative Emotionen gegenüber dem Glück anderer. Die grundlegenden Emotionen in dieser Gruppe sind Freude über das Glück anderer, kurz Mitfreude, und Freude über das Unglück anderer, kurz Schadenfreude. Es handelt sich hier zwar um verbreitete Emotionen, aber es gibt Sprachen, die keine eigenen Ausdrücke für sie haben.

Mitfreude

Ist das ein Revolver da in Ihrer Hose oder freuen Sie sich nur, mich zu sehen?
Mae West

Mitfreude und Schadenfreude sind Unterformen der Emotion des Glücks und enthalten als solche eine positive Bewertung. Doch während die Mitfreude sich auf das Glück eines anderen richtet, richtet sich die Schadenfreude auf das Unglück eines anderen. Bei der Mitfreude steht die Person, die sich des Glücks erfreut, im Mittelpunkt. Bei der Schadenfreude geht es dagegen um unsere relative Position. Bei der Mitfreude gibt es keinen Konflikt zwischen unserer Bewertung der Lage und derjenigen der anderen Person: Beide sind positiv. Bei der Schadenfreude ist dieser Konflikt gegeben: Wir bewerten positiv, was der andere negativ bewertet. Insofern ist die Mitfreude weniger kompliziert als die Schadenfreude.

Ob eine Emotion wie die Mitfreude verbreitet ist oder ob es sie überhaupt gibt, wird von manchen bezweifelt. So behauptet Rousseau, niemand könne neidlos am Glück eines anderen teilhaben, und sei es sein bester Freund. Nur die für uns unbedrohliche Bedürftigkeit des Freundes vermag bei uns Gefühle der Großmut zu erwecken. Der Anblick glücklicher Menschen kränkt uns, weil sie den Anschein erwecken, besser zu sein als wir und uns nicht zu brauchen; unglückliche Menschen dagegen bestätigen uns unseren Wert und unsere Überlegenheit.[1]

Diese Überlegung mag unter vielen Umständen zu treffen, weil sie den komparativen Aspekt der Emotionen unterstreicht, aber sie gilt nicht, wenn der andere uns so nahe ist, daß wir seinen Erfolg als unseren eigenen betrachten und unsere Selbstachtung nicht dadurch bedroht sehen. Ein naheliegendes Beispiel sind Eltern, die sich über den Erfolg und das Glück ihrer Kinder freuen. In dem Maße, wie wir erkennen, daß der andere uns so nahe steht, daß er einen Teil unserer Identität bildet, können wir uns über sein Glück freuen, ohne daß ein sozialer Vergleich unsere Freude trübt. Das Glück des anderen wird, da keine Konkurrenz besteht, nicht als bedrohlich für unser eigenes Glück empfunden. Es kann uns ganz im Gegenteil sogar wegen unserer engen Verbindung mit dem anderen in einem günstigeren Licht erscheinen lassen. Wir sind in solchen Situationen überzeugt, daß das Glück des anderen uns nicht schadet und daß er sein Glück verdient.

Mitfreude gilt jedoch nicht uneingeschränkt. Was sie einschränkt, ist zum einen die Nähe des anderen zu uns und zum anderen das Ausmaß seines Glücks. Die große Nähe, welche dieses Gefühl voraussetzt, garantiert nicht einmal seine Existenz unter Familienangehörigen. Die Abhängigkeit der Mitfreude von anderen Intensitätsvariablen ist am geringsten in der Einstellung von Eltern gegenüber ihren Kindern, während sie umgekehrt in der Einstellung von Kindern gegenüber ihren Eltern sehr viel stärker dadurch bedingt ist. Mit wachsendem Abstand des anderen werden das Ausmaß und die Natur des Glücks des anderen bedeutsamer. Wenn das Glück des anderen größer ist, länger anhält und für unser eigenes Glück relevant ist, werden selbst unter guten Freunden negative Emotionen wie Groll oder Neid wahrscheinlicher. Ein großes Unglück, das einem anderen zustößt, wird eher Mitleid oder Mitgefühl als Schadenfreude auslösen.

Sympathie spielt für die Mitfreude eine große Rolle. Normalerweise freuen wir uns über das Glück eines anderen, wenn wir ihn mögen, und je mehr wir ihn mögen, desto größer ist unsere Freude. Umgekehrt verhält es sich mit der Schadenfreude: Je mehr wir den anderen mögen, desto weniger werden wir uns über sein Unglück freuen. Dennoch freuen wir uns zuweilen über kleine Mißgeschicke bei Leuten, die wir mögen.

Schadenfreude

Es reicht nicht, selber erfolgreich zu sein; andere müssen scheitern.
Gore Vidal

Bosheit ist wie ein Poker- oder Tennisspiel; man spielt nicht gegen jemanden, der einem eindeutig unterlegen ist.
Hilde Spiel

Die meisten Sprachen haben keinen eigenen Ausdruck für diese verbreitete Emotion, und auch in jenen, die einen solchen Ausdruck haben, ist seine Bedeutung nicht immer klar.

Maurice Blondel greift deshalb die Deutschen an, weil sie einen solchen Ausdruck haben, der ihm zufolge »kein Gegenstück in irgendeiner anderen Sprache hat«.[2] Es würde den Rahmen dieser Arbeit sprengen, der Frage nachzugehen, warum es in vielen Sprachen keinen besonderen Ausdruck für diese Emotion gibt. Doch im Gegensatz zu der verbreiteten Ansicht sehe ich in der Tatsache, daß das Englische keine Entsprechung für die deutsche »Schadenfreude« kennt, keinen Hinweis darauf, daß diese Emotion in englischsprachigen Gesellschaften weniger verbreitet wäre. So einfach wird man diesen Sachverhalt nicht erklären können.

Was die Schadenfreude angeht, sind zwei Merkmale unumstritten: unsere Freude und das Unglück des anderen. Daraus ergibt sich ein unübersehbarer Konflikt zwischen unserer positiven Bewertung der Situation und der negativen Bewertung des anderen, ein Konflikt, dem offenbar eine komparative und manchmal sogar eine konkurrierende Betrachtungsweise zugrunde liegt. Wenn man sich über das Unglück eines anderen freut, kann das seinen Grund darin haben, daß das Unglück des anderen uns irgendwie nützt; es könnte zum Beispiel unsere Überlegenheit unterstreichen. Für unsere relative Position könnte das Unglück anderer buchhalterisch auf der Habenseite erscheinen. Insofern haben Schadenfreude und Neid etwas gemeinsam: Für beide ist der Vergleich zwischen unserem Wohlergehen und dem eines anderen entscheidend. Doch anders als beim Neid erlaubt es die Schadenfreude, die überlegene Position einzunehmen. Der komparative Aspekt ist in allen Emotionen bedeutsam, aber besonders bei denen, in denen es wie beim Neid und der Schadenfreude um das Wohlergehen anderer geht.

Daß der komparative Aspekt beim Entstehen angenehmer Gefühle von Bedeutung ist, wissen wir aus vielen alltäglichen

Begebenheiten. Wenn wir mit dem Auto unterwegs sind und sehen, daß der Gegenverkehr stockt und kaum vorankommt, freuen wir uns zuweilen, daß nicht wir, sondern andere von dem Stau betroffen sind. Kant sagt: »Oder wenn wir beym Sturm und üblen Wetter, vorm warmen Ofen und am Caffee-Tisch sitzen, und wir bringen den Mann, der bey solchem Wetter unterwegens oder auf der See ist, aufs Tapet, so genüßen wir unser Glück desto beßer, es erhebt unsere Annehmlichkeit.«[3]

Das Vergnügen in den beiden obigen Beispielen kommt der Schadenfreude recht nahe, denn durch das Mißgeschick des anderen werden wir daran erinnert, daß wir es besser haben, und das bereitet uns Vergnügen. Bei der typischen Schadenfreude kommt ein weiterer Faktor hinzu: die Überzeugung, daß die anderen ihr Unglück verdienen. Thomas von Aquin, dem zufolge eine der Freuden der Heiligen im Himmel darin bestehen wird, die Qualen der Verdammten in der Hölle zu beobachten, unterstreicht ebenfalls den komparativen Aspekt der Schadenfreude. Alles, behauptet er, erkenne man besser, wenn man es mit seinem Gegenteil vergleicht ... »Damit den Heiligen die Seligkeit besser gefalle und sie Gott noch mehr dafür danken, dürfen sie die Strafen der Gottlosen vollkommen schauen.«[4] Thomas' Argument gibt uns allen einen besonderen Anstoß, den Stand der Heiligkeit anzustreben.

Mit dem Hinweis, daß sie unsere Freude und das Mißgeschick des anderen einschließt, ist die Schadenfreude nicht hinreichend beschrieben. Ich möchte drei typische Merkmale hinzufügen: (a) der andere hat nach unserem Urteil das Mißgeschick verdient, (b) das Mißgeschick ist relativ unbedeutend, und (c) wir sind für das Mißgeschick des anderen nicht verantwortlich.

(a) Ein wichtiges Element der Schadenfreude ist die Ansicht, daß der andere sein Mißgeschick verdient hat. Wenn wir zum Beispiel im Stau stecken und ein anderer Fahrer sich auf dem Standstreifen nach vorn schleicht, ärgern wir uns, aber unser Ärger weicht der Freude, wenn wir sehen, daß die Polizei dem Mann ein Strafmandat verpaßt. Die Ansicht, der andere habe sein Mißgeschick verdient, macht es uns möglich, uns über eine Situation zu freuen, die uns eigentlich verstimmen müßte, und sie stellt uns als moralische Menschen dar, die niemandem schaden wollen.

Je mehr das Mißgeschick verdient erscheint, desto gerechtfertigter ist die Freude. Der Sturz eines führenden Politikers wird beifällig aufgenommen, wenn er verdient erscheint, und wenn er unverdient erscheint, wird er mißbilligt; bei der Beurteilung spielt das Verdienst eine entscheidende Rolle.[5] Das Mißgeschick anderer wird oft mit den Worten kommentiert: »Es gibt doch noch Gerechtigkeit in der Welt.«

Kants Beschreibung der Schadenfreude stimmt mit der hier vertretenen Ansicht überein: »So freut man sich auch nicht unmittelbar über den Schaden des Andern, sondern wenn z. B. einer unglücklich geworden ist, so freut man sich, weil er aufgeblasen, reich und eigennützig war, denn die Menschen mögen gern die Gleichheit erhalten.« Aristoteles, der den Neid beschreibt als »Unlust über solche, die sich in verdientem Glück befinden«, sagt über das Gefühl – das bei ihm keinen Namen hat – desjenigen, der sich über Mißgeschicke freut, es enthalte »Freude über unverdientes Unglück«.[6] In diesem Punkt bin ich etwas anderer Ansicht als Aristoteles. Während er den Neid mit einer negativen Bewertung des *verdienten Glücks des anderen* verbindet, glaube ich, daß beim Neid *unser eigenes unverdientes Unglück* im Mittelpunkt steht. Und während er die Schadenfreude mit einer positiven Bewertung des *unverdienten* Unglücks des anderen verbindet, enthält sie nach meiner Meinung eine positive Bewertung des *verdienten* Unglücks des anderen.

Unklar ist, in welchem Alter die Schadenfreude auftritt. Um das zu klären, müßte man untersuchen, wann ein Kind beginnt, den Aspekt des Verdienstes zu berücksichtigen, wenn es über etwas lacht. Nach meinem Eindruck können Kinder schon recht früh (vielleicht mit drei oder vier) sagen, sie freuten sich über das Mißgeschick des Schurken in einem Film, weil er es verdient habe. Es ist der Aspekt des Verdienstes, der das Lachen über jemanden, der auf einer Bananenschale ausrutscht, von der Schadenfreude unterscheidet.

(b) Das andere zusätzliche Merkmal bei der Beschreibung der Schadenfreude ist die *Geringfügigkeit des Mißgeschicks.* Es hängt mit dem komparativen und nicht selten konkurrierenden Aspekt der Schadenfreude zusammen. Der Vergleich ist möglich, wenn beide Beteiligten nicht zu weit voneinander entfernt sind. Der Konkurrenzaspekt ist am ausgeprägtesten, wenn die Kluft zwischen den beiden Beteiligten nicht groß ist und die Situation sich noch umkehren kann, so daß derjenige, der in der überlegenen Position ist, in die unterlegene Position geraten kann. Es geht bei der Schadenfreude also um geringfügige Differenzen. Bei schwerem Mißgeschick schlägt Schadenfreude oft in Mitleid um. Wenn beispielsweise unser lärmender, rücksichtsloser und hochnäsiger Nachbar einen Kratzer an seinem neuen Auto bekommt, mögen wir darüber eine gewisse Freude empfinden; wenn jedoch seine Tochter ernstlich erkrankt, werden wir wohl eher Mitleid oder Mitgefühl und keine Schadenfreude empfinden. Bei schwerem Mißgeschick spielt die Frage des Verdienstes keine Rolle. Die Betroffenen mögen eine Strafe verdienen, weil sie es gewagt haben, erfolgreicher zu sein als wir, aber das ist keine Rechtfertigung für ein schweres Mißgeschick.

(c) Bei Schadenfreude ist derjenige, der sich über eine Situation freut, nicht für sie verantwortlich und nicht aktiv an ihr beteiligt. Eine aktive Beteiligung würde den Regeln des fairen Wettbewerbs widersprechen und uns als diejenigen bloßstellen, die dem anderen vorsätzlich geschadet haben; damit wären wir nicht die wahren Gewinner des Wettbewerbs. Zur Freude über die Niederlage unseres Konkurrenten trägt wesentlich unser Bewußtsein bei, daß nicht unser niederträchtiges Verhalten daran schuld ist, sondern ein unausweichliches Schicksal. Es ist, als sei Gerechtigkeit geschehen im Sinne des talmudischen Spruches: »Die Aufgaben des Gerechten werden von anderen erledigt.« Es handelt sich gewissermaßen um ein unerbetenes Geschenk. Da wir bei der Schadenfreude keine aktive Rolle spielen, ist sie, so verbreitet sie auch sein mag, für unsere Lebensführung nicht von Belang.

Manche setzen Schadenfreude mit *Sadismus* gleich; der Unterschied sei gering und die Schadenfreude sei wie der Sadismus von Haß und Grausamkeit geprägt.[7] In der allgemeinen Wahrnehmung trifft das zu, aber es gilt nur für extreme, untypische Fälle. Im Normalfall hat Schadenfreude mit Sadismus, Haß oder Grausamkeit nicht das geringste zu tun. Der komparative Aspekt, der bei der Schadenfreude von zentraler Bedeutung ist, spielt im Sadismus keine Rolle. Die drei typischen Merkmale der Schadenfreude, nämlich die dominierende Rolle des Verdienstes, die Geringfügigkeit des Mißgeschicks und das Fehlen von Verantwortung, sind im Sadismus nicht gegeben. Das Verdienst ist alles andere als dominant, und der andere wird nicht als jemand wahrgenommen, der das Mißgeschick verdient hat; sollte das dennoch der Fall sein, bleibt es von geringer Bedeutung. Zentral für den Sadismus ist nicht das Verdienst, sondern die persönliche egoistische Lust. Auch die Natur des Mißgeschicks ist eine andere: bei der Schadenfreude geringfügig, ist es beim Sadismus erheblich. Ein weiterer Unterschied betrifft die Rolle des Subjekts: Anders als bei der Schadenfreude ist das Subjekt im Sadismus aktiv an der Zufügung des Mißgeschicks beteiligt: Der Sadist ist für das Leid verantwortlich.

Der Sadismus ist alles in allem etwas grundlegend anderes als die Schadenfreude. Nur er ist mit Grausamkeit verbunden. Es ist nicht Grausamkeit, die uns über das Mißgeschick eines anderen lachen läßt; in der Schadenfreude spielt das gerechte Verdienst die Hauptrolle.

Die Gleichsetzung der Schadenfreude mit ihren extremen Äußerungen hat Anlaß zu der Behauptung gegeben, diese Emotion sei nicht sehr verbreitet. Schopenhauer war der Meinung, daß man den, bei dem man Schadenfreude angetroffen habe, auf immer meiden solle. Manche Psychologen sehen in der Schadenfreude generell eine Äußerung von reiner Böswilligkeit und folgern daraus, daß viele von uns sie natürlich gar nicht empfinden. Kant und Nietzsche halten die Schadenfreude für etwas Allgemeinmenschliches.[8] Die Behauptung, Schadenfreude sei selten, würde nur zutreffen, wenn wir sie mit ihren extremen Äußerungen gleichsetzen.

Um es zu resümieren: Die moralische Bewertung der Schadenfreude sollte man abhängig machen von a) dem Ausmaß des Unglücks des anderen, b) dem Grad unserer Verwicklung in die Herbeiführung dieses Unglücks und c) dem Maße, in dem wir dieses Unglück für gerechtfertigt halten. Die beiden ersten Faktoren spielen in den meisten Fällen keine Rolle; das Unglück ist geringfügig, und unsere Verwicklung ist minimal. Was den dritten Faktor angeht, so halten wir das Unglück, wenn wir Schadenfreude empfinden, für verdient. Aus alledem folgt, daß Schadenfreude in typischen Fällen moralisch nicht besonders negativ ist; sie ist nicht schlimmer als andere Emotionen. Sie sollte moralisch um so negativer bewertet werden, je größer das Maß der beiden ersten Faktoren und je weniger das Unglück des anderen gerechtfertigt ist. Ich behaupte nicht, Schadenfreude sei eine Tugend; sie ist jedoch auch kein Laster, jedenfalls kein schlimmes.

9 Wenn du böse bist, bin ich zornig
Zorn, Haß und Ekel

Sprich, wenn du wütend bist,
und du wirst die beste Rede halten,
die du jemals bereut hast.
Ambrose Bierce

Die vorigen Kapitel haben die Gruppe jener Emotionen behandelt, die sich auf das *Glück* anderer Akteure richten. Mit diesem Kapitel beginnt die Erörterung der beiden anderen großen Gruppen: der Emotionen, die sich auf bestimmte *Handlungen* eines anderen Akteurs richten, und der Emotionen, die sich auf einen anderen *Akteur als solchen* richten. Die typischen Emotionen in der ersten Gruppe sind Zorn und Dankbarkeit, die in der zweiten Gruppe Ekel (Abscheu), Anziehung, Haß und Liebe. Das grundlegende Bewertungsmuster der ersten Gruppe bezieht sich auf die Löblichkeit der jeweiligen Handlung. Die zweite Gruppe läßt sich in zwei Untergruppen aufteilen: Die eine bezieht sich nur auf das Bewertungsmuster der Attraktivität, die andere sowohl auf die Löblichkeit der Handlungen des anderen als auch auf seine Attraktivität. Dieses Kapitel behandelt die zu dieser Gruppe gehörenden negativen Emotionen, das nächste die entsprechenden positiven Emotionen.

Zorn und Haß

Jemanden zu hassen heißt, von seiner bloßen Existenz irritiert zu sein. Das einzige, was Befriedigung brächte, wäre sein völliges Verschwinden.
José Ortega y Gasset

Sobald ich meinen Zorn gegen meine Mutter überwunden hatte, begann ich im Volleyball und als Model zu glänzen.
Gabrielle Reece

Haß kann man beschreiben als eine globale negative Haltung zu jemandem, den man für grundlegend böse hält. Ekel ähnelt dem Haß insofern, als er eine globale negative Bewertung enthält, aber er richtet sich gegen jemanden, den man für grundlegend unattraktiv hält. Zorn ähnelt dem Haß und dem Ekel insofern, als er eine negative Bewertung enthält, aber die Bewertung betrifft nur eine spezifische Handlung und stellt keine globale Haltung dar. Liebe ähnelt dem Haß insofern, als sie eine globale Bewertung enthält, die aber in diesem Fall positiv ist. Sexuelles Begehren ist wie jede andere Art von Anziehung dem Ekel in dem Sinne ähnlich, daß die Bewertung der Attraktivität gilt. Mit der Liebe teilt die Dankbarkeit die positive Bewertung, die aber wie beim Zorn einer bestimmten Handlung gilt.

Zorn entsteht als Reaktion auf eine bestimmte unverdiente Beleidigung. Wir machen den anderen für eine solche ungerechtfertigte Beleidigung verantwortlich, gleichgültig, ob sie vorsätzlich, fahrlässig oder aus mangelndem Weitblick erfolgte. In unserem Zorn nehmen wir das Handeln des anderen nicht nur als ungerecht, sondern auch als Herabsetzung unserer Position wahr. Eine Lehrerin, die sich über die Schüler ärgert, weil sie schwatzen, während sie spricht, findet deren Verhalten ungerecht und für sich herabsetzend in dem Sinne, daß ihre Autorität untergraben wird. Ähnliche Erwägungen dürften erklären, warum Menschen es im allgemeinen nicht schätzen, wenn ihre Gäste mit der Fernbedienung ihres Fernsehers spielen. Viele betrachten es als eine erniedrigende Kränkung, wenn man sich der Fernbedienung bemächtigt. Eine ungehörige Behandlung durch eine tadelnswerte Person ist verletzend, und zwar nicht nur wegen des Schadens, den sie verursacht, sondern auch deshalb, weil der Übeltäter uns in dem Sinne als minderwertig betrachtet, daß unsere Person, unsere Bedürfnisse und unsere Wertvorstellungen für ihn bedeutungslos sind.[1]

Mit Zorn wird man in der Regel nicht reagieren, wenn man der Meinung ist, das Verhalten des anderen sei gerechtfertigt, nicht willkürlich oder außerhalb seiner Kontrolle. In den meisten Fällen, wo man uns zornig macht, sind wir der Meinung, der andere habe willkürlich etwas getan, wozu er nicht berechtigt war, oder er habe etwas getan, was er hätte vermeiden können, wenn er umsichtiger gewesen wäre. Die größten Diskrepanzen zwischen denen, die Zorn empfinden, und denen, gegen die der Zorn sich richtet, drehen sich um die Frage der Berechtigung und der Kontrollierbarkeit: Diejenigen, gegen die der Zorn sich richtet, sind entweder der Meinung, ihr Handeln sei gerechtfertigt, oder sie glauben, der Zwischenfall entziehe sich ihrer Kontrolle. Der Zornige glaubt, die persönliche Kränkung sei ihm von einer tadelnswerten Person zugefügt worden. Wenn leblose Objekte uns Schaden zufügen, werden wir nicht zornig. Da leblose Objekte uns nicht ungebührlich behandeln können, können wir nicht zornig auf sie sein.[2]

Wie der Zorn richtet sich der Haß in der Regel auf eine bestimmte Person, aber nicht wegen einer bestimmten Handlung, sondern wegen allgemeiner Eigenschaften, die nicht auf bestimmte Umstände beschränkt sind. Wir meinen, daß der negative Charakter derer, die wir hassen, ihnen »im Blut liegt«. Elster weist zutreffend auf den folgenden Unterschied hin: Im Zorn glauben wir, daß »die anderen böse sind, weil sie Böses tun«, während wir im Haß annehmen, daß sie »Böses tun, weil sie böse sind«.[3] Haß ist eine längerfristige Haltung, die häufig nicht durch eine persönliche Kränkung ausgelöst wird. Haß setzt voraus, daß wir dem Objekt des Hasses inhärent gefährliche Eigenschaften zuschreiben; das Objekt des Zorns hat sich negativer Handlungen schuldig gemacht, die nur von instrumenteller Bedeutung sind.

Zorn ist zumeist eine Sofortreaktion auf eine ungerechtfertigte Schädigung, die jemand uns oder unseren Angehörigen zugefügt hat. Die Schädigung besteht oft in einer persönlichen Kränkung, für die wir uns persönlich revanchieren möchten. Haß ist etwas Allgemeineres: Er kann sich auf eher potentielle und unpersönliche Umstände beziehen. Die gehaßte Person muß uns gar nicht geschädigt haben, jedenfalls nicht in der Gegenwart oder der jüngsten Vergangenheit, aber dennoch halten wir die Person wegen ihres negativen Charakters einer Schädigung für fähig. Das Objekt des Zorns ist uns gewöhnlich gut bekannt, während der Haß nicht in diesem Sinne persönlich ist. Oft sind uns besondere Details über das Haßobjekt unbekannt. Haß schließt bis zu einem gewissen Grad eine Entpersönlichung ein. Haß nährt sich wie das Vorurteil oft von partiellen oder verzerrten Informationen, die mit dem wirklichen Charakter des Objekts nichts zu tun haben. Die allgemeinere Natur des Hasses äußert sich auch darin, daß Haß sich oft nicht gegen einzelne, sondern gegen Gruppen richtet, wobei Unterschiede zwischen den Gruppenmitgliedern keine Rolle spielen. Aristoteles trifft zwischen Zorn und Haß eine ähnliche Unterscheidung, wie sie hier vorgeschlagen wird: »Zorn richtet sich immer gegen

Individuelles, z. B. gegen Kallias oder Sokrates, Haß aber gegen Gattungen: Den Dieb und den Sykophanten etwa haßt jeder. Ersteres heilt die Zeit, letzteres ist unheilbar. [...] Ferner ist das eine mit Schmerz verbunden, das andere aber nicht, denn der Zürnende empfindet Schmerz, der Hassende nicht.«[4]

Obwohl das Objekt des Hasses allgemeiner ist als das des Zorns, muß es doch eine gewisse Spezifität und Nähe aufweisen, wenn ein hoher Grad der emotionalen Intensität erhalten werden soll. Deshalb legen sich terroristische Gruppen zu Beginn ihrer Aktivitäten ein sie einigendes allgemeines Ideal zurecht, das sie zur Grundlage ihres Hasses machen. Dieses allgemeine Ideal weicht jedoch sehr rasch näherliegenden und spezifischen Motiven, zum Beispiel Rache für den Tod eines Kameraden oder Kampf gegen die Demütigung der Eltern. Zum Haß gehört nicht die abstrakte Sorge um die fortbestehende Macht des anderen, sondern eher die Sorge, daß diese Macht uns oder denen, die uns nahestehen, schaden wird. Der Zorn ähnelt wegen seiner persönlichen Natur eher einer typischen Emotion als der Haß. Haß verwandelt sich oft in ein langfristiges Sentiment. Das beste Heilmittel gegen Zorn besteht angesichts seiner spezifischen Natur darin, eine allgemeinere Perspektive einzunehmen; wenn wir zum Beispiel unsere Reaktion hinausschieben, sind wir in der Lage, die Dinge aus einer allgemeineren Perspektive zu sehen. Dieses Heilmittel ist weniger wirksam beim Haß, der nicht im gleichen Maße auf spezifische Umstände beschränkt ist und daher schon eine allgemeinere Perspektive besitzt.

Zorn richtet sich im wesentlichen gegen eine Person, die eine bestimmte tadelnswerte Tat begangen hat, während beim Haß die grundlegenden Eigenschaften der Person im Vordergrund stehen. Zorn wird in der Regel durch die Wahrnehmung ausgelöst, ungerecht behandelt worden zu sein. Der Haß verlegt den

Akzent von der ungerechten auf die böse Behandlung. Die im Haß erlittene Schädigung geht tiefer als die im Zorn erlittene, und sie wird auf fundamentalere Eigenschaften des anderen zurückgeführt. Für den Haß ist daher der negative Charakter des anderen und die von der fortgesetzten Macht des anderen ausgehende Gefahr zentraler. Im Zorn wünschen wir, daß derjenige, der uns geschädigt hat, einer Besserungsmaßnahme unterworfen wird; beim Haß kommen Besserungsmaßnahmen nicht in Betracht, weil wir nicht glauben, daß sie Erfolg haben können, und deshalb ist es uns gleichgültig, ob der, den wir hassen, ihnen unterworfen wird oder nicht – wir wünschen einfach, er würde nicht mehr existieren.

Zorn und Haß können nicht nur das Ergebnis eines Schadens sein, den andere uns zufügen, sondern auch die Folge eines Schadens, den wir ihnen zufügen. Wir machen sie dafür verantwortlich, uns in eine Situation gebracht zu haben, in der wir nicht sein möchten, eine Situation, in der wir gezwungen sind, ihnen zu schaden.[5]

Die negative Bewertung beim Haß ist global, nicht in dem Sinne, daß jeder Aspekt der gehaßten Person negativ bewertet wird, sondern in dem Sinne, daß die negativen Aspekte so fundamental sind, daß andere Eigenschaften bedeutungslos werden. Bei der Liebe ist die positive Bewertung ähnlich global; wir halten die Geliebte nicht für ein vollkommenes Wesen ohne Fehler, aber für eine im wesentlichen positive Person. Bei der Trauer ist das grundlegende Bewertungsmuster in einem anderen Sinne global: Wir haben es mit einem Totalverlust zu tun, der durch nichts geheilt werden kann; deshalb hält die Trauer so lange an. Wir können nicht unsere partielle Perspektive wechseln und eine fröhlichere Perspektive einnehmen; aus welcher Perspektive wir es auch betrachten – das Objekt unserer Trauer ist tot. Diejenigen, die an ein Leben nach dem Tode glauben, können in diesem Glauben Trost finden.

Der Haß ist in mancher Hinsicht komplizierter als der Zorn, da er sich nicht auf einen konkreten, uns zugefügten Schaden bezieht, sondern auf eine potentielle Bedrohung, die von einem fundamental negativen Aspekt des anderen ausgeht. Außerdem benutzt der Zorn nur ein grundlegendes Bewertungsmuster, nämlich die Löblichkeit, wohingegen der Haß zwei verlangt: Attraktivität und Löblichkeit. Das Haßobjekt ist nicht nur jemand, der Böses getan hat, sondern auch jemand, von dem wir uns nicht angezogen fühlen. Wegen der komplizierteren Natur des Hasses können Tiere wohl Ekel und Zorn (oder genauer: Wut) empfinden, nicht aber Haß.

Die Intensität des Hasses ist schwer zu beschreiben. Einerseits ist wegen seiner allgemeineren und weniger persönlichen Natur die Gefühlsdimension des Hasses von geringerer Intensität als die des Zorns. Es ist, als erstrecke sich eine gegebene Intensität über eine längere Zeit und sei daher in einem beliebigen Moment schwächer. Haß kann daher Handlungen auslösen, die »kaltblütig« ausgeführt werden. In seinem Gedicht »Feuer und Eis« vergleicht Robert Frost die Lust mit dem Feuer, fügt aber hinzu:

… kenn ich den Haß wohl gut genug,
zu wissen, daß für die Zerstörung Eis
auch bestens ist
und sicher reicht.

Man kann aus Haß töten, ohne intensive Gefühle zu haben, wie beispielsweise die deutschen Nazis. Wenn man im Zorn oder einem Zustand der Wut tötet, ist die Gefühlsdimension recht intensiv. Andererseits kann Haß zuweilen recht intensiv sein. Weil keine Aussicht besteht, das Objekt zu ändern, wird die Situation extrem negativ beurteilt, was die emotionale Intensität erhöht. Wir können daher sagen, daß man sich Zorn ohne eine intensive Gefühlsdimension kaum vorstellen kann, während es viele Fälle von Haß gibt, in denen man von der Gefühlsdimension kaum etwas merkt. Cato soll gesagt haben: »Ein zorniger Mann öffnet seinen Mund und schließt seine Augen.« Von denen, die hassen, können wir das nicht sagen; sie halten ihre Augen weit offen, und ihr Intellekt funktioniert. Elster erinnert uns daran, daß der größte historische Akt des Hasses, der Holocaust, auf sehr effiziente und wohldurchdachte Art ausgeführt wurde.[6]

Zorn und Haß sind oft nicht leicht voneinander abzugrenzen: Zorn schließt oft eine feindselige Haltung ein, die für den Haß zentral ist, und Haß schließt den Verdruß ein, der für den Zorn typisch ist. Außerdem kann Zorn sich zuweilen so festsetzen, daß er sich zum Haß entwickelt. In Fällen, wo die Rache süßer erscheint, wenn sie später genossen wird, wird der Zorn länger anhalten als gewöhnlich. Auch gibt es Fälle von Haß, die auf einen spezifischen und daher kurzlebigen Zustand zurückgehen; der Haß wird in diesem Fall auf den spezifischen Fall begrenzt und daher gewöhnlich von kurzer Dauer sein. Angesichts der unklaren Abgrenzung zwischen Zorn und Haß ist der Sprachgebrauch nicht immer im Einklang mit der hier vorgeschlagenen Unterscheidung.

Der *Groll* gleicht in vieler Hinsicht dem Zorn. Er ist wie der Zorn eine negative Haltung, die sich eher gegen eine bestimmte Handlung einer tadelnswerten Person richtet und nicht gegen die Person selbst. Groll ist gewöhnlich eine langlebige Haltung, während der Zorn nur einige Sekunden oder Minuten anhält. Groll ist gewöhnlich gegen eine sich wiederholende Handlung oder ein allgemeines Handlungsmuster gerichtet, während der

Zorn sich gegen Handlungen richtet, die bisher noch nicht vorgekommen sind. Furcht spielt wie beim Zorn und anders als beim Haß beim Groll keine nennenswerte Rolle. Dem Groll fehlt aber der Angriffsdrang, der für den Zorn so typisch ist. Die zentrale motivationale Komponente beim Zorn ist der Wunsch, das Objekt persönlich zu bestrafen. Die entsprechende Komponente beim Groll ist der Protest. Man kann den Groll als einen emotionalen Protest gegen eine empfundene Ungerechtigkeit bezeichnen. Im Unterschied zum Zorn, der sich gegen eine augenblickliche persönliche Kränkung richtet, richtet sich der Groll überwiegend gegen eine weit zurückliegende moralische Ungerechtigkeit.

Anders als der Zorn, der sich zumeist gegen einen für unsere Schädigung verantwortlichen Akteur richtet, fehlt der *Frustration* die Absicht zu schädigen, was sich bisweilen sogar auf den Akteur erstreckt, der für unsere Schädigung verantwortlich ist. Oft richtet sie sich daher gegen uns selbst oder gegen Unbeteiligte. Wir können sagen, daß wir von der aktuellen Situation frustriert sind, aber wir sagen nicht, daß wir auf die aktuelle Situation zornig sind. Zorn bezieht sich zumeist auf die persönliche Schädigung, wohingegen das negative Ereignis, an das die Frustration anknüpft, allgemeiner in dem Sinne sein kann, daß es oft nichts mit uns persönlich zu tun hat. Der Frustration fehlt auch der für den Zorn typische Drang, das Objekt persönlich zu bestrafen. Wie die Frustration ist auch die Wut eine weniger spezifische Form von Zorn. Bei der Wut ist die Gefühlsdimension intensiver als beim Zorn, und dementsprechend ist die intentionale Dimension weniger komplex.

Im Haß, der mit einem fundamentalen Konflikt verbunden ist, glauben wir, daß die Situation sich nur ändern läßt, wenn der andere gemieden oder gar beseitigt wird. So sagt Spinoza, daß »derjenige, der haßt, bemüht ist, das Ding, welches er haßt, zu entfernen und zu vernichten«.[7] Im Zorn glauben wir, daß der andere verdient, bestraft zu werden, nicht aber, gemieden oder vernichtet zu werden, wie es beim Haß der Fall ist. Diejenigen, die durch ihr Handeln unseren Zorn erregt haben, müssen getadelt werden, weil sie für ihr Handeln eine gewisse Verantwortung übernehmen müssen. Diejenigen, die wir hassen, müssen für ihre negativen Eigenschaften nicht aktiv verantwortlich sein. Da wir diese Eigenschaften als mehr oder weniger dauerhaft betrachten, sind sie für deren Entstehen wahrscheinlich nicht verantwortlich. Deshalb richtet sich der Haß oft gegen Gruppen, ohne auf die persönlichen Unterschiede zwischen deren Mitgliedern Rücksicht zu nehmen.

In extremen Fällen von Haß entsteht, wenn die physische Beseitigung nicht möglich ist, eine emotionale Spannung, die uns nach einer anderen Lösung suchen läßt. Der häufigste Ausweg ist die verbale Aggression. Dabei können wir unsere negativen Einstellungen innerhalb der Grenzen des akzeptablen Normalverhaltens äußern. Ein interessantes Beispiel der verbalen Aggression sind politische Haßbriefe. Ein Verfasser solcher Briefe äußerte zu seinen Motiven: »Warum ich verbal aggressiv bin? Weil ich sie nicht mit einer Kugel durchlöchern kann. Für mich wäre es nicht logisch, wegen politischen Mordes im Knast zu sitzen. Deshalb beschieße ich sie mit Wörtern.« Politische Haßbriefe bringen klar zum Ausdruck, daß das Objekt beseitigt werden soll. Auch physische Beseitigung kann damit gemeint sein, und so enthalten die Briefe denn auch oft direkte Drohungen. Die typische Bestrafung ist jedoch die Ausschließung aus der Gemeinschaft, beispielsweise derart, daß der Empfänger dem feindlichen Lager zugeschlagen wird. Ausschließung ist eine Möglichkeit, die bei Haß erwünschte Distanz zwischen Subjekt und Objekt herzustellen. Es kommt vor, daß solche Briefe ihre Adressaten zu einer Verhaltensänderung zu bewegen versuchen, die freilich so radikal sein müßte, daß die Empfänger ihre Identität verlieren würden.[8]

Wegen der äußerst negativen Bewertung des Haßobjekts wünschen wir eine möglichst große Distanz zwischen uns und dem Objekt zu schaffen. Wenn dies möglich wäre, wäre unsere Haltung gegenüber dem Objekt Indifferenz, die typische Haltung gegenüber Fremden. Das Problem beim Haß ist aber, daß eine solche Distanzierung und Indifferenz unmöglich sind. Trotz unserer negativen Bewertung und dem daraus folgenden Wunsch, das Objekt zu meiden oder zu beseitigen, sind wir gezwungen, mit der betreffenden Person zurechtzukommen und sogar zu kommunizieren. Der Meidungs- und Beseitigungswunsch läuft dem Verständigungswunsch zuwider, der einer echten Kommunikation zugrunde liegt. Wegen dieses Konflikts ist jede Kommunikation ambivalent und oft negativ.

Der Wunsch, das Objekt zu meiden oder zu beseitigen, und die Einsicht, daß dies unmöglich oder doch sehr schwierig ist, erzeugen die für den Haß typische emotionale Intensität. Intensiver Haß ist gewöhnlich die Folge, wenn Distanz und Indifferenz gegenüber dem Objekt einer zutiefst negativen Bewertung unmöglich sind. Zorn tritt in der Regel dann auf, wenn eine positive, normale Kommunikation möglich ist und die Änderung der negativen Taten des Objekts keine radikale Veränderung seiner Identität erfordert.

Zorn und Haß werden oft moralisch kritisiert. Zorn ist aus moralischer Sicht aus mehreren Gründen akzeptabler. Erstens beschränkt sich die Negation anderer Menschen beim Zorn auf bestimmte, ungerechtfertigte Handlungen; es handelt sich nicht um eine umfassende, gegen die ganze Persönlichkeit des anderen gerichtete Negation wie beim Haß. Deshalb wird Vergebung eher mit Zorn als mit Haß assoziiert. Zweitens hat der Zorn seine Berechtigung, denn oft wird er als eine Reaktion auf Ungerechtigkeit verstanden. In diesem Sinne scheint der Zorn manchmal eine angemessene Reaktion zu sein, die man sich nicht nehmen lassen sollte. Drittens hat der Zorn einen höheren funktionalen Wert als der Haß. Dieser ist eine weniger angemessene Reaktion mit weniger nützlichen Ergebnissen. Viertens beruht der Zorn wegen seiner spontanen Natur weniger auf intellektuellen Erwägungen und ist schwerer zu kontrollieren. Daher wird nur der Zorn, nicht aber der Haß bei kriminellem Verhalten vor Gericht als mildernder Umstand akzeptiert.

Ekel

Ich mag keinen Broccoli. Und ich mochte ihn nicht, seit ich klein war und meine Mutter mich zwang, ihn zu essen. Und ich bin Präsident der Vereinigten Staaten, und ich werde keinen Broccoli mehr essen.
George Bush

Ekel oder Abscheu ist die häufigste Emotion in der Gruppe der emotionalen Haltungen, die eine Ablehnung des Objekts zum Ausdruck bringen. Das grundlegende Bewertungsmuster dieser Gruppe wie auch der gegenteiligen Gruppe, die ein Hingezogensein zum Objekt zum Ausdruck bringt, ist die Attraktivität des Objekts. Der Ekel stellt eine der ursprünglichsten und spontansten emotionalen Reaktionen dar und wird deshalb oft mit einem Wahrnehmungsmodus wie dem Sehen, dem Riechen, dem Schmecken und dem Berühren in Verbindung gebracht.

Der Ekel ist eine starke Form der Aversion gegen etwas, von

dem eine mögliche Ansteckung, Vergiftung oder Verunreinigung ausgeht, sei es physisch im Sinne einer körperlichen Infektion, sei es symbolisch im Sinne der Verletzung der Grenzen unseres Selbst. Die ursprüngliche Funktion des Ekels hatte mit einer realen physischen Vergiftungsgefahr, speziell mit der Nahrungsmittelvergiftung zu tun; deshalb wird der Ekel vor allem durch Essen und Schmecken hervorgerufen. Beim Menschen entwickelte sich daraus eine Reaktion nicht nur auf eine mögliche Verunreinigung von Nahrungsmitteln, sondern auf sämtliche Arten von Verunreinigung einschließlich der mentalen und moralischen Verunreinigung. Die mit dem Ekel verbundene Vorstellung von Verunreinigung oder Ansteckung verlangt zwischen Schein und Realität zu trennen. Die Furcht vor Anstekkung wird gesteigert durch Ähnlichkeit, genauer gesagt, durch die Ansicht, daß Dinge, die einander äußerlich ähneln, auch in einem tieferen Sinne ähnlich sind. Demgemäß werden Dinge, die wie etwas Ekelhaftes aussehen, von denen wir aber wissen, daß sie es nicht sind, oft als ekelerregend betrachtet.

Der körperliche Ekel kann sich auf einige Kategorien von Objekten beziehen. Paul Rozin schlägt die folgenden Kategorien vor:

- Nahrung – Sie finden in Ihrem Saft eine tote Schabe (die meisten sind nicht bereit, ihren Lieblingssaft zu trinken, wenn eine tote Schabe in ihr Glas getan wurde, auch wenn diese zuvor sterilisiert worden ist).
- Körperliche Ausscheidungen – Sie finden in einer öffentlichen Toilette in der ungespülten Toilettenschüssel Stuhlgang vor.
- Verletzungen der Körperhülle – Sie beobachten, wie sich jemand versehentlich einen Angelhaken durch den Finger steckt.

- Hygiene – Sie entdecken, daß ein Freund von Ihnen nur einmal wöchentlich die Unterwäsche wechselt.
- Tiere – Sie gehen barfuß auf Beton und treten auf einen Regenwurm.
- Tod – die Lieblingskatze Ihrer Freundin stirbt, und Sie müssen den Kadaver mit bloßen Händen aufheben.[9]

Es gibt einen Zusammenhang zwischen den Dingen, die Ekel erregen; wer sich leicht vor Essen ekelt, regt sich auch mehr über Inzest, Ratten und Amputationen auf. Hinter diesen Kategorien steckt offensichtlich die Vorstellung der Ansteckung, speziell die des offensiven und infektiösen Eindringens in unseren Körper. Für das Eindringen kommt alles in Frage: der Mund, Nase, die Haut oder die Augen. In der letzten Kategorie, der des Todes, spielt auch die seelische Ansteckung eine Rolle. Der Tod ist von besonderer Bedeutung, kann er doch sowohl die körperliche Ansteckung bedeuten, durch die Krankheiten verbreitet werden, als auch die psychische Infektion unserer ganzen Existenz. Wir Menschen sind die einzigen Tiere, die wissen, daß sie sterben müssen, und die vollständige Kenntnisnahme von dieser Bedrohung verdrängen müssen. Der Ekel fungiert hier als eine Zurückweisung von Gedanken oder Erfahrungen, die uns an die Sterblichkeit des Menschen erinnern könnten.[10]

Beispiele für die symbolischere Art von Ekel sind verschiedene tabuisierte Formen des Sexualverhaltens, von der Homosexualität über die Pornographie bis zum Inzest. Der menschliche Ekel greift hier über den Schutz vor körperlichen Krankheiten hinaus und erfaßt auch den Schutz vor der eher symbolischen Ansteckung des Selbst. Alles, was von der schmalen Klasse der »normalen« Heterosexualität abweicht, gilt als unnatürlich, inhuman und daher ekelerregend. Der sexuelle Ekel ist die elementarste Form von Ekel innerhalb einer größeren Gruppe und bezieht sich auf moralische Verstöße. Andere Beispiele der Erregung von moralischem Ekel sind rassistisches Verhalten, Menschen, die Bettler bestehlen, und Anwälte, die hinter dem Rettungswagen herjagen, um neue Mandanten zu gewinnen. Nicht alle Formen unmoralischen Verhaltens rufen Ekel hervor, sondern nur solche, die als eindeutig anormal betrachtet werden. So gelten Straftaten mit einem »normalen« menschlichen Motiv wie etwa ein Bankraub zwar als unmoralisch, aber nicht als ekelerregend.

Wenn der Ekel uns vor der Ansteckung schützt, dann zeigt die Lockerung oder Aufhebung der Ekelregeln für eine bestimmte Person an, welche Intimität wir in bezug auf diese Person empfinden. Je mehr wir bereit sind, einige dieser Regeln zu lockern oder aufzuheben, desto intimer ist unser Verhältnis zu dieser Person. Beispiele einer solchen Intimität sind das Windelwechseln und die Pflege eines kranken Familienangehörigen. Indem wir den mit ansteckenden Substanzen verbundenen Ekel überwinden, bringen wir unsere bedingungslose Liebe und Fürsorge für unsere Vertrauten zum Ausdruck. Auch wenn wir einer anderen Person erlauben, uns in einer ekelerregenden, beschämenden oder demütigenden Situation zu sehen, ist das ein Anzeichen dafür, daß wir diese Person zu unseren intimen Vertrauten zählen. Ian Miller unterscheidet zwischen zwei ekelerregenden Situationen, die wir zum einen aufgrund von Intimität, zum anderen aufgrund von Vertraulichkeit überwinden. Letztere, die typisch für Ärzte und Krankenschwestern ist, ist kein Zeichen von freiwillig zugestandener Intimität, sondern führt in vielen Fällen zu Verachtung.[11]

Das emotionale Objekt wird als wenig schmeichelhaft wahrgenommen, weil es abstoßend ist, und nicht, weil es uns persönlichen Schaden zugefügt hätte oder zufügen könnte. Angesichts dessen kann die Rolle persönlicher Erwägungen im Falle von

Ekel als unbedeutend betrachtet werden; die negative Bewertung des Objekts wird dementsprechend weniger auf persönlichen Erwägungen und mehr auf der abstoßenden Natur des Objekts selbst beruhen.

Durch seine große Intensität und seine unverkennbaren mimischen und gestischen Ausdrucksformen vermittelt der Ekel eindeutig unsere abweisende Haltung. Eine solche unmißverständliche Kommunikation ist von höchster Bedeutung, denn das Risiko ist hoch: Eine Ansteckung oder Vergiftung stellt eine ernste Gefahr für unsere Existenz dar. Der Ekel selbst ist wegen der Klarheit seiner Botschaft und des Ernstes der Lage anstekkend; wenn wir jemanden sehen, der angeekelt ist, empfinden nicht selten auch wir Ekel.

Manches, was heute Ekel erregt, galt in anderen Zeiten und anderen Gesellschaften nicht als ekelerregend. In Benimmbüchern aus dem 15. Jahrhundert finden sich Verbote, aus denen wir folgern können, daß damals Dinge üblich waren, die heute unseren Ekel erregen würden. Die Leser wurden ersucht, sich mit der Hand, mit der sie das Fleisch zu halten pflegen, nicht die Nase zu schneuzen, nicht während des Urinierens jemanden zu grüßen und Happen, von denen sie gekostet haben, nicht auf die allgemeine Platte zurückzulegen.[12]

Verachtung

Vertrautheit bringt Verachtung hervor … und Kinder.
Mark Twain

Zu der Gruppe der negativen Emotionen, die sich gegen die ganze Persönlichkeit eines anderen richten, gehört auch die Verachtung. Verachtung drückt die Überlegenheit des Subjekts gegenüber dem Objekt aus. Zwischen Ekel und Verachtung besteht ein wichtiger Unterschied, und er betrifft das grundlegende Bewertungsmuster: Beim Ekel ist es die Attraktivität, bei der Verachtung die Löblichkeit. Im Fall der Verachtung wird der andere als grundlegend minderwertig bewertet; im Falle des Ekels erregt er nur Mißfallen, ohne notwendig minderwertig zu sein. Wie beim Ekel, so steht auch bei der Verachtung eher das Objekt als das Subjekt im Mittelpunkt.

Die mit der Verachtung verbundene Minderwertigkeit muß nicht umfassend sein, sie kann sich auch nur auf einige Aspekte der Eigenschaften der anderen Personen beziehen. Ich kann den Akzent oder das Aussehen eines anderen verachten, aber dennoch seinen insgesamt überlegenen Status anerkennen. Ian Miller behauptet, es gebe eine »Verachtung nach oben«, also eine Verachtung, die Menschen von niederem sozialem Status einem Höhergestellten entgegenbringen. Dazu gehört beispielsweise die Verachtung, die Teenager für Erwachsene, Knechte für Herren, Arbeiter für Vorgesetzte oder Ungebildete für Gebildete empfinden. Zwischen der Verachtung nach unten und der Verachtung nach oben bestehen einige gewichtige Unterschiede: (a) Verachtung nach oben geht seltener mit Ekel einher; (b) im Unterschied zur konventionellen Verachtung ist die Verachtung nach oben sich ihrer Legitimität sicher; (c) im Unterschied zur konventionellen Verachtung geht Verachtung nach oben öfter mit Schadenfreude einher; (d) Verachtung nach oben ist parteiischer als Verachtung nach unten. Verachtung nach oben liegt Miller zufolge nicht nur in Fällen vor, wo der Unterlegene sich gegenüber dem Höhergestellten in gewisser Hinsicht als überlegen betrachtet, sondern auch dort, wo der Unterlegene erkennt, daß der Höhergestellte sich unter dem Niveau befindet, das der Höhere für sich in Anspruch nimmt.[13]

Ein interessanter Fall der Verachtung nach oben ist unsere Haltung zu Anwälten und Politikern. Miller bezeichnet diese Leute als »Handlanger der Moral«, weil sie im Bereich der Moral ähnliche Funktionen erfüllen wie die Müllmänner und die Schlachter im System der Versorgung. »Handlanger der Moral« müssen sich von Berufs wegen mit moralischem Schmutz befassen, aber dennoch empfinden wir eine gewisse Verachtung für sie, weil wir es ihnen zurechnen, daß sie sich so vom moralischen Schmutz angezogen fühlen. Bei diesen Leuten – den Politikern stärker als den Anwälten – stoßen wir häufig auf Laster wie Heuchelei, Verrat, Kriecherei und Grausamkeit. Trotz unserer Verachtung für sie haben sie in unserer Gesellschaft einen hohen Status, der sich in den happigen Vergütungen und der großen Macht äußert, die wir ihnen zugestehen. Diese Vorteile mögen eine Art Ausgleich dafür sein, daß sie als Handlanger der Moral fungieren.[14]

Wie der Haß ist auch die Verachtung eine langfristige Haltung, die allerdings nicht so intensiv ist wie der erstere. Der Unterschied zwischen Haß und Verachtung ist der, daß der Akzent bei der Verachtung auf der Minderwertigkeit der Eigenschaften des Objekts liegt, während der Haß die gefährlichen Taten des Objekts betont. Im Gegensatz zum Haß läßt die Verachtung eine konkurrierende Koexistenz zu.

Der Unterschied zwischen Haß und Verachtung läßt sich verdeutlichen durch den Unterschied zwischen der Haltung der Nazis gegenüber den Juden und der Haltung der Weißen gegenüber den Schwarzen in der Zeit der amerikanischen Sklaverei. Auf die Gefahr einer allzu starken Vereinfachung hin kann man die grundlegende emotionale Haltung der Nazis als Haß und die der Weißen als Verachtung bezeichnen. In Nazideutschland galten die Juden offiziell als unheilbar böse, weshalb man sie unter keinen Umständen überleben lassen durfte; die Schwarzen wurden dagegen nicht in dieser Weise beurteilt. Während des Holocausts war der einzige gute Jude folglich ein toter Jude, wohingegen während der amerikanischen Sklaverei ein guter Schwarzer ein solcher war, der ordentlich seinen Dienst versah. Diese unterschiedliche Haltung äußerte sich darin, daß jüdischen Kleinkindern unterstellt wurde, sie besäßen die gleichen bösen Eigenschaften, die angeblich jüdischen Erwachsenen eigen waren. Dieses Böse galt selbst bei frühzeitiger »Behandlung« als unheilbar. Deshalb wurden jüdische Kleinkinder und Kinder ebenfalls während des Holocaust umgebracht. Das steht in scharfem Kontrast zur Sklaverei, wo es durchaus nicht unüblich war, daß die Kinder der Sklavenbesitzer und die Kinder der Sklaven miteinander spielten.[15]

Interessant ist in diesem Zusammenhang auch die Entstehung des Ku-Klux-Klan. Zwei Tatsachen sind hier von Belang: Der Ku-Klux-Klan trat erst richtig hervor, nachdem man begonnen hatte, den Status der Schwarzen anzugleichen, und das typische Mitglied des Ku-Klux-Klan war arm und einem Mitglied der Oberschicht in fast jeder Hinsicht unterlegen. Die Anhebung des Status der Schwarzen beraubte diese armen Weißen einer Zielscheibe für ihre Verachtung und versetzte sie ans untere Ende der gesellschaftlichen Rangordnung. Deshalb schlug ihre Verachtung in Haß um, ein Wandel, der immer dann eintritt, wenn eine bestehende Überlegenheit gefährdet ist.

10 Die süßesten Emotionen
Romantische Liebe und sexuelles Begehren

Die Liebe ist der Stoff, den die Natur gewebt und die Phantasie bestickt hat.
Voltaire

Man hat die Liebe in allerlei Klassen unterteilt: romantische Liebe, elterliche Liebe, sexuelle Liebe, Freundesliebe, Liebe zur Religion, zu einem Land usw. Es gibt auch die Liebe zum Essen, die George Bernard Shaw für die aufrichtigste Liebe hielt. Nicht alle diese Einstellungen können als Emotionen gelten. Die Liebe zum Essen und die Liebe zum eigenen Land sind keine typischen Emotionen. Die romantische Liebe selbst kann man in verschiedene Phasen unterteilen: die Phase des Sichverliebens, die Phase der Verliebtheit und die Phase der dauerhaften Liebe. Mir geht es hier vor allem darum, typische Fälle von romantischer Liebe und sexuellem Begehren zu beschreiben und die Beziehungen zwischen beidem zu untersuchen. (»Liebe« bezieht sich, wenn nicht anders angegeben, auf die romantische Liebe.) Das Kapitel endet mit einer kurzen Erörterung über die Dankbarkeit.

Grundlegende Bewertungsmuster

Man muß in den Menschen hineinschauen und sie von außen betrachten.
Lord Chesterfield

Ich habe Sex noch nie gemocht. Ich glaube, ich werde ihn nie mögen.
Er scheint einfach das Gegenteil von Liebe zu sein.
Marilyn Monroe

Zu den positiven, auf das Handeln und die Persönlichkeit anderer gerichteten Emotionen gehören im wesentlichen drei: die

Dankbarkeit, das sexuelle Begehren und die Liebe. Das grundlegende Bewertungsmuster der Dankbarkeit ist die Löblichkeit des Handelns des anderen, beim sexuellen Begehren ist es die Attraktivität des anderen, und die Liebe umfaßt sowohl Löblichkeit als auch Attraktivität. Eine ähnliche Struktur findet man bei den negativen Emotionen: Zorn gilt der Löblichkeit des Handelns des anderen, Ekel betrifft die Attraktivität des anderen und Haß sowohl die Löblichkeit als auch die Attraktivität. Was die Frage des spezifischen oder globalen Charakters angeht, besteht zwischen Liebe und Dankbarkeit ein ähnliches Verhältnis wie zwischen Haß und Zorn. Liebe und Haß sind langlebige Haltungen, die sich auf einen anderen Akteur in seiner Gänze beziehen. Doch die romantische Liebe ist spezifischer als der Haß: Sie erfordert ein spezifischeres Wissen und eine persönlichere Beziehung. Dankbarkeit und Zorn sind kurzlebige Zustände, die sich vornehmlich auf spezifische Handlungen eines anderen Akteurs beziehen.

Bei verschiedenen Arten von Liebe sind die beiden grundlegenden Bewertungsmuster von unterschiedlichem Gewicht: In der romantischen Liebe ist Attraktivität bedeutsamer, in der Freundschaft dagegen die Löblichkeit. Auch in verschiedenen Fällen der romantischen Liebe ist das relative Gewicht dieser Bewertungsmuster unterschiedlich.

In Yeats' Gedicht »Für Anne Gregory« möchte eine Frau nicht um der gelben Farbe ihrer Haare willen geliebt werden, die für das Element der Attraktivität steht, sondern um ihrer selbst willen, das heißt um ihrer Taten und ihres Wesens willen. Ein alter Mann sagt ihr, »daß Gott allein, fürwahr, nur deinethalb dich lieben könnt, nicht um dein gelbes Haar«. Eine unattraktive Frau mag sich das Gegenteil wünschen – daß ihr Liebster ihrer Attraktivität mehr Gewicht beimißt als ihren Taten oder ihrer

Weisheit. Diese Frauen haben begriffen, daß wahre romantische Liebe von beiden Bewertungsmustern abhängt, und sie wünschen dies, obwohl sie im Hinblick auf eines der beiden Muster offenkundig im Nachteil sind. Ihr »schwaches« Muster ist für sie Anlaß zu größerer Sorge, weil die positive Bewertung aus der Sicht des anderen Musters überhaupt nicht zweifelhaft ist. Der muskulöse Schauspieler Arnold Schwarzenegger hat einmal bemerkt, daß Frauen (die sich wohl des Wunsches bewußt sind, im Lichte beider Muster positiv bewertet zu werden) ihm immer wieder sagen, sie fühlten sich weniger von seinem Äußeren als vielmehr von seiner Intelligenz angezogen.

Würde eine Frau von ihrem Partner hören: »Du bist ziemlich häßlich, und ich finde dich sexuell nicht anziehend, aber das alles machst du mit deiner glänzenden Intelligenz wett«, so wäre sie gekränkt. Sie wäre aber auch gekränkt, wenn er sagen würde: »Du bist ziemlich dumm, aber dein attraktiver Körper macht alles wett.«

Das relative Gewicht von Löblichkeit und Attraktivität hängt bis zu einem gewissen Grad von persönlichen und sozialen Faktoren ab. So mag sich das relative Gewicht der für die romantische Liebe konstitutiven Bewertungsmuster mit dem Alter verändern, wahrscheinlich in Richtung eines zunehmenden Gewichts der Löblichkeit. Auch kann es von den Umständen abhängen, welches relative Gewicht man diesen Mustern beimißt.

Hier können auch Unterschiede zwischen Männern und Frauen eine Rolle spielen. Man hat beispielsweise gesagt, Männer liebten die Frauen, von denen sie sich angezogen fühlen, während Frauen sich von den Männern angezogen fühlen, die sie lieben. Tatsächlich ist körperliche Attraktivität für die Liebe von Männern bedeutsamer als für die Liebe von Frauen. Das bestätigen kulturübergreifende Untersuchungen in 37 Kulturen. In keiner Kultur wurde beobachtet, daß Frauen mehr Gewicht auf das Aussehen des Partners legen, als es Männer tun. Bestätigt wird dies auch durch eine Untersuchung, in der es darum ging, auf was Männer und Frauen bei ihrer ersten Begegnung ihren ersten Blick richten. Frauen blicken zuerst auf die Augen des Mannes, Männer zuerst auf den Körper der Frau.[1] Der Körper ist von zentraler Bedeutung für die sexuelle Anziehung, während die Augen als der beste Indikator für den Charakter eines Menschen gelten.

Desgleichen wurde behauptet, das Sehen sei das wichtigste, dem sexuellen Begehren zugrunde liegende Sinnesvermögen bei Männern, während bei Frauen das Hören das wichtigste sei. Das Sehen hat mehr mit der körperlichen Attraktivität zu tun, während es beim Hören um eine umfassendere Attraktivität geht, in der dem intellektuellen Aspekt eine große Bedeutung zukommt. Angesichts des unterschiedlichen relativen Gewichts von Attraktivität (die das Sehen rasch erfaßt) und Löblichkeit (die leichter durch das Hören zu erkennen ist) ist unklar, welches Treffen die größeren Erfolgschancen hat. Kurzfristig könnte ein *deaf date* erfolgreicher sein, denn für einen kurzfristigen Partner ist das gute Aussehen wichtiger; auf längere Sicht könnte ein *blind date* größere Erfolgschancen haben, weil unterschiedliche Charaktermerkmale wahrscheinlich eher zutage treten, wenn man mit jemandem spricht. Wenn wir bedenken, daß das emotionale System leichter durch visuelle als durch verbale Reize aktiviert wird, während der Intellekt eher auf verbale Reize anspricht, gelangen wir zu dem Schluß, daß Frauen in dieser Hinsicht intellektueller sind. Männer, die im allgemeinen weniger emotional sind als Frauen, werden anscheinend mehr von emotionalen Aspekten beeinflußt, wenn sie sich verlieben.

In Partnerschaftsanzeigen streichen Frauen am ehesten ihre Schönheit heraus, während Männer eher ihre Ehrlichkeit, Freundschaftlichkeit und finanzielle Sicherheit erwähnen. Der Chef einer Kontaktvermittlung sagt dazu: »Männer schauen nur auf die Bilder, Frauen lesen das Ding wirklich.« Es ist auch kein Wunder, daß die Wahrscheinlichkeit, einen Mann zu bekommen, für die Mädchen einer Highschool mit dem besten Aussehen zehnmal so hoch ist wie für die Mädchen, die am wenigsten gut aussehen, und daß die intelligenteren Mädchen keinen solchen Vorteil haben. Aus einer anderen umfassenden Untersuchung ging vielmehr hervor, daß die Frauen, die nie verheiratet waren, signifikant intelligenter waren als die Frauen, die geheiratet hatten. In einer weiteren Studie wurde festgestellt, daß Männer wie Frauen gutaussehende Partner bevorzugten, wobei Frauen aber auch andere Vorzüge wie Status und Geld berücksichtigten, die für mangelnde äußere Vorzüge entschädigen können. Dies galt nicht für die Bewertungen von Männern: Unattraktive Frauen wurden ungeachtet ihres Status nicht bevorzugt. Einige Untersuchungen zeigen sogar, daß viele Männer eine Ehefrau bevorzugen, die weniger verdient als sie und beruflich einen geringeren Status hat. Das hat aber nichts mit der Attraktivität zu tun, sondern ist damit zu erklären, daß die Männer anderenfalls um ihre Selbstachtung fürchten müßten.[2]

Interessant ist die Feststellung, daß geschlechtsspezifische Unterschiede im Hinblick auf das Verhältnis von Liebe und Sex auch altersabhängig sein können. In einer Befragung von Erwachsenen im Alter von 22 bis 57 Jahren gaben Frauen mit zunehmendem Alter an, ihr Motiv für Geschlechtsverkehr sei eher die körperliche Erregung als die Liebe; bei den Männern war es genau umgekehrt.[3] Möglicherweise werden die anfänglichen Einstellungen zur Rolle der Bewertungsmuster (Attraktivität und Löblichkeit) in intimen Beziehungen im weiteren Verlauf des Lebens als eine Art Idealisierung empfunden, so daß man dann zu einer ausgewogeneren Haltung neigt.

Geschlechtsspezifische Unterschiede bezüglich des Verliebens können, müssen aber nicht mit geschlechtsspezifischen Unterschieden bezüglich der Wahl eines Ehepartners zusammenhängen, da eine solche Wahl oft mehr von intellektuellen als von emotionalen Faktoren abhängt. Mitte der sechziger Jahre wurde in einer Studie ermittelt, daß Männer eher »romantisch« und Frauen eher »realistisch« orientiert sind: 64 Prozent der Männer, aber nur 24 Prozent der Frauen gaben an, nicht eine Person zu heiraten, die alle sonstigen, von ihnen bewunderten Vorzüge besitzt, die sie aber nicht lieben. Als man dieselbe Frage zwanzig Jahre später erneut stellte, waren die Frauen erheblich romantischer geworden und hatten den Abstand zu den Männern verkürzt. Eine gewichtige Erklärung für diesen Wandel ist der Eintritt der Frauen in das Berufsleben. Für ihr wirtschaftliches Überleben weniger auf die Institution Ehe angewiesen, konnten Frauen es sich jetzt »leisten«, aus rein romantischen Beweggründen zu heiraten; dementsprechend können Frauen der Attraktivität mehr Gewicht beimessen.[4]

Die beiden grundlegenden Bewertungsmuster, die bei der Liebe eine Rolle spielen, sind nicht unabhängig voneinander; die Löblichkeit von Leuten hängt in hohem Maße von ihrer Attraktivität ab, und umgekehrt. In diesem Sinne wird derjenige, der auf der Löblichkeitsskala eine hohe Punktzahl erreicht, als attraktiver empfunden. In diesem Sinne erzeugen Leute mit höherem sozialem Status – die Reichen, die Berühmten und die Mächtigen – intensiveres sexuelles Begehren und intensivere Befriedigung. In diesem Sinne fanden italienische Frauen, die man danach befragte, die größere sexuelle Befriedigung bei »mächtigen Männern in gesellschaftlich angesehenen Positionen« – die Chefs sind in ihren Augen besser im Bett.[5]

Noch mehr spricht allerdings für das Gegenteil: Attraktivität beeinflußt erheblich die Bewertung von Intelligenz, Freundlichkeit und Moral. Wir können hier von einem Halo der Attraktivität sprechen: Was schön ist, ist auch gut. Nancy Etcoff erklärt aufgrund umfangreicher Untersuchungen, daß die meisten zwar sagen würden, sie glaubten nicht mehr, daß, »was schön ist, auch gut ist«, daß sich aber dennoch eine Vorzugsbehandlung schöner Menschen ebenso wie eine Diskriminierung unattraktiver Menschen ganz leicht beweisen läßt. Etcoff behauptet, daß schöne Menschen vom Kleinkind- bis zum Erwachsenenalter bevorzugt behandelt und positiver beurteilt werden: Sie finden leichter Sexualpartner, werden vor Gericht eher Nachsicht finden und Fremde leichter zur Kooperation bewegen. Häßlichkeit ist entsprechend mit größeren sozialen Benachteiligungen und Diskriminierung verbunden.[6] Attraktiven Menschen werden gesellschaftlich löblichere Persönlichkeitsmerkmale zugeschrieben als unattraktiven Menschen. Man glaubt, daß sie ehrlicher sind, angesehenere Positionen bekleiden, eine glückliche Ehe führen, ein erfüllenderes gesellschaftliches und berufliches Leben genießen, besser im Bett und gesünder sind. Eine wichtige Ausnahme macht hier das Attribut Elternschaft: Attraktive Menschen gelten als schlechtere Eltern als durchschnittliche oder unattraktive Menschen. Eine andere Studie ergab, daß Mütter von attraktiveren Neugeborenen gegenüber Müttern von weniger attraktiven Neugeborenen das Baby länger an sich drücken, es öfter berühren und tätscheln, ihm länger in die Augen schauen und öfter mit ihm vokalisieren. Für eine schöne Frau sind Männer eher bereit als für eine weniger attraktive Frau, sich auf altruistische und waghalsige Taten einzulassen, zum Beispiel Möbel rücken, Blut spenden, eine Niere spenden, sogar ihr Leben aufs Spiel zu setzen. Das einzige, wovor sie offenbar zurückscheuen, war, ihr Geld zu leihen. Offenbar sehen wir zwischen Schönheit und moralischen Tugenden keinen engen Zusammenhang. Gutaussehende Menschen werden dennoch seltener um Hilfe gebeten.[7] Einer Studie zufolge haben attraktive Frauen auf die Meinung eines männlichen Publikums einen stärkeren Einfluß als unattraktive Frauen. In westlichen Kulturen verdienen hochgewachsene Männer mehr Geld und werden früher und häufiger befördert. Kaum ein amerikanischer Präsident war kleiner als 1,80 Meter, und fast alle amerikanischen Präsidenten des 20. Jahrhunderts waren größer als der jeweilige Kandidat der anderen Partei. Angesichts dieser Fakten ist behauptet worden, daß unattraktive Menschen und besonders Frauen bei Stellenbewerbungen diskriminiert werden. Eine solche Diskriminierung ist sogar bei der Justiz zu beobachten: Attraktive Kriminelle erhalten leichtere Gefängnisstrafen; Verdächtige mit häßlichen Zügen haben es schwerer, ihre Unschuld zu beweisen, und werden, wenn sie für schuldig befunden werden, härter bestraft. Es hat deshalb auch schon eine Forderung nach »Gleichheit für die Häßlichen« gegeben.[8]

Die romantische Liebe könnte neben den Mustern der Löblichkeit und der Attraktivität noch das Muster der Begehrtheit enthalten. Die Belohnungen, die man erhält, wenn man einen attraktiven Partner hat, lassen sich mit denen vergleichen, die man unter Umständen erhält, wenn man ein neues Auto hat. Begehrtheit im Sinne eines höheren sozialen Status ist ein wichtiges Kriterium zur Beurteilung des Wertes eines attraktiven Partners oder eines neuen Autos. Dieser Konkurrenzaspekt ist typisch für Emotionen, deren zentrales Bewertungsmuster die Begehrtheit ist. Mit einer attraktiven Frau haben Männer vielfach das Gefühl, als hätten sie andere im Wettkampf um einen besseren sozialen Status überrundet; daher gilt eine solche Frau als »Trophäenfrau«. Im allgemeinen ist es für den Status eines Mannes förderlicher als für den einer Frau, einen attraktiven Partner zu gewinnen.[9]

Was die Bestimmung der Bewertungsstruktur der romantischen Liebe zusätzlich erschwert, ist der Umstand, daß die Erhaltung der Liebe anscheinend mehr erfordert als die bloße Wiederholung der Variablen, mit denen sie begann, und auch mehr als die bloße Abwesenheit der Variablen, die sich mit ihrem Scheitern verbinden. Einer kurzlebigen Emotion liegen andere Variablen zugrunde als dem entsprechenden langfristigen Sentiment. Wenn die Liebe noch eine heftige Emotion ist, besteht sie vor allem darin, sich unentwegt anzustarren, wenn sie sich in ein Sentiment verwandelt hat, besteht sie im wesentlichen darin, gemeinsam in die gleiche Richtung zu blicken.

Was das sexuelle Begehren angeht, so betrachten manche es gar nicht als eine Emotion, sondern als etwas anderes, beispielsweise als einen biologischen Trieb wie Hunger und Durst.[10] Ich bin anderer Meinung. Wenn wir alle grundlegenden Merkmale und Komponenten typischer Emotionen berücksichtigen, erkennen wir, daß das sexuelle Begehren eine ganz typische Emotion ist. Die Merkmale Instabilität, große Intensität, kurze Dauer und Selektivität sind vorhanden. Das gilt auch für die vier grundlegenden emotionalen Komponenten, also Kognition, Evaluation, Motivation und Gefühl. Für das Entstehen des sexuellen Begehrens spielt die Veränderung eine ganz wesentliche Rolle. Das zentrale Anliegen beim sexuellen Begehren ist ohne Zweifel ein persönliches Anliegen, aber weil es außerdem eine wichtige evolutionäre Funktion erfüllt, ist der komparative Aspekt hier von geringerer Bedeutung.

Das grundlegende Bewertungsmuster des sexuellen Begehrens ist Attraktivität. Das heißt nicht, daß die Löblichkeit gar keine Rolle spielt, nur ist sie weit weniger bedeutsam. Die Löblichkeit des Charakters und der Taten des anderen leitet sich beim sexuellen Begehren oft von dessen Attraktivität ab. Die intentionalen Fähigkeiten sind beim sexuellen Begehren primitiver als bei der romantischen Liebe. Das sexuelle Begehren ist eine einfachere, weitgehend auf Gefühlen und einer nicht deliberativen Bewertung beruhende Haltung, während die romantische Liebe oft sowohl deliberative (darunter auch intellektuelle) als auch spontane Bewertungen umfaßt. Das sexuelle Begehren beruht weitgehend auf verschiedenerlei Wahrnehmungen, während die Liebe auch Fähigkeiten wie das Denken und Erinnern umfaßt, die für die Einschätzung des Objekts bedeutsam sind. Außerdem ist das sexuelle Begehren auf einige äußere Teile des Körpers des anderen fokussiert, die augenblicklich von der sinnlichen Wahrnehmung erfaßt werden können. Spontane Bewertungen sind beim sexuellen Begehren dominanter als bei der romantischen Liebe, da die Attraktivität, das grundlegende Bewertungsmuster des sexuellen Begehrens, spontaner ist als das Muster der Löblichkeit, das bei der Liebe zur Attraktivität hinzukommt.

Die komplexere Natur der Liebe erfordert weit größeres persönliches Engagement als das sexuelle Begehren. Deshalb ist das Zerbrechen einer auf Liebe basierenden Beziehung schmerzlicher als das Zerbrechen einer bloßen sexuellen Affäre. Es mag an der primitiveren und spontaneren Natur des sexuellen Begehrens liegen, wenn wir die Entdeckung, daß unser Partner eine sexuelle Affäre hat, als weniger verstörend empfinden als die Entdeckung, daß er eine Liebesaffäre hat. Die Liebe kann man nicht als ein flüchtiges, unkontrollierbares Gefühl abtun, weil sich in ihr unsere innersten Einstellungen äußern. Wegen seiner

Primitivität kann das sexuelle Begehren leichter künstlich ausgelöst oder beendet werden. Die Liebe als eine weit profundere Haltung steht weder auf Abruf zur Verfügung, noch läßt sie sich nach Belieben beenden.[11]

Das sexuelle Begehren ist im Gegensatz zur Liebe oft eine mühelose, keinerlei erworbene Eigenschaften verlangende Erfahrung. Das liegt an der spontaneren Natur des sexuellen Begehrens. Sexuelles Begehren wird sich regen, sobald bestimmte Normen erfüllt sind, die von Jahrmillionen der menschlichen Evolution geformt wurden und allen Menschen gemeinsam sind; daneben gibt es eher kulturgebundene Normen. Zu den universaleren Normen gehören zum Beispiel volle Lippen, klare Haut, glatte Haut, klare Augen, glänzendes Haar und ein guter Muskeltonus. Anscheinend haben Weiße und Schwarze ähnliche Normen für das Gesicht, aber unterschiedliche Normen für den Körper. Die Situation ist allerdings komplizierter, selbst wenn wir uns nur auf die Körperform beschränken. Die körperliche Attraktivität der Frau wird von Kultur zu Kultur unterschiedlich beurteilt; hier wird eine helle, dort eine dunkle Haut bevorzugt, hier ein schlanker, dort ein rundlicher Körperbau. Überall bevorzugt man jedoch ein bestimmtes Verhältnis zwischen Taillen- und Hüftumfang: Es liegt bei 0,70. Männer bevorzugten Frauen mit diesem Taille-Hüft-Verhältnis unabhängig davon, ob sie schlank oder dick sind. Man hat sogar behauptet, dieses Verhältnis sei ein sicheres Anzeichen langfristiger Gesundheit.[12]

Aus der spontanen Natur des sexuellen Begehrens folgt nicht, daß es nicht durch Lernen und soziale Normen beeinflußt werden kann. Manches spricht für das Gegenteil. Durch die weltweite Verbreitung amerikanischer und europäischer Filme und Fernsehserien sind die Idealvorstellungen von sexueller Attraktivität stärker standardisiert worden. Schwarze und weiße Männer, die gebeten wurden, die Attraktivität von Frauen aus beiden Rassen anhand von Fotos zu bewerten, zeigten allesamt eine klare Präferenz für weiße Mädchen. Offenbar ändern sich die Schönheitsvorstellungen in orientalischen und afrikanischen Ländern in Richtung auf westliche Normen.[13] Inzwischen scheint sich aber auch der gegenteilige Trend durchzusetzen: In westlichen Ländern finden orientalische und afrikanische Schönheitsvorstellungen zunehmend Anklang.

Es gibt keine klare Abgrenzung zwischen romantischer Liebe und sexuellem Begehren. Gewöhnlich ist das letztere ein wesentlicher Bestandteil der ersteren. Wegen des engen Zusammenhangs zwischen romantischer Liebe und sexuellem Begehren können wir zum Sex kein so unromantisches Verhältnis haben wie zum Essen, was jedoch nicht ausschließt, daß sexuelles Begehren in manchen Fällen nichts mit romantischer Liebe zu tun hat. Umgekehrt kann die romantische Liebe auch ohne sexuelles Begehren auf anderen Arten von Attraktion beruhen. Die meisten denken, daß Liebe und Sex sich voneinander trennen lassen, würden es aber vorziehen, beides zusammen zu haben. Die Bedeutung der Sexualität für die romantische Liebe zeigt sich auch darin, daß die meisten ein sexuelles Verhältnis zwischen ihrem Partner und einem Rivalen als bedrohlicher für ihre Liebesbeziehung empfinden als ein hochgradig intimes Verhältnis nichtsexueller Art zwischen ihrem Partner und einem Rivalen. In anderen Formen von Liebe ist die Trennung zwischen Liebe und sexuellem Begehren evidenter.[14]

Es gibt in diesem Punkt geschlechtsspezifische Unterschiede: Männer neigen dazu, Sex und Liebe voneinander zu trennen, während Frauen zu der Ansicht neigen, daß Liebe und Sex zusammengehören. So erzeugen erotische Bilder bei Männern eine stärkere Erregung als bei Frauen, während Bilder von romantischen Paaren bei Frauen eine stärkere Erregung erzeugen als bei Männern. Außereheliche Beziehungen sind bei Frauen eher liebesorientiert und bei Männern eher lustorientiert. Daher hat man behauptet, eine Ehefrau begehe im allgemeinen nur dann Ehebruch, wenn sie gefühlsmäßig stark involviert sei.[15]

Liebe auf den ersten Blick

Erinnerst du dich noch an unser erstes Treffen? An dem Tag wußte ich, daß es mich getroffen hat.
Phil Phillips

Über die »Liebe auf den ersten Blick« haben wir schon viele wunderbare Geschichten gehört. In vielen Büchern und Filmen wird dieses Phänomen idealisiert. Für manche ist die Liebe auf den ersten Blick die einzige Form wahrer Liebe. So heißt es in Shakespeares *Was ihr wollt*: »Wer liebt, liebt auf den ersten Blick.« Israel Zangwill kam zu dem gleichen Schluß, meinte es aber ironisch: »Die einzig wahre Liebe ist Liebe auf den ersten Blick; der zweite Blick vertreibt sie.«

Die Liebe auf den ersten Blick wird in unserer Kultur verherrlicht, aber sie ist nicht leicht zu erklären. Wie läßt es sich erklären, daß wir uns mit einem einzigen raschen Blick innig verlieben können? Wie kann ein solcher Blick uns zu der Ansicht bewegen, daß wir den Rest unseres Lebens in den Armen eines Fremden verbringen möchten, den wir soeben zum ersten Mal gesehen haben? Attraktivität allein vermag die Liebe nicht aufrechtzuerhalten; dazu bedarf es auch der Löblichkeit. Die Löblichkeit beruht aber auf Eigenschaften wie Freundlichkeit, Ehrlichkeit und Humor, die sich nicht auf einen Blick offenbaren. Sie zu erkennen setzt Vertrautheit und eine gemeinsame Geschichte voraus, die auf den ersten Blick eindeutig nicht zu haben sind. Manche bestreiten deshalb, daß es Liebe auf den ersten Blick gibt, weil das, was als »Liebe auf den ersten Blick« bezeichnet wird, ein Widerspruch in sich ist.[16]

Oft wird Liebe auf den ersten Blick mit sexuellem Begehren auf den ersten Blick verwechselt, aber echte Fälle von Liebe auf den ersten Blick gibt es gleichwohl. Viele berichten von solchen Fällen, und statt sie in Frage zu stellen, sollten wir lieber versuchen, sie zu erklären. Wir haben zu erklären, wie Liebe auf den ersten Blick möglich ist, obwohl wir so gut wie nichts über die geliebte Person wissen.

Wer die Liebe auf den ersten Blick bestreitet, erliegt einem fundamentalen Irrtum, den er unterstellt, daß es nicht möglich sei, einer Person Eigenschaften zuzuschreiben, die im Moment nicht zu beobachten sind. Löblichkeit kann auch spontan bewertet werden. Wenn wir zum Beispiel ein bestimmtes Schema von einer idealen Person haben und jemanden treffen, der dieses Schema aktiviert, dann treffen wir spontan die Bewertung, daß diese Person löbliche Eigenschaften hat. Bewertungen werden nämlich schneller getroffen, wenn ein beobachteter Wert sich mit den Erwartungen deckt. Um ein Schema zu aktivieren, muß nicht jeder einzelne Aspekt stimmen – oft reichen einige Aspekte aus. Manchmal genügen scheinbar bedeutungslose Einzelheiten wie ein Geschäftsanzug, ein Arztkittel, ein gewisses Lächeln oder eine bestimmte Stimme, um bei jemandem das Schema einer attraktiven Person zu aktivieren. Diese Überlegungen decken sich mit dem schon erwähnten »Halo der Attraktivität«, demgemäß das, was schön ist, auch als gut bewertet wird. Attraktive Menschen, die hauptsächlich nach ihrem Aussehen bewertet werden, haben folglich eine gute Chance, Objekt der Liebe auf den ersten Blick zu sein. Solche Menschen haben in dem Bemühen, geliebt zu werden, das erste Hindernis gewissermaßen schon hinter sich.[17]

Im emotionalen Bereich ist die Spontaneität der Bewertungen, die der Liebe auf den ersten Blick zugrunde liegen, keine Ausnahme, sondern eher die Regel. Emotionen sind ja eine unmittelbare Reaktion auf eine neuartige Situation, und entsprechend scheint die Liebe auf den ersten Blick sogar natürlicher zu sein als die anhaltende Liebe. »Die Liebe auf den ersten Blick ist leicht zu verstehen«, hat einmal jemand bemerkt, »aber wie erklärt man sich die Liebe, nachdem zwei Leute sich jahrelang gesehen haben?«

Der stereotype Charakter der Liebe auf den ersten Blick führt oft in die Irre. Es kann durchaus passieren, daß wir eine Eigenschaft schätzen, die gar nicht vorhanden ist. In dem Fall stimmt die folgende Bemerkung: »Liebe auf den ersten Blick ist eigentlich nur zu einem geringen Teil Blick und zu einem sehr viel größeren Teil Phantasie.«[18] Daß die Liebe auf den ersten Blick auf Täuschung beruhen kann, heißt jedoch nicht, daß das Erleben des Subjekts kein wirklicher Fall von Liebe sei.

»Wer liebt, liebt auf den ersten Blick«, sagt Shakespeare. Diese Ansicht möchte ich mir nicht zu eigen machen. Liebe kann sich im Laufe der Zeit entwickeln. Wir können Eigenschaften entdecken, die wir über alles schätzen und die auf den ersten Blick nicht zu erkennen waren. Wir können zu einer anderen Einschätzung von Eigenschaften gelangen, die zwar erkennbar waren, aber nicht hinreichend positiv, um Liebe in uns zu wekken. Es ist also möglich, daß wir uns in einen Menschen verlieben, nachdem wir ihn besser kennengelernt haben. Wir sollten aber nicht in das andere Extrem verfallen, die Existenz der Liebe auf den ersten Blick zu leugnen. Es hat allerdings den Anschein, als sei Liebe auf den ersten Blick in Kunstwerken häufiger anzutreffen als in der Realität.

Ist Liebe blind?

Liebe ist nicht blind – sie sieht mehr und nicht weniger, aber weil sie mehr sieht, ist sie bereit, weniger zu sehen.
Will Moss

Liebe ist blind, und die Ehe ist die Blindenanstalt.
James Graham

Liebende sind oft blind für die negativen Eigenschaften der geliebten Person und neigen dazu, sich ein idealisiertes Bild von ihr zu machen. Das gilt besonders für Liebende auf den ersten Blick. Oft erleben wir das idealisierte Objekt mehr als das reale. Männer scheinen Frauen mehr zu idealisieren als umgekehrt. So ergab eine Untersuchung von Liebesliedern, daß Frauen häufiger als Männer als »himmlisch« oder als »Engel« besungen werden.[19] Die Idealisierung der geliebten Person beruht auch auf unserer Neigung, das, was wir begehren, positiv zu bewerten. Die Idealisierung der geliebten Person kann auch als eine Art Abwehrmechanismus betrachtet werden, der es uns ermöglicht, unsere zum Teil willkürliche Wahl zu rechtfertigen. Einen ähnlichen Abwehrmechanismus finden wir bei Leuten, die sich ein neues Auto gekauft haben und anschließend ausgiebig die Werbung für diesen Wagen studieren, aber die Werbung für andere Autos, die sie auch hätten gekauft haben können, geflissentlich meiden.[20]

Die Idealisierung der geliebten Person findet man eher bei der Liebe auf den ersten Blick und in den ersten Phasen der Liebe, wenn die spontane Bewertung auf der Grundlage geringer Informationen eine wichtige Rolle spielt. Später tritt an die Stelle dieser anfänglichen Unkenntnis ein realistischeres Bild aufgrund ausführlicherer Informationen. Wir können sagen, daß Liebende nicht völlig blind sind, ihr Blick aber häufig ein wenig getrübt ist.[21]

Grundlage der romantischen Liebe ist eine positive Bewertung von einer oder einigen wenigen Eigenschaften der geliebten Person. An sie knüpft eine umfassende Bewertung an, die die positive Bewertung auf andere Eigenschaften überträgt. Daß nur einigen Eigenschaften der geliebten Person ein besonderes Gewicht beigemessen wird, bedeutet nicht, daß der Liebende die Realität verzerrt oder völlig blind für die Fehler der geliebten Person ist; er hält bloß diese Fehler für nicht bedeutsam oder hält sie bisweilen sogar für reizend. Der der Liebe (und anderen Emotionen) zugrunde liegende Mechanismus bewertet nicht nur die Eigenschaften des Objekts als gut oder schlecht, sondern mißt außerdem jeder Eigenschaft ein relatives Gewicht bei. Dieses relative Gewicht ist Ausdruck der Bedeutung, die wir den einzelnen Eigenschaften beimessen, und bestimmt den Charakter der emotionalen Erfahrung. So kann eine Frau sagen, daß sie ihren Partner noch genauso attraktiv findet wie einst, als sie sich in ihn verliebte, daß dies für sie aber keine Rolle mehr spielt, weil seine anderen (negativen) Eigenschaften ein so großes Gewicht bekommen haben, daß sie ihn nicht mehr liebt oder unter Umständen sogar haßt.[22]

Kann Liebe ersetzbar und nichtexklusiv sein?

When I fall in love
It will be for ever
Or I will never fall in love.
The Lettermen

Eine wichtige Frage bei der Charakterisierung der Liebe und des sexuellen Begehrens ist, ob ihre Objekte ersetzbar oder nichtexklusiv sind. »Ersetzbar« wird hier im diachronischen Sinne benutzt und bedeutet, daß das Objekt nach einer gewissen Zeit ersetzt wird; »nichtexklusiv« wird im synchronischen Sinne benutzt und bedeutet, gleichzeitig mehrere Objekte zu haben.

Daß sexuelles Begehren sowohl ersetzbar als auch nichtexklusiv ist, liegt auf der Hand. Wir fühlen uns im Laufe unseres Lebens von verschiedenen Menschen sexuell angezogen, und wir können uns auch gleichzeitig von mehreren Menschen angezogen fühlen. Es gibt in dieser Hinsicht geschlechtsspezifische Unterschiede: Männer wünschen mehr Sexualpartner zu haben als Frauen. Eine zentrale sexuelle Phantasie von Männern besteht darin, sexuellen Zugang zu Dutzenden von kessen, schönen Frauen zu haben, die begierig reagieren. Bei Frauen kommen sexuelle Phantasien nur halb so oft vor, und oft drehen sie sich um bekannte Partner. Eine Untersuchung unter Collegestudenten ergab, daß die Männer sich im Laufe ihres Lebens achtzehn Sexualpartner wünschten, die Frauen dagegen nur vier oder fünf. In einer anderen Studie wurde den Befragten das folgende Szenario vorgelegt: »Stellen Sie sich vor, daß eine attraktive Person vom anderen Geschlecht an Sie herantritt und sagt: ›Hallo, Sie sind mir in der letzten Zeit aufgefallen, und ich finde Sie sehr attraktiv. Möchten Sie mit mir ins Bett gehen?‹« Die befragten

Frauen sagten zu 100 Prozent nein, und von den Männern sagten 75 Prozent ja.[23]

Die Nichtersetzbarkeit der romantischen Liebe ist schwer zu akzeptieren. Wir würden zwar nicht jede Liebesaffäre als wahre romantische Liebe bezeichnen, aber es spricht nichts dafür, daß wir nur einmal im Leben wahre Liebe empfinden können. Die Liebe Romeos zu Julia, die oft als das Ideal der romantischen Liebe hingestellt wird, war nicht seine erste Passion. Er ist noch ganz im Banne von Rosaline, als er Julia erblickt, sein Begehren augenblicklich auf sie überträgt und sich in sie verliebt.[24] Nichts spricht dafür, daß man nicht einen neuen, passenderen Partner findet. Adam und Eva sind schließlich die beiden einzigen, die wirklich füreinander geschaffen waren. Die Ersetzbarkeit der geliebten Person bedeutet nicht, daß es nicht auch Fälle gibt, in denen man sein ganzes Leben lang nur eine wahre Liebe erlebt. Wenn es in dem populären Songtext heißt: »*true love can never die*« – wahre Liebe kann niemals sterben –, so ist das nicht ganz falsch, aber genauer, wenn auch weniger romantisch, müßte es wohl heißen: »*true love may never die*« – die wahre Liebe möge niemals sterben.

Die Ersetzbarkeit der Liebe bedeutet nicht, daß man Regeln der Demokratie in der Liebe einführen sollte oder daß man die Liebe wie Bettwäsche betrachten sollte: je öfter gewechselt, um so angenehmer. Diejenigen, die rasch ihre Partner ersetzen, sind oft nicht imstande, Liebesbeziehungen aufzubauen. Viele sind süchtig nach destruktiven Liebesbeziehungen, und sosehr sie sich auch anstrengen, erreichen sie nicht die Stabilität und Wärme von gesunden, liebevollen Beziehungen.

Romantische Liebe ist ersetzbar, wenn auch nicht im gleichen Maße wie das sexuelle Begehren. Für das Ersetzen eines Partners gibt es mehrere Gründe: Man kennt seinen Partner besser und erkennt, daß er nicht so wertvoll ist wie zuvor angenommen, man findet jemanden, der einen höheren emotionalen Wert für uns hat, oder man wechselt seine Bewertungsmuster.

Die Anthropologin Helen Fisher behauptet, daß die Liebe nach ungefähr vier Jahren erlischt. In primitiven Völkern lebende Paare blieben also gerade lange genug zusammen, um ein Kind aufzuziehen, bis es aus dem Gröbsten heraus war, und dann suchte sich jeder einen neuen Partner, und das Ganze fing wieder von vorne an. Dazu paßt es, daß die Scheidungsrate in den meisten Kulturen um das vierte Ehejahr herum ihren Höhepunkt erreicht. Wenn weitere Kinder da sind, helfen sie, die Paare länger zusammenzuhalten.[25]

Die Behauptung, die romantische Liebe sei nicht exklusiv, man könne also gleichzeitig mehrere Objekte lieben, ist nicht so einleuchtend wie die Behauptung, die Liebe sei ersetzbar. Offenbar erfüllt die Exklusivität einige wichtige Funktionen in der Liebe, zum Beispiel die, für großes Vertrauen in die Vaterschaft zu sorgen und die gegenseitige Bindung zu festigen. Da die romantische Liebe viele Ressourcen wie Zeit und Aufmerksamkeit erfordert, ist es ratsam, die Zahl ihrer Objekte zu begrenzen. Man hat nicht genügend freie Zeit und Aufmerksamkeit, ganz zu schweigen von der sexuellen Energie, um gleichzeitig viele Menschen zu lieben. Es ist jedoch kein Widerspruch in sich, zu sagen, daß man in mehr als eine Person verliebt sein kann. Das gilt um so mehr, wenn die wenigen Menschen, in die man verliebt ist, sich beträchtlich voneinander unterscheiden, so daß der Vergleich keine große Rolle spielt. Weniger als 5 Prozent aller Säugetierarten bilden Paare, die einander rigoros treu sind. Das menschliche Muster war Monogamie mit heimlichem Ehebruch. Selbst diejenigen, die für die exklusive Natur der Liebe plädieren, sind zumeist nicht immun gegen romantische Versuchungen. Wenn man solchen Versuchungen widersteht, beruht das auf Erwägungen, die der Emotion der Liebe selbst äußerlich sind.[26]

Wie bei anderen Emotionen auch, verringert die Wiederholung die emotionale Intensität, da sie auch das wichtige Element der Veränderung reduziert. Insofern ist es zweifelhaft, ob strikte Exklusivität eine notwendige Bedingung für romantische Liebe ist. Sie ist zum Beispiel keine notwendige Bedingung für elterliche Liebe. Die elterliche Liebe ist weniger ersetzbar als die romantische Liebe – die Liebe der Eltern zu ihren Kindern bleibt gewöhnlich erhalten, solange sie leben. Außerdem ist sie weniger exklusiv als die romantische Liebe – die Zahl der Kinder, die ein Elternteil lieben kann, ist größer als die Zahl derjenigen, die man romantisch lieben kann. Man sollte jedoch beachten, daß es in beiden Fällen eine Grenze für die Zahl der intimen Beziehungen gibt, die man jeweils unterhalten kann, ohne daß die Qualität der einzelnen Beziehungen darunter leidet.

Das sexuelle Begehren, das in der Regel eine wichtige Komponente der romantischen Liebe ist, ist ein gewichtiger Faktor gegen die Tendenz, aus der romantischen Liebe eine exklusive und nicht ersetzbare Angelegenheit zu machen. Interessant ist in diesem Zusammenhang die Tatsache, daß viele Menschen, die außereheliche Affären haben, ihre Ehe dennoch als glücklich bezeichnen und sexuell mit ihren Partnern zufrieden sind (dies gilt besonders für Männer).[27] Das sexuelle Begehren nach jemand anderem ist nicht unbedingt ein Zeichen eines Mangels im Verhältnis zum eigenen Partner. Es ist nicht immer so, daß die Person, mit der man sein Leben zu teilen beschließt, und die Person, von der man sich die größte sexuelle Befriedigung verspricht, identisch sind.

Man muß das Verhältnis zwischen romantischer Liebe und sexuelle Begehren kennen, um außereheliche Affären zu verstehen. Eine außereheliche Affäre schließt zwar in der Regel eine sexuelle Beziehung ein, aber es gibt auch außereheliche Beziehungen ohne Sex: Man verbringt privat einen Abend miteinander, geht ins Kino, geht zusammen essen in einem lauschigen Restaurant, tanzt zusammen und dergleichen mehr. Manche dieser nichtsexuellen außerehelichen Erlebnisse gelten im Gegensatz zu sexuellen außerehelichen Erlebnissen als sozial akzeptabel. In der psychologischen Beratung wird außerehelicher Sex in der Regel nicht gebilligt. Wie Stanton Peele vermerkt, hat die beliebte, liberale Fernseh-Sexberaterin Dr. Ruth Westheimer, die dreimal verheiratet war, außerehelichen Sex für tabu erklärt, während sie Praktiken wie den flotten Dreier und Sex mit aufblasbaren Puppen für in Ordnung befindet. Nach dieser Vorstellung ist es möglich, daß Partner miteinander Schluß machen, weil sie einander zu sehr lieben, um auch nur eine einzige Untreue sei es bei sich selbst, sei es bei ihrem Partner zu ertragen. Peele findet es seltsam, daß Menschen anders als in früheren Zeiten die Scheidung und das Verlassenwerden hinnehmen, sich jedoch kaum vorzustellen vermögen, daß sie in der Lage sein könnten, mit mehr als einer Person zusammenzusein.[28] Peeles Zweifel sind einleuchtend, denn es ist nicht einzusehen, warum man Sex mit aufblasbaren Puppen dem Sex mit einem anderen Menschen, der zufällig nicht der eigene Partner ist, vorziehen sollte.

Wir können unterscheiden zwischen den Bedingungen für das Entstehen von Liebe und der Liebe selbst. Diese Bedingungen zielen darauf, die Zahl der Objekte der Liebe zu beschränken und sie exklusiv zu halten, doch die Liebe selbst ist nicht in dieser Weise beschränkt. Die scheinbar exklusive Natur der romantischen Liebe kann täuschen, denn sie könnte ein Ausfluß praktischer und sozialer Beschränkungen der romantischen Liebe sein, nicht aber deren inhärente Eigenschaft. In vielen Fällen bleibt die Liebe exklusiv aus Erwägungen heraus, die der Liebe selbst äußerlich sind, seien es soziale Normen, sei es der Wunsch, den Partner und die Kinder nicht zu verletzen. Viele Menschen halten sich für fähig, jeweils mehr als eine Person zu lieben, und sie tun es auch, doch eine intensive romantische Liebe hat man in der Regel doch nur mit jeweils einem Partner. Das Objekt der romantischen Liebe kann ersetzbar sein und muß nicht zwangsläufig exklusiv sein, doch die bewußte Suche nach jemandem mit »besseren« Eigenschaften ist mit der romantischen Liebe nicht zu vereinbaren. Wenn eine Bereitschaft zur Veränderung da ist, dann sollte sie sich in der Form äußern, daß man sein Verhältnis zum eigenen Partner verbessert, nicht aber darin, daß man ihn durch jemand anderen ersetzt.[29]

Dankbarkeit

Dankbarkeit ist eine Pflicht, die erfüllt werden sollte,
die aber zu erwarten keiner das Recht hat.
Jean Jacques Rousseau

Wenn du einen verhungernden Hund auf liest und machst ihn satt, dann wird er dich nicht beißen. Das ist der grundlegende Unterschied zwischen Hund und Mensch.
Mark Twain

Die Dankbarkeit hat mit der Liebe und dem sexuellen Begehren gemein, daß es um positive Bewertungen anderer Menschen geht. Gewöhnlich empfinden wir Dankbarkeit, wenn wir unseren Erfolg mindestens teilweise anderen und nicht nur uns selbst zuschreiben. Stolz auf einen bestimmten persönlichen Erfolg liegt vor, wenn der Erfolg unseren eigenen Leistungen zugeschrieben wird. Dankbarkeit entsteht, wenn wir von anderen ein Geschenk in Gestalt einer Tat oder eines Objekts erhalten oder erwarten. Der Austausch von Geschenken oder, einfacher gesagt, die gegenseitige Hilfe spielt in einer gesitteten menschlichen Gesellschaft eine enorme Rolle, die verständlich macht, warum die Dankbarkeit in einer solchen Gesellschaft so wichtig ist. In diesem Sinne erklärte Cicero: »Dankbarkeit ist nicht nur die größte aller Tugenden, sondern auch die Mutter von allen.«

Dankbarkeit umfaßt zwei Wünsche: den Wunsch, das Objekt der Dankbarkeit persönlich zu belohnen, und den Wunsch, von dem Objekt positiv bewertet zu werden. Der erste Wunsch ist Ausdruck unserer positiven Bewertung des Objekts; in dem zweiten äußert sich unser Verlangen, dem Objekt ebenbürtig zu sein. In der Dankbarkeit ist die Subjekt-Objekt-Beziehung oft Ausdruck von Ungleichheit, wobei sich der Empfänger in der unterlegenen Position befindet. Deshalb ist Dankbarkeit oft mit Neid, Groll und Feindseligkeit verbunden. Elster sagt zu Recht, daß der Akt des Gebens Groll und Feindseligkeit verstärken kann, statt sie abzumildern, wenn der Empfänger vermutet, daß der Geber sich von dem Motiv leiten ließ, den Empfänger seine Unterlegenheit spüren zu lassen.[30]

Die vorstehenden Erwägungen erklären unseren Wunsch nach Gegenseitigkeit. Eine wichtige Form der Gegenseitigkeit besteht darin, ein Geschenk zu erwidern. Wenn man es nicht sogleich erwidern kann, ist das stillschweigende Versprechen, es später zu erwidern, Bestandteil der Dankbarkeit. Häufig drückt man seine Dankbarkeit für einen Akt der Großmut in der Weise aus, daß man sagt, man werde diesen Akt niemals vergessen; damit sagt man, daß man nicht vergessen wird, zu gegebener Zeit den Akt angemessen zu erwidern. Der Geber, der bereitwillig gibt, versucht den Eindruck der Ungleichheit zu verwischen, und oft bereiten Zeichen der Dankbarkeit ihm Unbehagen; darum bittet er den Empfänger, »es nicht zu erwähnen«, »kein Aufhebens davon zu machen«, oder er sagt: »Nichts zu danken!«[31] Wenn uns unerwartet und außerhalb des Üblichen etwas Gutes getan wurde, empfinden wir große Dankbarkeit, aber für eine über lange Zeit gewährte Freundlichkeit empfinden wir noch tiefere Dankbarkeit.

Nicht aus jedem Geschenk erwächst Dankbarkeit. Dafür müssen einige Bedingungen erfüllt sein:

1. Die Haltung des Wohltäters – der Akt des Wohltäters erfolgt willentlich (oder der Wohltäter ist dafür zumindest teilweise verantwortlich), und die Tat soll dem Empfänger nützen;
2. die Haltung des Empfängers – der Empfänger sollte das Geschenk wohlwollend entgegennehmen;
3. die Art des Geschenks – das Geschenk sollte als etwas Besonderes erscheinen, als etwas, das aus dem Rahmen dessen fällt, was wir normalerweise erwarten oder was uns rechtmäßig zusteht.[32]

Wenn wir davon ausgehen, daß die Tat des anderen über das hinausgeht, was uns von Rechts wegen zusteht, scheint Dankbarkeit eine unbeglichene Schuld zu implizieren. Das versetzt den Schuldner in eine unterlegene Position, die Beziehung zwischen Unterlegenem und Überlegenem wird zu einem wichtigen Bestandteil der Dankbarkeit. Ein anderes denkbares Bild für die typische Dankbarkeit ist das eines Treuhänders: Dankbarkeit gleicht oft der Entgegennahme eines Guthabens, nicht der Aufnahme eines Darlehens. Anders als bei der Aufnahme eines Darlehens sind wir bei der Entgegennahme eines Guthabens dem Objekt nicht unterlegen; wir haben schon einen gewissen

Kredit und müssen uns nicht beweisen. Während Darlehen mit Scham assoziiert werden, sind Guthaben eine Quelle von Stolz.[33] Dankbarkeit schließt beide Situationen ein, die des Schuldners und die des Treuhänders. Im Falle einer echten Freundschaft ist die Treuhänder-Metapher angemessener als die Schuldner-Metapher, doch im Falle von Dankbarkeit gegen Menschen, die uns nicht so nahe stehen, ist die Schuldner-Metapher die angemessenere.

Dankbarkeit wird einer Person entgegengebracht, die eine löbliche Tat vollbracht hat, welche auch aus persönlicher Sicht wünschenswert ist. Dieses Element des Wünschenswerten unterscheidet die Emotionen der Dankbarkeit von der nicht emotionalen Haltung bloßer Zustimmung.[34] Zorn hingegen richtet sich gegen eine Person, die eine tadelnswerte Tat vollbracht hat, die aus persönlicher Sicht nicht wünschenswert ist. Eine weitere Gemeinsamkeit zwischen Dankbarkeit und Zorn besteht darin, daß beide auf bestimmten Taten beruhen, für die andere als verantwortlich betrachtet werden, sowie darin, daß beide ein wichtiges persönliches Element des Verdienstes enthalten. Im Zorn glauben wir, Zielscheibe eines unverdienten Angriffs zu sein, während wir im Falle der Dankbarkeit glauben, Empfänger eines Geschenks zu sein, das wir nicht verdient haben. Beim Zorn ist die Gefühlskomponente stärker, ein Hinweis auf die größere Bedeutsamkeit der mit Zorn verbundenen negativen, erniedrigenden Situationen.

11 Sorge um uns selbst
Glück und Traurigkeit

Der junge Mann, der nicht geweint hat, ist ein Barbar, und der alte Mann, der nicht lacht, ist ein Narr.
George Santayana

Bisher habe ich die Emotionen erörtert, die sich auf andere richten; in diesem Kapitel untersuche ich die andere Gruppe der Emotionen: diejenigen, die auf uns selbst gerichtet sind. Dabei wende ich mich zunächst den Emotionen zu, bei denen es um unser Wohlergehen geht, wie zum Beispiel Glück und Traurigkeit. Im nächsten Kapitel betrachte ich die Emotionen der Hoffnung und der Furcht, bei denen es ebenfalls um unser Wohlergehen geht, die sich aber auf die Zukunft beziehen. Anschließend untersuche ich den Stolz und die Reue, in deren Mittelpunkt unser eigenes Tun steht; abschließend befasse ich mich mit den Emotionen des Hochmuts und der Scham, die unsere Persönlichkeit insgesamt betreffen.

Glück

Mach dir keine Sorgen; nimm täglich drei anständige Mahlzeiten zu dir; sprich deine Gebete; sei höflich zu deinen Gläubigern; sorge für gute Verdauung; verschaff dir Bewegung; nimm die Dinge gelassen. In deinem besonderen Fall mag es anderer Dinge bedürfen, um dich glücklich zu machen, aber ich denke, daß diese deine Stimmung heben werden, mein Freund.
Abraham Lincoln

Das Glück ist für uns alle ein zentrales Anliegen. Oft fragen wir uns, ob wir und die Menschen in unserer Umgebung glücklich sind; wir grübeln darüber nach, was Glück genau bedeutet; wir betrachten das Streben nach Glück als ein fundamentales Recht des Individuums; und das Glück ist wie die Liebe ein zentrales Thema in Kunstwerken. Obwohl es von so zentraler Bedeutung ist und unzählige philosophische und psychologische Erörterungen sich mit ihm befaßt haben, ist das Wesen des Glücks noch immer ein Rätsel. In der folgenden Erörterung will ich nicht dieses Rätsel lösen, sondern nur sein Ausmaß dadurch eingrenzen, daß ich einige Unterscheidungen treffe, die oft übersehen werden.

Glück und Freude

Es ist nicht einfach, das Glück in uns selbst zu finden,
und unmöglich, es anderswo zu finden.
Agnes Repplier

Wofür halten Sie mich, für einen Idioten?
Charles de Gaulle auf die Frage eines Journalisten, ob er glücklich sei.

Es gilt zu unterscheiden zwischen dem langfristigen Sentiment des Glücks (Wohlergehen, Gedeihen) und der kurzfristigen, akuten Emotion der Freude.

Als Sentiment verstanden, ist Glück die umfassendste positive Emotion. Es beinhaltet eine allgemeine Bewertung unseres Lebens insgesamt oder zumindest wichtiger Aspekte des Lebens wie Arbeit und Familie. Dem Glück in diesem Sinne gelten unsere tiefsten Bestrebungen und Sorgen. Es ist daher mehr als nur ein angenehmes Gefühl – es ist gleichbedeutend damit, daß wir unsere Situation und die uns umgebenden Dinge als grundsätzlich richtig und gut bewerten.[1] Die grundsätzlich positive Bewertung wichtiger Aspekte hat das Glück mit der Liebe gemeinsam, doch bezieht sich die Liebe vor allem auf eine andere Person. Die Affinität zwischen Liebe und Glück kommt darin zum Ausdruck, daß die Liebe zu den wichtigsten Dingen gehört, von denen unser Glück abhängt.

Als akute Emotion ist Freude ein kurzfristiger Zustand des Wohlgefallens der Befriedigung im Gefolge einer spezifischen (realen oder eingebildeten) positiven Veränderung. Selbst jemand, der im allgemeinen deprimiert ist, kann hin und wieder lachen und sich über ein bestimmtes Ereignis freuen. Senile Menschen und Kleinkinder sind oft zufrieden mit ihrer Situation. Man kann ihnen auch ein gewisses Maß an Glück zuschreiben, allerdings nicht im Sinne eines profunden Sentiments. Glück im letzteren Sinne ist gleichbedeutend mit dem optimalen Funktionieren von Menschen, nicht aber mit dem minimalen Funktionieren der bloßen Zufriedenheit oder Entspannung, das man auch bei dummen Tieren beobachtet. Deshalb möchten die meisten von uns lieber ein unzufriedener Sokrates als ein zufriedenes Schwein sein. Die bloße Zufriedenheit mit der aktuellen Situation kann sich nachteilig auf unsere Ambitionen und die Erfüllung unserer Aufgaben auswirken, mit der Folge, daß wir auf die Dauer unglücklich werden. Daran mag es liegen, daß das Fernsehen uns zwar eine gewisse Entspannung beschert, aber nicht dazu beiträgt, uns glücklicher zu machen. Aus ähnlichen Gründen mag die maßlose Überhäufung mit Konsumgütern uns kurzfristig erfreuen, uns aber nicht nennenswert glücklicher machen; Völlerei ist nicht dasselbe wie Ernährung.[2]

Es hängt offenbar nicht von den Umständen ab, ob wir glücklich oder unglücklich sind; bei den meisten Menschen spielt die objektive Situation dabei keine Rolle. Manche sind unter fast allen Umständen glücklich, schweres Mißgeschick einmal ausgenommen, unabhängig von ihrer aktuellen Situation. Solche Menschen sind prädisponiert, die Welt optimistisch zu betrachten. Andere sind unter den meisten Umständen unglücklich, unabhängig davon, wie gut es ihnen im Augenblick geht. Im Vergleich zum Leben der meisten anderen Menschen ist das Leben vieler Reicher tatsächlich unbeschwert und ohne nennenswertes Mißgeschick – dennoch sind sie nicht glücklich. Diese Menschen sind nicht unglücklich, weil Geld sie trübsinnig macht, sondern weil etwas an ihrer Persönlichkeit sie hindert, glücklich zu sein. Selbst wenn ihre wirtschaftliche Lage nicht so gut wäre, wären diese Reichen die meiste Zeit unglücklich. Untersuchungen zeigen, daß die Selbsteinschätzung des Glücks im Zeitablauf einigermaßen stabil ist.[3]

Wir können angesichts der oben dargestellten individuellen Unterschiede von einem Talent für Glück oder einer konstitutionellen Disposition zum Glücklichsein sprechen. Es gibt Anhaltspunkte dafür, daß unser Glück maßgeblich von der genetischen Variation abhängt. Die Erblichkeit der stabilen Komponente unseres subjektiven Wohlergehens beträgt nach manchen Schätzungen sogar fast achtzig Prozent. Negative Ereignisse können zweifellos unser Glück beeinträchtigen, aber die Auswirkungen dieser Ereignisse scheinen vorübergehende Schwankungen einer stabileren Grundlinie (oder eines »Sollwertes«) zu sein, die für das jeweilige Individuum charakteristisch ist.[4] Diese Auffassung wird durch den Befund bestätigt, daß diejenigen, die heute zu den Glücklichsten gehören, auch in zehn Jahren zu den Glücklichsten gehören werden, trotz gewisser Schwankungen von Tag zu Tag. Das Wohlbefinden unseres eineiigen Zwillings, sei es heute oder vor zehn Jahren, ist ein weit besserer Prädiktor unseres eigenen Glücks als unser Bildungsgrad, unser Einkommen oder unser Status. Es kann daher sein, daß »der Versuch, glücklicher zu sein, ebenso vergeblich ist wie der Versuch, größer zu sein, und daß er daher kontraproduktiv ist«.[5] Der genetische Aspekt des Glücks wird veranschaulicht durch das tragische Ende berühmter und reicher Menschen wie Judy Garland, Marilyn Monroe und Christine Onassis, die in jungen Jahren anscheinend Selbstmord begingen.

Das langfristige Glück ist außer von dem genetischen Faktor von einem anderen wichtigen Faktor abhängig, nämlich der Häufigkeit, mit der man Freude oder andere positive Emotionen empfindet; er wurde als der beste Prädiktor von Glück als Sentiment ermittelt.[6] In gewissem Sinne besteht Glück als Sentiment in dem akuten Gefühl der Freude; deshalb wird eine Folge von spezifischen positiven Erlebnissen unser langfristiges Glück mehren. Der Psychologe David Lykken faßt die beiden Faktoren in dem folgenden praktischen Ratschlag zusammen: »Eine regelmäßige Diät aus einfachen Freuden wird dafür sorgen, daß Sie über Ihrem Sollwert bleiben. Finden Sie die kleinen Dinge, von denen Sie wissen, daß sie Ihnen ein wenig Auftrieb geben – ein gutes Essen, Arbeit im Garten, Zusammensein mit Freunden –, und verteilen Sie sie über Ihr Leben. Das wird Sie auf die Dauer glücklicher machen als eine großartige Leistung, die Ihnen für eine Weile ein großes Erfolgserlebnis beschert.«[7]

Determinanten des Glücks

Was einen glücklich macht, ist wirklich schwer zu sagen:
Armut und Reichtum haben beide versagt.
Kin Hubbard

Sobald wir wünschen, noch glücklicher zu sein,
sind wir nicht mehr glücklich.
Walter Savage Landor

Empirische Untersuchungen und Alltagsbeobachtungen zeigen, daß das Glück von vielen Faktoren abhängig ist. Nehmen wir einige davon in Augenschein.

Oft wird darüber gestritten, ob das Glück von subjektiven, individuellen Faktoren oder von objektiven, allgemeinen Faktoren abhängig ist. Empirische Befunde sprechen dafür, daß beide eine Rolle spielen.

Eine positive Korrelation zwischen Einkommen und langfristigem Glück wurde in vielen Untersuchungen ermittelt; dieses Ergebnis gilt nicht nur innerhalb einzelner Länder, sondern auch grenzübergreifend. Nach eigener Auskunft sind reichere Menschen im Durchschnitt glücklicher als arme Menschen, und in reicheren Ländern sind die Menschen im Durchschnitt glücklicher als in armen Ländern. In zahlreichen Untersuchungen geben die Reichen einen erheblich höheren Grad von Glück (Wohlergehen, Lebenszufriedenheit) an als die Armen. Die meisten Menschen glauben ja auch, mehr Geld werde ihre Lebensqualität verbessern.[8] Angesichts dieser Befunde erklärt Keith Oatley die Idee, ein einfaches Leben ohne Geld oder Besitz sei ein glückliches Leben, für romantischen Unfug. Das heißt nicht, daß das Geld immer für das Glück entscheidend ist. Es sei daran erinnert, daß Geld keine sehr starke Auswirkung auf das

Glück hat und andere Faktoren gewichtiger sind. Dennoch hilft Geld den Menschen, glücklicher zu sein. Es gibt Situationen, in denen Geld einen sinkenden Grenznutzen für das Glück hat. Zwar sind die ganz Armen im allgemeinen nicht glücklich, doch oberhalb einer Einkommensschwelle trägt Ihr Geld immer weniger zu Ihrem Glück bei.[9] In vielen Fällen hat Geld überhaupt keinen Einfluß auf das langfristige Glück. So mögen wir heute zwar reicher sein, als wir vor vierzig Jahren waren, aber dennoch sind wir nicht nennenswert glücklicher. Allerdings kann Geld unsere Lage auf eine Weise verbessern, die uns mehr Anlässe zu Freude bietet.

Für die Mitwirkung subjektiver, individueller Elemente am Glück sprechen zahlreiche Tatsachen. So sind die Bewohner von Armenvierteln nicht weniger glücklich als die Bewohner von betuchteren Vierteln, und die Blinden, die geistig Behinderten und die Mißgebildeten sind nicht minder glücklich als andere Menschen. Es gibt keinen durchgängigen Zusammenhang zwischen wirtschaftlicher Situation und vermehrtem Glück. Die objektiven Umstände allein können kein langfristiges Glück erzeugen. So ermittelte man bei Lottogewinnern, daß sie sich über den Gewinn durchaus freuten, daran aber weniger Vergnügen fanden als andere Menschen an allerlei ungewöhnlichen Ereignissen und im großen und ganzen nicht glücklicher sind als andere. Sie waren zum Beispiel nicht glücklicher als andere einfache Leute und nur ein wenig glücklicher als Menschen, die vor kurzem durch einen Unfall gelähmt worden waren. Einer Untersuchung zufolge hatten Behinderte häufiger Glückserlebnisse als eine Vergleichsgruppe von Menschen ohne Behinderung. Das läßt sich plausibel erklären: Die Behinderten empfanden oft Glück über eine Leistung, die gesunden Menschen gar nicht aufgefallen wäre.[10]

Diese Ergebnisse lassen sich mit der Annahme erklären, daß das Glück wie andere Emotionen eine Frage des Vergleichs ist: Uns kommt es mehr auf unsere relative Position an als auf die absolute.[11] Lottogewinner geraten zum Beispiel in eine solche Euphorie, daß alle anderen Ereignisse ihres Lebens bedeutungslos erscheinen. Wenn Sie zehn Millionen Dollar gewonnen haben, wird es Ihnen wahrscheinlich weniger Befriedigung verschaffen, daß Ihr Kind gute Noten in der Schule bekommen hat oder daß der Obstbaum in Ihrem Garten mehr Früchte trägt als sonst. Daß der Vergleich eine wesentliche Rolle spielt, zeigt sich auch in dem folgenden Befund: Die Bereitschaft einer Frau, eine außerhäusliche Beschäftigung aufzunehmen, ist um sechzehn bis fünfundzwanzig Prozent höher, wenn der Mann ihrer Schwester mehr verdient als ihr eigener Mann.[12] Die Bedeutung des komparativen Aspekts macht sich unter vielen Bedingungen bemerkbar.

Es gibt jedoch Fälle, in denen er keine Rolle spielt. So werden Eltern nach dem Tod ihres Kindes nicht um so mehr Glück an anderen Ereignissen empfinden, obwohl alles andere, was sie künftig erleben werden, im Vergleich zu diesem schrecklichen Ereignis weniger betrüblich sein wird. Die Trauer der Eltern beruht auf einem unwiderruflichen Verlust und nicht auf einem Tiefpunkt des Wohlbefindens, von dem aus ihr Glück nur zunehmen kann. Der Tod eines Kindes stellt keinen Vergleichsmaßstab dar, gemessen an dem alle anderen Ereignisse als glückliche Ereignisse empfunden werden. Dieser Verlust macht das System nicht immun gegen weiteres Leid; er gleicht einer offenen Wunde, die die Möglichkeit, je wieder glücklich zu sein, verringert oder gar vollkommen ausschließt.

In diesem Zusammenhang sei auf die interessante Tatsache hingewiesen, daß gutaussehende Menschen trotz der schon erwähnten großen Vorteile im täglichen Leben nicht signifikant glücklicher sind als andere. Sie sind zwar zufriedener mit ihrem Liebesleben, aber das führt nicht zu einer größeren Zufriedenheit mit dem Leben insgesamt. Man kann diese überraschenden Ergebnisse vielleicht mit zwei oben erwähnten Umständen erklären: dem genetischen Aspekt des Glücks – wir werden schon mit einem größeren oder kleineren Talent fürs Glück geboren –, und dem komparativen Aspekt des Glücks – wer gut aussieht, vergleicht sich mit solchen, die noch besser aussehen.[13]

Eine andere Unterscheidung, die für das Verständnis der Determinanten des Glücks wichtig ist, ist Aristoteles' Unterscheidung zwischen Handlungen, die ihren Wert in sich haben, und Zwecken, die ihren Wert außer sich haben. Eine Handlung, die ihren Wert außer sich hat, zum Beispiel das Bauen eines Hauses, ist ein Mittel zu einem bestimmten Zweck; ihr Wert besteht darin, diesen Zweck zu erreichen. Diese Handlung ist immer unvollendet: Solange der Zweck noch nicht erreicht ist, ist die Handlung unvollendet, und in dem Augenblick, da der Zweck erreicht ist, ist die Handlung beendet. Bei einer Aktivität, die ihren Wert in sich hat, ist unser Interesse auf die Aktivität selbst gerichtet, nicht auf ihre Ergebnisse. Eine solche Aktivität hat zwar Ergebnisse, aber sie wird nicht betrieben, um diese zu erreichen; ihr Wert liegt vielmehr in der Aktivität selbst. Als Beispiele für diese Art von Aktivität nennt Aristoteles das intellektuelle Denken und das Glück.[14]

Thayer, der vier Grundtypen von Stimmungen vorschlägt, nämlich Gelassenheit-Energie, Gelassenheit-Müdigkeit, Angespanntheit-Energie und Angespanntheit-Müdigkeit, behauptet, Gelassenheit-Energie sei die optimale Stimmung, um unser Glück zu erhalten. Er weist darauf hin, daß viele Menschen nicht zwischen Gelassenheit-Energie und Angespanntheit-Energie unterscheiden, weil sie glauben, daß immer dann, wenn sie energisch sind, ihre Situation in einem gewissen Maße angespannt ist. Thayer behauptet, vielen Menschen im Westen sei die Vorstellung von Gelassenheit-Energie fremd, nicht aber Menschen aus anderen Kulturen. Er führt das folgende Zitat des Zenmeisters Shunryu Suzuki an: »Gelassenheit des Geistes bedeutet nicht, daß man seine Tätigkeit unterbrechen sollte. Wahre Gelassenheit sollte man in der Tätigkeit selbst finden. Es ist leicht, bei Untätigkeit gelassen zu sein, doch Gelassenheit in der Tätigkeit ist wahre Gelassenheit.«[15] Es hat den Anschein, daß die Idee der Gelassenheit in Aktion mit der Aristotelischen Idee der Tätigkeit, die ihren Wert in sich hat, verwandt ist. Wir können Gelassenheit in einer in sich wertvollen Aktivität finden, da diese nicht eine unvollendete Handlung ist, die zu ihrer Vollendung auf äußere Faktoren angewiesen ist.

Glück findet man also in Aktivitäten, die wir um ihrer selbst willen schätzen. Selbst bei Tätigkeiten, die ihren Wert ganz außer sich haben, wie der Jagd, der Suche nach Bodenschätzen, dem Glücksspiel oder der anwaltlichen Tätigkeit, sind die Zwecke oft nicht das Entscheidende für das Glück derjenigen, die diesen Tätigkeiten obliegen. Wenn man einem Jäger seine eigene Beute überläßt, wird ihn das für einen kurzen Moment erfreuen, aber es wird ihn nicht glücklich machen; er muß wie die anderen Genannten den Zweck seiner Tätigkeit durch eigenes Tun erreichen. Es ist die Tätigkeit selbst, die diese Menschen fasziniert. Mit der bloßen Wiederholung angenehmer Erlebnisse ist Glück nicht zu erreichen. Oft läßt die Vergnüglichkeit eines vergnüglichen Ereignisses mit der Wiederholung immer mehr nach. Wie Jonathan Freedman sagt: »Wir können das Glück nicht einfangen und dann stillsitzen und hoffen, es zu bewahren. Wir verändern uns, die Welt verändert sich, unsere Bedürfnisse verändern sich, und unsere Voraussetzungen für das Glück ändern sich fortwährend.«[16] Glück ist keine losgelöste Errungenschaft, sondern ein fortwährender dynamischer Prozeß. Die geringe und flüchtige Bedeutung der Zwecke kommt darin zum Ausdruck, daß der Zweck, wenn er erreicht ist, uns innerlich nicht mehr beschäftigt; es folgt ein neues Bedürfnis, und die Phantasie richtet sich wie zuvor auf ein fernes Ziel. Die psychologische Forschung bestätigt, daß ein auf das Erreichen äußerer Ziele gerichtetes Leben und das Gefühl, unglücklich zu sein, zusammengehören.[17]

Die Wichtigkeit des eigenen Tuns für das Glück wird auch in den Fällen deutlich, wo wir etwas möchten, uns aber nicht freuen können, wenn es erreicht ist. Oscar Wilde sagte (in *Lady Windemeres Fächer*): »In dieser Welt gibt es nur zwei Tragödien. Die eine ist, nicht zu bekommen, was man möchte, und die andere ist, es zu bekommen. Die zweite ist viel schlimmer.« Die nominelle Befriedigung unserer Wünsche ist oft von Enttäuschung begleitet. Ein lateinisches Sprichwort besagt, daß jedes Tier nach dem Koitus traurig ist. Es gibt Situationen, in denen wir nicht glücklich sind, obwohl wir genau das bekommen haben, was wir uns wünschten. Ein bestimmtes Ziel zu erreichen mag kurze Freude mit sich bringen, nicht aber langfristiges Glück.

Wenn, wie viel wir auch immer haben mögen, unser Glück davon abhängt, daß wir mehr haben als andere, werden wir den Wunsch, mehr zu haben, niemals loswerden. Je höher wir auf der gesellschaftlichen Leiter aufsteigen, desto höher wollen wir hinaus. Wir mögen in der Lage sein, mehr Bedürfnisse zu befriedigen, aber unsere Bedürfnisse und Wünsche wachsen ständig. Edward Gibbon hat dazu richtig bemerkt: »Ich bin wirklich reich, weil mein Einkommen größer ist als meine Ausgaben, und meine Ausgaben decken sich mit meinen Wünschen.« Das

Glück hängt kaum von der Menge der erworbenen Dinge ab; von größerer Bedeutung ist unsere Einstellung zu diesen Dingen. Deshalb ist das Glück so schwer zu fassen; kaum haben wir es für einen Moment erreicht, gleitet es uns aus den Händen.[18] Das macht sich die Werbebranche zunutze: Sie weiß, daß man permanent neue Bedürfnisse erzeugen kann, weil die Menschen nie vollkommen oder lange genug zufrieden sind. Darum präsentiert man uns laufend neue und verbesserte Produkte, die uns ein besseres und glücklicheres Leben versprechen.[19]

Leibniz behauptete, unsere Welt sei die beste aller möglichen Welten, nicht, weil es kein Übel in ihr gibt, sondern weil wir in der Lage sind, das Übel zu überwinden. Indem wir es überwinden, vermögen wir das Gute, das wir genießen, mehr zu schätzen. Wie es bei John Milton heißt, wurde »die Erkenntnis des Guten mit der Erkenntnis des Bösen teuer erkauft«. In der Literatur finden wir schon früh den Hinweis, daß die größte Freude einer Frau – ein Kind zur Welt zu bringen – mit großen Schmerzen verbunden ist: »Unter Schmerzen sollst du gebären«, heißt es in der Bibel. Offensichtlich ist das Glück oft mit Traurigkeit und der Überwindung von Hindernissen verbunden.

Das Glück hängt sowohl von objektiven als auch von subjektiven Faktoren ab und ist dynamischer Natur. Entscheidend für das Glück ist die Verbindung der subjektiven und objektiven Faktoren. Reinhold Niebuhr wird das Gebet zugeschrieben: »Gib mir die Gelassenheit, Dinge hinzunehmen, die ich nicht ändern kann, den Mut, Dinge zu ändern, die ich ändern kann, und die Weisheit, das eine vom anderen zu unterscheiden.«

Glück auf Dauer bewahren

Glück ist kein Zustand, in dem man ankommt,
sondern eine Art zu reisen.
Margaret Lee Runbeck

Das Glück der meisten Menschen, die wir kennen, wird nicht durch
große Katastrophen oder fatale Irrtümer ruiniert,
sondern durch die Wiederholung von Belanglosigkeiten,
die es ganz allmählich zerstören.
Ernest Dimnet

Die meisten Menschen an den meisten Orten geben an, glücklich zu sein, und erzählen gern, wie zufrieden sie in Bereichen wie Ehe, Arbeit und Freizeit sind. Dies gilt auch für die Mehrheit der Benachteiligten, darunter Menschen, die auf den Rollstuhl angewiesen sind, solche, die Rückenmarksverletzungen erlitten haben, und solche, die an einer extremen Form von Querschnittslähmung leiden.[20] Der Durchschnittsmensch glaubt, selbst glücklicher zu sein als der Durchschnittsmensch.

Unser Glück hängt offenbar nicht sehr davon ab, wie wir die Welt sehen, sondern vielmehr davon, wie wir mit der Welt fertig werden. Wenn wir die Welt negativer wahrnehmen, als sie ist, verschafft es uns größere Befriedigung, wenn wir diese Schwierigkeiten überwinden. Es ist ähnlich, wie wenn der Trainer einer Mannschaft vor dem Spiel die gegnerische Mannschaft als sehr gut bezeichnet, also als besser, als sie in Wirklichkeit ist. Indem er die Chancen seiner Mannschaft negativer darstellt, als sie in Wirklichkeit sind, ermutigt der Trainer seine Spieler, das Spiel ernster zu nehmen und sich mehr Mühe zu geben. Durch die Beschreibung der Gegner trägt der Trainer außerdem zu positiveren affektiven Zuständen bei, wenn das Spiel vorbei ist. Eine Niederlage wird dann als weniger schmerzhaft empfunden, weil die Alternative, der Sieg, als eher unwahrscheinlich erschien. Und wenn die Mannschaft gewinnt, ist die Freude größer, weil die Alternative, die Niederlage, als recht wahrscheinlich erschien. Wenn wir Aufgaben bewältigen, die als schwieriger wahrgenommen werden, als sie wirklich sind, fühlen wir uns besser, weil unser Erfolg mehr bedeutet.

Zwischen dem Bedürfnis, glücklich zu sein, und der Tatsache, daß negative Ereignisse uns stärker auffallen, besteht ein Zusammenhang, der möglicherweise folgendes überraschendes Phänomen erklärt: Ein positives Ergebnis mit einer bestimmten Wahrscheinlichkeit wird als erstaunlicher empfunden als ein negatives Ereignis mit der gleichen Wahrscheinlichkeit. Wenn beispielsweise eine medizinische Behandlung eine Erfolgswahrscheinlichkeit von 50 Prozent (und eine Wahrscheinlichkeit des Scheiterns von 50 Prozent) hat, wird der Erfolg eindeutig als überraschender bewertet als der Mißerfolg. Wir richten, um später weniger enttäuscht zu sein, unser Augenmerk auf ein negatives Ergebnis, und sind dann von einem positiven Ergebnis um so mehr überrascht.

Wenn wir unsere Umgebung als sehr viel negativer wahrnehmen, als sie in Wirklichkeit ist, können wir weniger motiviert sein, etwas zu tun, als wenn wir die Wahrscheinlichkeit, diese negativen Dinge zu überwinden, als sehr gering einschätzen. Wir sollten daher unsere Aufgaben nur als ein wenig schwieriger wahrnehmen, als sie in Wirklichkeit sind. Wenn die gegnerische Mannschaft tatsächlich viel besser ist als unsere, sollten wir die Stärke der eigenen Mannschaft ein wenig positiver einschätzen, um unsere Spieler optimistischer zu stimmen. Zum Optimismus, der für unser Glück sehr wichtig ist, gehört es nicht unbedingt, die Welt negativer zu sehen, als sie ist; es gehört aber zum Optimismus, unsere Fähigkeit, die Schwierigkeiten zu bewältigen, positiver einzuschätzen. Glücklich zu sein oder zumindest anzunehmen, daß wir uns oberhalb unserer affektiven Grundlinie befinden, ist demnach wichtig für ein optimales Funktionieren. Unser Glück zu erhalten oder zu steigern hat viel zu tun mit der Kluft zwischen unserer persönlichen affektiven Grundlinie und der objektiven Realität.

In der Auseinandersetzung mit dieser Kluft können wir entweder die Kluft dadurch beseitigen, daß wir die Grundlinie oder die Realität verändern, oder wir können die Kluft dadurch bewältigen, daß wir unsere Einstellung zu ihr verändern. Diese beiden Strategien, die sich hinsichtlich ihrer Machbarkeit und der erforderlichen Ressourcen unterscheiden, kommen in verschiedenen Umständen zum Einsatz. Betrachten wir zunächst die radikalere Strategie, die Kluft zwischen Grundlinie und Realität zu beseitigen.

Wir können, um mit dem widrigen Einfluß äußerer objektiver Faktoren fertig zu werden, unsere Erwartungen senken. Negative äußere Ereignisse werden uns dann weniger frustrieren, positive äußere Einflüsse dagegen stärker überraschen. Wer nichts erwartet, kann nie enttäuscht werden; allerdings wird sein Glück begrenzt sein, weil seine emotionale Sensitivität sehr gering sein wird. Wenn wir uns wirklich mit weniger zufriedengeben können, wenn wir also unsere Grundlinie herabsetzen können, wird unser Glück größer sein, weil wir mit größerer Wahrscheinlichkeit erreichen, was wir wollen, und mit geringerer Wahrscheinlichkeit neidisch oder frustriert sein werden. In diesem Sinne sagte der französische Gelehrte Fontenelle: »Ein großes Hindernis für das Glück ist, zuviel Glück zu erwarten.«

Eine größere Übereinstimmung mit der Realität dadurch zu erreichen, daß wir unsere Erwartungen senken, ist gefährlich, weil es zu Gleichgültigkeit und Passivität führen kann. Glück erreicht man nicht, indem man sehr wenig vom Leben verlangt oder indem man untätig bleibt. Sich mit weniger zufriedenzugeben ist nicht empfehlenswert, wenn ein höheres Maß von Glück erreicht werden kann. Unsere Erwartungen sollten mit unserem Wesen und möglichen erfüllenden Aktivitäten im Einklang sein. Die Maxime »Erkenne dich selbst« ist auch für das Glück sehr wichtig.

Glück ist offenbar schwer zu erreichen; je mehr wir darüber nachdenken, wie wir glücklich werden können, desto weniger glücklich sind wir. William Shenstone, ein englischer Dichter des 18. Jahrhunderts, sagte: »Was zum Unglücklichsein führt, ist, das Vergnügen zu seinem obersten Ziel zu machen.« Glück ist eine Art Nebenprodukt anderer Betätigungen, deren Hauptziel nicht darin besteht, das Glück zu erlangen. Wenn wir ständig über negative Ereignisse grübeln und dadurch unglücklich sind, hilft es wenig, unserem Leben etwas hinzuzufügen, um uns glücklich zu machen; vielmehr müssen wir von unserem Leben etwas abziehen – die dauernde Beschäftigung mit negativen Ereignissen.[21]

Traurigkeit

Den Kummer kann man allein ertragen, zum Fröhlichsein braucht es zwei.
Elbert Hubbard

Wir haben dafür zu sorgen, daß die Frauen mit dem,
was sie haben, unzufrieden sind.
B. Earl Puckett, ein Mann der Werbung

Eine weitere negative Emotion, deren Gegenstand das Unglück ist, ist die Traurigkeit. Mitleid und Mitgefühl befassen sich mit dem Unglück anderer, die Traurigkeit dagegen mit dem eigenen Unglück. Seine negative Bewertung wird tiefer empfunden. Die Traurigkeit, die mit einem uns selbst betreffenden negativen Ereignis einhergeht, ist oft nicht viel mehr als gewöhnlicher Kummer. Ist das Ereignis folgenschwerer und der Kummer intensiver, werden wir geneigt sein, unsere emotionale Haltung als Traurigkeit zu bezeichnen. Die Traurigkeit geht tiefer und dauert länger als bloßer Kummer, so daß wir es vielfach weniger mit einer Emotion als mit einem Sentiment zu tun haben. Traurigkeit kann sich in extremen Fällen zu einer affektiven Störung auswachsen, der Depression.

Im Zustand der Traurigkeit leisten wir gewöhnlich keinen Widerstand gegen die Widrigkeiten des Alltags, sondern wir reagieren mit Untätigkeit und Resignation, so als gäbe es nichts zu tun. Viele hören in diesem Zustand Musik oder machen ein Nickerchen. Traurigkeit kann jedoch auch zu einer konstruktiven Besinnung beitragen. Sie bestätigt uns, daß wir die Dinge richtig bewertet haben, und es kommt zuweilen vor, daß wir stolz darauf sind, Traurigkeit empfinden zu können. Darauf spielt der Ausspruch an: »Wenn es dunkel genug wird, kann man die Sterne sehen.« Danach wäre es eine wichtige Funktion der Traurigkeit, uns zu bewegen, uns stärker auf die Dinge zu besinnen, die wir schätzen, und sie zu bewahren.[22]

Anders als die Furcht, die ein künftiges Ereignis vorwegnimmt, ist die Traurigkeit eine Reaktion auf ein Ereignis, das schon stattgefunden hat oder als unausweichlich wahrgenommen wird, so daß wir es wie ein Ereignis behandeln können, das schon stattgefunden hat. Anders als bei Schuldgefühl und Scham ist die eigene Person nicht für das Problem verantwortlich. Die Verantwortung kann wie beim typischen Zorn bei einer anderen Person liegen, es kann aber auch, anders als beim Zorn, eine unpersönliche Ursache vorliegen. Ein Erdbeben macht uns nicht zornig, aber der verursachte Schaden kann uns traurig machen. Der Traurigkeit wie dem Zorn liegt die Ansicht zugrunde, daß die Dinge auch einen anderen Verlauf hätten nehmen können, doch während wir im Zustand der Traurigkeit den Verlust akzeptieren, geht der Zorn mit der Ansicht einher, daß der Verlust ersetzbar ist. In einem Experiment wurden Kinder vorsätzlich von einem anderen in der Ausführung ihres Wunsches behindert. Die Kinder reagierten teils mit Zorn, teils mit Traurigkeit; zornig wurden sie, wenn der Störer auch ein Kind war, traurig wurden sie, wenn sie über den Störer keine Macht hatten (zum Beispiel ein Lehrer).[23]

Wie treten wir nun der Traurigkeit entgegen? Empfehlenswert wäre eine Haltung, die beide Perspektiven miteinander verbindet, die glückliche wie die traurige. Der Traurigkeit kann man im Hintergrundrahmen eine größere Rolle einräumen, denn sie erinnert uns an fundamentale existentielle Aspekte unseres Lebens; das Glück wird uns helfen, mit diesen Aspekten fertig zu werden, oft wohl in der Form, daß es über sie hinweggeht. Es wäre aber falsch, die traurige existentielle Perspektive völlig zu ignorieren – das würde uns möglicherweise daran hindern, die tiefen moralischen Verpflichtungen zu erkennen, die wir gegenüber anderen Menschen haben sollten. Ein Leben, dem jede Spur von Traurigkeit fehlt und das nur aus ständiger Freude besteht, erinnert ein wenig an den Zustand der Senilität.

Trauer

Laßt uns danach trachten, so zu leben, daß unser Tod sogar den Bestatter traurig macht.
Mark Twain

Trauer ist die tiefste Form von Traurigkeit. Ihr Gegenstand ist der Tod, das größte Unglück, das uns treffen kann. Sie ist Ausdruck des unwiderruflichen Verlustes eines Menschen, der uns sehr nahestand und der von uns geschätzt wurde. In der Trauer sind wir vollkommen wehrlos. Der Tod trifft uns mit einer solchen Wucht, daß unsere Gedanken während der Trauer immer wieder um den Verlust kreisen. Sie ist so intensiv, daß die meisten Neuigkeiten für uns belanglos sind. Sie entwickelt sich zu einem dauerhaften Gemütszustand und in extremen Fällen zu einer Depression.

Nicht immer gilt die Trauer einem Toten, sondern einem Unglück, das als ebenso hart empfunden wird wie der Tod. Manchmal trauern wir um einen Menschen, dessen Geisteszustand sich so sehr verschlechtert hat, daß wir hilflos vor dieser Veränderung stehen, zum Beispiel in einem Fall von Alzheimer-Krankheit. Manche Eltern trauern um ihr Kind, wenn es zu einer anderen Religion übertritt, Atheist wird oder andere Dinge tut, die von den Eltern als Sakrileg empfunden werden. Auch Fälle, in denen wir verraten oder verlassen werden oder ein geliebter Mensch sich von uns trennt, können Trauer hervorrufen.

Die Trauer wird zwar zu den Emotionen gerechnet, die sich um das Unglück anderer drehen, aber es geht bei ihr auch um unser eigenes Unglück. Wenn Trauer wirklich die tiefste Emotion ist, die wir empfinden können, könnte man sich fragen, warum sie durch das Unglück anderer ausgelöst wird und nicht durch unser eigenes. Tatsächlich dreht sich die Trauer zu einem großen Teil um unser Unglück, unser Gefühl eines Verlusts. Der Tod der geliebten Person wird nicht nur deshalb negativ bewertet, weil wir glauben, daß sie jetzt leidet oder daß ihr Dinge entgehen, die sie gern erlebt hätte, sondern auch, weil wir das Gefühl haben, in uns selbst sei etwas gestorben, unser eigenes Leben habe etwas Wertvolles verloren. Ein wichtiger Gesichtspunkt bei den Emotionen ist unsere eigene Betroffenheit, und deswegen sind wir trauriger, wenn unser Kind verletzt wird, als wenn wir vom Tod eines Fremden in einem fernen Land erfahren. Da wir diejenigen, die uns nahestehen, als einen Teil von uns selbst betrachten, würden wir es vielfach vorziehen, an ihrer Stelle selbst eine Verletzung zu erleiden, und im Extremfall sogar unser Leben zu opfern, um beispielsweise unsere Kinder zu schützen.

Die Trauer der Eltern um ihr totes Kind ist wohl die intensivste Emotion, die ein Mensch empfinden kann. Dieses Ereignis ist von einer solchen Wucht, daß der komparative Aspekt bedeutungslos wird. Hier verliert die Volksweisheit »Geteiltes Leid ist halbes Leid« ihre Gültigkeit. Wenn trauernde Eltern davon hören, daß in einer anderen Familie ein Kind gestorben ist, dann vermindert das nicht ihr Leid, sondern es erinnert sie an ihr eigenes totes Kind und vertieft ihre Trauer.

Die Trauer um ein Kind verläßt die Eltern ihr Leben lang nicht; sie können nicht wie gewohnt weitermachen, weil sie immer wieder von Gedanken und Erinnerungen an das tote Kind heimgesucht werden. Ihre Trauer kann sogar ihr Verhältnis zu den überlebenden Kindern beeinträchtigen. Daran ist unter anderem ihre Neigung schuld, das verstorbene Kind zu idealisieren und sich mit ihm zu überidentifizieren. In diesem Zusammenhang stellt sich die interessante Frage, ob die elterliche

Trauer mit den Jahren nachläßt. Viele Eltern bekunden, daß die Intensität ihrer Trauer ihr ganzes Leben lang gleich bleibt. Untersuchungen haben jedoch ergeben, daß die Wirkung des Verlusts mit der Zeit nachläßt, aber dennoch spürbar bleibt. Bei Frauen scheint die Wirkung größer zu sein. Aufgrund persönlicher Veränderungen, die sie durchmachen, etwa derart, daß sie altersbedingt verletzbarer werden, könnte es den Eltern zunehmend schwerer fallen, mit ihrer Trauer fertig zu werden, aber das bedeutet nicht zwangsläufig, daß die Intensität ihrer Trauer größer wird. Jüngere Eltern scheinen eher in der Lage zu sein, sich mit dem Verlust abzufinden und sich von dem Verlust eines Kindes zu erholen.[24]

Das Glück hat seine Entsprechung in der Traurigkeit. Doch der Trauer, Ausdruck des tiefsten Verlustes und damit die tiefste Traurigkeit, steht keine entsprechende positive Emotion gegenüber, die den größtmöglichen Gewinn ausdrücken würde. Daß es eine solche Emotion nicht gibt, mag vor allem daran liegen, daß der betrauerte Verlust unwiderruflich ist, während unsere größten Gewinne nicht unwiderruflich sind – es kann immer etwas passieren, das den Gewinn zunichte macht oder mindert.

Weil die Trauer so intensiv ist, gibt es in den meisten Kulturen und Religionen empfohlene Verhaltensmuster für die Trauer. Diese Muster sollen das Ausmaß der Trauer angemessen regulieren. Die jüdische Tradition kennt zwei zentrale Bräuche, die Schiwa und das Trauerjahr. In der Schiwa (abgeleitet von dem hebräischen Wort für »sieben«) ist es üblich, daß alle Familienangehörigen sieben Tage lang im Hause des Verstorbenen sitzen. Dieser Brauch hat die emotionale Funktion, die Intensität der Trauer, wenn sie am größten ist, ein wenig zu lindern; dadurch, daß man mit den Angehörigen zusammensitzt, sich unterhält und Freunde empfängt, die kommen, um ihr Beileid auszusprechen, wird das intensive persönliche Leid vielleicht ein wenig gemildert. Das Trauerjahr ist ein Brauch für Kinder, deren Eltern gestorben sind. Die Kinder sollen mindestens zweimal am Tag für den Verstorbenen Kaddisch sagen; sie sollen nicht zu geselligen Ereignissen gehen und keine Gäste in ihrem Haus empfangen. Die emotionale Funktion dieses Brauches ist das Gegenteil der Schiwa: Die Intensität der Trauer soll in einer Zeit, in der sie gewöhnlich nachläßt, auf einem angemessenen Niveau gehalten werden. Interessant ist, daß die geforderte Trauerzeit für einen Ehepartner oder für Kinder nur drei Monate beträgt. In diesen Fällen hält man es offenbar nicht für nötig, die Intensität der Trauer zu erhöhen, während man es für dringend geboten hält, den normalen Tagesablauf aufrechtzuerhalten.

Ungeachtet der großen Wucht des Ereignisses, um das es in der Trauer geht, wird die Intensität der Trauer auch von Hintergrundumständen beeinflußt, die sich in den Variablen der Zurechenbarkeit, der Bereitschaft und des Verdienstes niederschlagen. Betrachten wir zum Beispiel die Zurechenbarkeit. Es könnte die Trauer ein wenig lindern, wenn der Tod des geliebten Verstorbenen unpersönlichen Umständen zugeschrieben werden kann. Es wird die Intensität der Trauer gewöhnlich mindern, wenn man glaubt, der Tod sei Gottes Wille gewesen. Aus ähnlichen Erwägungen unterläßt man es in Gedenkbüchlein für gefallene Soldaten, auf fatale Fehler befreundeter Streitkräfte zu verweisen, die hätten vermieden werden können. Besonders schwer ist es für Eltern, mit dem Tod eines Kindes fertig zu werden, das Selbstmord begangen hat. In diesem Fall hatte das Kind – und manchmal auch die Eltern – größere Kontrolle über das auslösende Ereignis als in den meisten anderen Fällen. Diese Eltern werden versuchen, andere Leute oder äußere Umstände, die sich ihrer Kontrolle entziehen, verantwortlich zu machen. Ich weiß zum Beispiel von einem Vater, dessen Sohn in der Armee Selbstmord begangen hatte und der den Vorgesetzten seines Sohnes bezichtigte, für den Selbstmord seines Sohnes verantwortlich zu sein. Einige Tage später wurde ein Brief des Sohnes gefunden, in dem dieser seinen Vater bezichtigte, für seinen Selbstmord verantwortlich zu sein. Es gibt Hinweise darauf, daß Eltern von Kindern, die Selbstmord begangen haben oder bei einem Unfall ums Leben gekommen sind, mehr Schuldgefühle haben als die Eltern von Kindern, die an einer chronischen Krankheit gestorben sind. Die Todesfälle durch Selbstmord oder Unfall können als vermeidbar betrachtet werden und lösen deshalb eher Schuldgefühle aus.[25]

Es hat ebenfalls Einfluß auf unsere Trauer, wenn wir auf den Tod eines uns nahestehenden Menschen gefaßt sind. Wenn wir bei jemandem, der lange Zeit schwer krank war, mit dem Tod rechnen, ist unsere Trauer nicht so intensiv wie im Fall eines plötzlichen Todes. Wenn wir glauben, jemand habe den Tod verdient – was bei einem uns nahestehenden Menschen ziemlich selten sein dürfte –, wird die Intensität unserer Trauer ein wenig geringer sein.

12 Sorge um unsere Zukunft
Hoffnung und Furcht

Hoffnung entspringt ewig in der menschlichen Brust.
Alexander Pope

Dieses Kapitel behandelt die Gruppe der Emotionen, die unserer eigenen Zukunft gelten; die beiden wesentlichen Emotionen sind hier Hoffnung und Furcht. Wegen der wichtigen Rolle, welche die Zukunft bei der Gestaltung unseres gegenwärtigen Lebens spielt, sind diese Emotionen von besonderer Bedeutung.

Obwohl die zeitliche Entfernung der Zukunft in der Regel deren Wirkung schwächt, besitzt die Zukunft einen weiteren Aspekt, der die Wirkung ihrer Ereignisse intensivieren könnte: Die Zukunft besitzt eine längere Dauer als die Gegenwart, und deshalb können künftige Ereignisse uns auf längere Zeit beschäftigen. Wie Charles Kettering gesagt hat: »Ich interessiere mich für die Zukunft, weil ich den Rest meines Lebens dort verbringen werde.« Ein künftiges Ereignis, das uns längere Zeit beschäftigt, wird als stärker und zentraler für uns wahrgenommen.

Hoffnung

Hoffnung ist ein gutes Frühstück, aber ein schlechtes Abendbrot.
Francis Bacon

Wer ist törichter, das Kind, das die Dunkelheit scheut, oder der Mann, der das Licht scheut?
Maurice Freehill

In der griechischen Mythologie heißt es, Prometheus habe den Göttern das Feuer gestohlen und es den Menschen gebracht.

Erzürnt darüber schickte Zeus Pandora auf die Erde, mit einer Büchse, die sie niemals öffnen sollte. Pandora aber konnte der Versuchung nicht widerstehen, öffnete die Büchse, und heraus strömte eine Wolke mit allen Übeln, die die Erde überzogen. Als Pandora den Deckel der Büchse schloß, blieb nur die Hoffnung darin. Der Bruder des Prometheus, Epimetheus (dessen Name mit »der Nachherbedenkende« übersetzt werden kann), heiratete Pandora, obwohl sie als einzige Mitgift nur die Hoffnung besaß. Epimetheus war weise genug, den Wert des Geschenks der Hoffnung zu erkennen.[1]

Die Hoffnung wird in vielen persönlichen, politischen, psychologischen und religiösen Kontexten als ein Segen betrachtet. So gilt die Hoffnung im Christentum als eine der drei theologischen Tugenden – die beiden anderen sind der Glaube und die Liebe. Vielfach wird die Hoffnung als eine von Gott geschenkte Tugend betrachtet, die uns direkt mit Gott verbindet. Im Bereich der Philosophie sei auf das Werk von Ernst Bloch verwiesen, das die Bedeutung der Hoffnung für ein moralischeres und erfülltes Leben unterstreicht. Die Hoffnung hilft uns, Schwierigkeiten im Alltag zu überwinden, indem sie unseren Blick über diese Schwierigkeiten hinweg auf eine bessere Zukunft lenkt. Die Hoffnung ist ein »sanftes Kissen«, auf das wir uns in der Not stützen. In vielen Fällen ist die Hoffnung die beste für uns erreichbare Medizin. Vielfach wird die Hoffnung wegen ihres großen Nutzens als eine Verpflichtung angesehen, als ein Bestandteil unserer Pflicht, unser Leben und das Leben anderer unter moralischen und anderen qualitativen Aspekten zu verbessern.[2]

Man hat die Hoffnung aber auch negativ bewertet. Diese Sichtweise begegnet uns beispielsweise bei Platon, Kant und Nietzsche. So sagte Nietzsche: »Die Hoffnung ist das übelste der Übel, weil sie die Qual der Menschen verlängert.« In der Hölle von Auschwitz bewertete Tadeusz Borowski die Hoffnung als nutzlos, ja sogar schädlich: »Wir haben nicht gelernt, der Hoffnung zu entsagen, und deshalb sterben wir im Gas.«[3] Die Hoffnung kann einen negativen moralischen Wert haben, wenn die Hoffnung auf eine bessere Zukunft uns veranlaßt, gegenwärtige Übel zu übersehen. In diesem Fall hat die Hoffnung etwas Trügerisches; daher stammt der Spruch, die Hoffnung sei ein schlechter Ratgeber, aber ein sehr guter Weggefährte. Es sei noch vermerkt, daß die Hoffnung ihren moralischen Wert verliert, wenn sie sich auf unmoralische Dinge richtet.

Die Hoffnung ist nicht so intensiv wie andere typische Emotionen wegen des zeitlichen Abstandes zwischen uns und dem emotionalen Objekt. Liegt das emotionale Objekt der Hoffnung jedoch nicht in so ferner Zukunft, kann die Hoffnung intensiv sein und hat dann alle emotionalen Merkmale einschließlich eines intensiven Gefühls. Die Furcht, die ebenfalls einer künftigen Situation gilt, ist sehr viel intensiver und wird oft als die elementarste typische Emotion betrachtet. Dieser Unterschied beruht darauf, daß wir negativen Ereignissen eine größere emotionale Wirkung beimessen als positiven.

Als Sentiment betrachtet, ist die Hoffnung etwas wie ein Hintergrundrahmen, der für das menschliche Leben von elementarer Bedeutung ist: Eine Person ist jemand, der Hoffnung hat – wer »ohne Hoffnung« ist, ist dem Grabe nahe. Hoffnung ist in diesem Sinne eine umfassende Einstellung, die unsere Grundhaltung zum Leben bestimmt. Hoffnung hilft uns, Alltagsnöte zu überwinden, weil sie uns den Wert des Lebens schätzen lehrt und uns auf eine bessere und gerechtere Zukunft hin orientiert; eine hoffnungsvolle Haltung wie diese ist von großem praktischem und moralischem Wert.

Hoffnung und Furcht enthalten zwei intentionale Elemente: (a) den tiefen Wunsch, in einer bestimmten Situation zu sein oder diese zu meiden, und (b) die Ansicht, die erwünschte oder unerwünschte Situation sei wahrscheinlich. Im ersten Element kommen die evaluative und die motivationale Komponente, im zweiten die kognitive Komponente zum Ausdruck. Hoffnung kann auch dann bestehen, wenn die Wahrscheinlichkeit der erwünschten Situation gering ist; in diesem Fall hoffen wir wider Erwarten, also gegen die Wahrscheinlichkeit. Schätzen wir die Wahrscheinlichkeit des erwünschten Ereignisses hoch ein, sagen wir gern: »Ich rechne damit, daß...« In diesem Fall hoffen wir nicht nur, daß das Objekt der Hoffnung erreicht werden wird, sondern wir erwarten es. Wenn die Wahrscheinlichkeit gering ist, sagen wir vielleicht: »Ich hoffe das Beste, rechne aber mit dem Schlimmsten.« Wenn die Wahrscheinlichkeit ziemlich hoch ist und wir keine Schwierigkeiten sehen, die erwünschte Situation zu erreichen, ist unsere Hoffnung, wenn überhaupt, nicht besonders intensiv. In allen typischen Fällen von Hoffnung ist es schwierig, aber gleichwohl möglich, die erwünschte Situation zu erreichen.[4]

Was die Hoffnung von der Phantasie unterscheidet, ist das Element der Wahrscheinlichkeit. In der Phantasie spielt das kognitive Element – die Einschätzung der Wahrscheinlichkeit – keine Rolle. Die Hoffnung dreht sich um künftige Ungewißheiten, die aber nicht zu groß sein sollten. Wenn die Wahrscheinlichkeit, das Erhoffte zu erreichen, unrealistisch gering ist, ist Hoffnung in der Regel nicht angebracht, und sie ist dann auch nicht intensiv; insofern richtet sich die Hoffnung auf eine realistische Vorstellung.

Der Optimismus ist eng mit der Hoffnung verwandt: In beiden Fällen antizipieren wir mögliche positive Ereignisse. Doch ist der Optimismus keine Emotion, sondern eine Haltung, die sich zu einer Stimmung oder einer Emotion entwickeln kann. Sie können hier unterscheiden zwischen Erwartung, Optimismus und Hoffnung. Ich kann X erwarten, ohne X als positiv oder negativ zu betrachten. Wenn ich hinsichtlich X optimistisch bin, betrachte ich X positiv, was aber noch nicht heißt, daß ich zu X eine emotionale Haltung habe. Ich kann ohne jede emotionale Beteiligung hinsichtlich der zukünftigen Entwicklung einer Stadt optimistisch sein. Hoffnung heißt nicht nur, ein positives Ereignis zu erwarten, sondern mißt diesem eine persönliche Bedeutung bei, die aus ihr eine emotionale Erfahrung macht. Sie drückt besser unsere persönlichen Wertvorstellungen aus. Optimismus bezieht sich auf unsere Einschätzung der Lage und nicht, wie die Hoffnung, auf unsere Werte. Die Bedeutung eines Ereignisses rechtfertigt als solche keinen Optimismus. So könnte man zu jemandem, der wahrscheinlich unheilbar an Krebs erkrankt ist, sagen: »Es besteht wenig Anlaß zu Optimismus, aber gib die Hoffnung nicht auf.«[5] Wir können die hoffnungsfrohe Haltung, in der sich Optimismus oder eine optimistische Veranlagung äußert, als eine Art affektives Merkmal bezeichnen.

Hoffnung und Optimismus neigen dazu, sich selbst zu bewahrheiten. Sie können sich zum Beispiel segensreich auf die Genesung von einer Krankheit auswirken, und umgekehrt kann Pessimismus das Gegenteil bewirken. Des weiteren hat man festgestellt, daß die Stärke der Hoffnung eines Schülers ein besserer Prädiktor seiner Noten ist als sein Abschneiden bei einem Intelligenztest.[6] Optimisten führen einen Mißerfolg auf etwas zurück, das sich ändern läßt, und das ermöglicht es ihnen, beim nächsten Mal einen Erfolg zu erwarten. Pessimisten nehmen die Schuld an einem Mißerfolg auf sich und schreiben ihn einer

Eigenschaft zu, an der sie nichts ändern können; daher neigen sie zur Depression.[7] Seligman hat gezeigt, daß die Leistung bei gleicher Intelligenz nicht nur von der Begabung abhängt, sondern auch von der Fähigkeit, eine Niederlage auszuhalten. Die Fähigkeit, eine Ablehnung mit Anstand hinzunehmen, ist für Verkäufer jeglicher Art wichtig, besonders wenn es um ein Produkt wie Versicherungen geht, wo man entmutigend oft ein »Nein danke!« zu hören bekommt. Die emotionale Reaktion auf eine Niederlage ist entscheidend für die Fähigkeit, eine hinreichende Motivation zum Weitermachen aufzubieten. Optimistische Versicherungsagenten verkauften im ersten Jahr 29 Prozent mehr Versicherungen und im zweiten Jahr 130 Prozent mehr als ihre pessimistischen Kollegen.[8] Wie Präsident Eisenhower einmal sagte: »Pessimismus hat noch nie eine Schlacht gewonnen.« Im Gegensatz zu dem verbreiteten Vorurteil, Hoffnungen seien nutzlos, hat die Hoffnung also einen hohen funktionalen Wert.[9] Das beruht nicht auf irgendwelchen rätselhaften Zusammenhängen, sondern auf der Tatsache, daß eine hoffnungsvolle Einstellung uns in die Lage versetzt, mit alltäglichen Schwierigkeiten besser fertig zu werden. Hoffnung, sagt man, seien die Träume der Wachen, aber diese Träume sind oft sehr realistisch.

Die Hoffnung kann als Traum oder Ideal fungieren, das uns hilft, mit den Schwierigkeiten unseres Lebens fertig zu werden. Als Beispiel könnte man anführen, daß das schöne Lied »Home, Sweet Home« von einem wohnungsbedürftigen Wanderer in einer Ecke eines New Yorker Cafés komponiert wurde. Unsere Hoffnungen wie unsere Träume kann uns niemand stehlen, und wenn die Realität uns schwer bedrängt, können wir uns unseren süßen Hoffnungen hingegeben. In diesem Sinne ist die Hoffnung fundamental für unser Leben. Es scheint, als seien Kinder hoffnungsvoller als Erwachsene – auch daran mag es liegen, daß Kinder so attraktiv sind.

Der Verlust der Hoffnung wiegt schwer. Wer die Hoffnung verliert, verliert die Fähigkeit, sich vorzustellen, daß die Dinge sich zum Besseren wenden können, und das ist ein ganz großer Verlust, vielleicht der tragischste von allen.

Furcht

Ich fürchte mich nicht vor morgen,
denn ich habe den gestrigen Tag gesehen, und ich lebe heute.
William Allen White

Alles, was ich jemals getan habe und was sich letztlich als lohnend erwiesen hat, hat mich zunächst zu Tode erschreckt.
Betty Bender

Wir können zwischen akuter und chronischer Furcht unterscheiden. Akute Furcht, etwa die Furcht vor Schlangen oder die Furcht eines ängstlichen Passagiers, wenn ein Flugzeug zur Landung ansetzt, ist in der Regel von kurzer Dauer, hat einen hohen Spitzenwert der Intensität, wird durch konkrete Reize oder Situationen ausgelöst und ist leicht zu bemerken. Chronische Furcht dagegen, etwa die Furcht vor dem Altwerden oder dem Alleinsein, ist in der Regel von längerer Dauer, ihre Spitzenintensität ist die meiste Zeit geringer, sie ist nicht zwingend an konkrete Reize oder Situationen gebunden, und sie ist schwerer zu entdecken. Chronische Furcht ist eine Art Sentiment.[10]

Furcht hat die folgenden intentionalen Komponenten: (a) eine kognitive Komponente, die der unerwünschten Situation eine bestimmte Wahrscheinlichkeit zuschreibt, (b) eine evaluative Komponente, die eine sehr negative Bewertung der Situation enthält, und (c) eine motivationale Komponente, in der sich ein starker Wunsch und Handlungsbereitschaft äußern. Dieselben Komponenten finden sich auch bei der Hoffnung, nur daß dort die Bewertung positiv ist. Die Präsenz einer gewissen Wahrscheinlichkeit, daß das unerwünschte Ereignis nicht eintreten wird, verweist auf den engen Zusammenhang zwischen Furcht und Hoffnung. Furcht impliziert Hoffnung. Die Ansicht, daß etwas vermieden oder behoben werden kann, ist typisch für die Hoffnung, und diese Ansicht trifft man nicht an, wenn die Lage hoffnungslos ist. Umgekehrt impliziert Hoffnung auch Furcht, nämlich die Ansicht, daß das erwünschte Ereignis nicht eintreten wird.[11] Wie die Hoffnung neigt auch die Furcht dazu, sich zu bewahrheiten, indem sie Hoffnung und Optimismus blockiert, die die Erfolgsquote steigern. Der Kletterer, der abzustürzen fürchtet, erhöht ebendadurch die Wahrscheinlichkeit, daß genau dies eintreten wird.[12]

Die Furcht hat sich evolutionär als eine Reaktion auf existentielle Bedrohungen entwickelt; ihr Anpassungswert ist offenkundig, und es ist nicht erstaunlich, daß sie in unserer persönlichen Entwicklung schon recht früh auftritt, nämlich um den achten Lebensmonat; von einigen Furchtreaktionen ist anzunehmen, daß sie dispositiv sind.[13]

Daß die eigene Person im Zentrum der Furcht steht, ist offenkundig; weniger offenkundig ist dagegen, was denn das emotionale Objekt einer bestimmten Furcht sein könnte. Wir können verschiedene Typen von emotionalen Objekten für die Furcht ausmachen: eine bestimmte Situation – ich fürchte mich vor der Dunkelheit; eine andere Person – ich fürchte mich vor dieser gewalttätigen Person; man selbst – ich fürchte mich, meinen Ruf als der intelligenteste Mensch in meiner Fakultät zu verlieren. Die bevorstehende Reihenfolge spiegelt anscheinend die Reihenfolge der Entwicklung der einzelnen Typen von Furcht wider: Die Furcht, deren Objekt eine bestimmte Situation ist, trat in unserer Evolution zuerst auf, während die Furcht, deren Objekt man selbst ist, als letzte auftrat.

Mit Rücksicht auf die verschiedenen Typen emotionaler Objekte kann man die Furcht entweder jenen Emotionen zuordnen, die auf andere gerichtet sind (oder auf äußere Objekte insgesamt), oder jenen Emotionen, die auf uns selbst gerichtet sind. Ich habe mich entschlossen, sie der letzteren Gruppe zuzuordnen, weil die Furcht in den meisten Alltagssituationen keine existentielle, sondern eine soziale ist, und in diesem Fall ist man selbst das emotionale Objekt.

Da die Furcht entscheidend zur Verbesserung unserer Überlebenschancen beiträgt, ist es nicht erstaunlich, daß sie unter Tieren und Menschen verbreitet ist. Die Furcht trägt nicht nur im existentiellen, sondern auch im sozialen Sinne zu unserer Sicherheit bei, denn sie hält uns ständig unsere Normen bewußt und unterbindet manche Handlungen, die gegen sie verstoßen könnten. Das Auftreten von Furcht deutet darauf hin, daß etwas, was wir schätzen, gefährdet ist. Der Nutzen der Furcht hängt wie der vieler anderer Emotionen von den spezifischen Umständen ab. Wenn die Furcht sich auf Ereignisse mit negativen Folgen für uns bezieht, hat sie einen positiven Wert; wenn sie uns daran hindert, etwas zu tun, das positive Folgen für uns hat, hat sie einen negativen Wert.

Anhand der beiden grundlegenden intentionalen Elemente von Furcht und Hoffnung – dem Wunsch, in einer bestimmten Situation zu sein oder diese zu meiden – sowie der Ansicht, daß die erwünschte oder unerwünschte Situation wahrscheinlich ist, können wir die folgende Familie von Einstellungen beschreiben (dabei ist A eine Person, P ein Ereignis; nicht-P ist das Ausbleiben des Ereignisses):

- *Hoffnung* – A wünscht, daß P, und denkt, daß P wahrscheinlich ist;
- *Furcht* – A wünscht, daß nicht-P, denkt aber, daß P wahrscheinlich ist;
- *Verzagtheit* – A wünscht, daß P, denkt aber, daß P ausgeschlossen ist;
- *Resignation* – A wünscht, daß nicht-P, denkt aber, daß P sicher ist;
- *Zuversicht* – A wünscht, daß P, und denkt, daß P sicher ist; und A wünscht, daß nicht-P, und denkt, daß P ausgeschlossen ist.[14]

Die Tatsache, daß P und nicht-P sowohl in der Hoffnung als auch in der Furcht wahrscheinlich sind, deutet darauf hin, daß es tatsächlich keine Hoffnung ohne Furcht und keine Furcht ohne Hoffnung gibt. Wenn P oder nicht-P als sicher oder ausgeschlossen gelten, sind Hoffnung und Furcht nicht evident. Ich halte Hoffnung und Furcht für typische Emotionen, glaube aber, daß *Verzagtheit* und *Resignation* in der Regel affektive, aber nicht emotionale Einstellungen sind; was die *Zuversicht* betrifft, so ist sie möglicherweise gar keine affektive Einstellung.

Die *Verzagtheit* ähnelt der Hoffnung in ihrer evaluativen Komponente, unterscheidet sich aber in der kognitiven Komponente durch die Ansicht, daß die erwünschte Situation ausgeschlossen ist. Dieser Unterschied schlägt sich auch in einem Unterschied der motivationalen Komponente nieder: Zwar liegt sowohl in der Hoffnung als auch in der Verzagtheit ein starker Wunsch nach einer bestimmten Situation vor, doch geht er nicht mit Handlungsbereitschaft einher. Die Ansicht, daß keine Handlung die erwünschte Situation herbeizuführen vermag, macht den Wert jeder Handlung zunichte. Die Verzagtheit ähnelt mehr einer negativen Stimmung und kann sich manchmal in die nichtaffektive Haltung der Gleichgültigkeit verwandeln. In einer Folge der Fernsehserie *Seinfeld* äußert George seine Hoffnung, hoffnungslos zu sein, also in einem Zustand der Verzagtheit zu verharren; er erklärt, seine Mißerfolge bei Frauen interessierten ihn nicht mehr. Einem solchen Mangel an Interesse geht ein Mangel an einer emotionalen Einstellung voraus.

In diesem Zusammenhang schlägt Day vor, zwischen *Verzagtheit* und *Verzweiflung* zu unterscheiden. In beiden Fällen gilt: A wünscht, daß P, denkt aber, daß P ausgeschlossen ist. Der Unterschied betrifft die motivationale Komponente: Wenn A verzagt ist, wird er nichts tun; wenn A verzweifelt ist, wird er etwas tun, obwohl er denkt, daß ein Erfolg ausgeschlossen ist.[15] Dabei ist zu beachten, daß die Handlungen eines verzweifelten Menschen in der Regel nichts mit der spezifischen erwünschten Situation zu tun haben, da eine solche Situation als ausgeschlossen betrachtet wird; diese Handlungen hängen gewöhnlich mit anderen Aspekten des Lebens der betroffenen Person zusammen.

Resignation stimmt mit der Furcht in der evaluativen Komponente überein, unterscheidet sich aber in der kognitiven Komponente, da sie mit der Ansicht verbunden ist, das unerwünschte Ereignis sei sicher. Dieser Unterschied schlägt sich auch in unterschiedlichen motivationalen Komponenten nieder: Zwar liegt sowohl in der Furcht als auch in der Resignation ein starker Wunsch vor, eine bestimmte Situation zu vermeiden, doch ist dieser Wunsch in der Resignation nicht mit Handlungsbereitschaft verbunden. Die Ansicht, keine Handlung werde die unerwünschte Situation verhindern können, macht den Wert jeder Handlung zunichte. Die Resignation ähnelt wie die Verzagtheit einer negativen Stimmung und kann sich manchmal in die nichtaffektive Haltung der Gleichgültigkeit verwandeln.

Das *Entsetzen* ist so etwas wie eine intensive Furcht, die die Flucht oder jede andere realisierbare Art der Bewältigung der Situation verneint. Das Entsetzen stimmt mit der Resignation in dem Wunsch überein, daß etwas nicht geschehen möge, hält aber sein Eintreten für nahezu unausweichlich. Während die Resignation aber zu einer nichtaffektiven Haltung führen kann, ist das Entsetzen immer ein intensiver affektiver Zustand – so etwas wie ein mildes Entsetzen gibt es nicht.

Mut wird oft als das Gegenteil der Furcht betrachtet. Was die beiden oben erwähnten Elemente des Wünschens und Denkens betrifft, ähnelt der Mut der Furcht, da man ihn ebenfalls durch die Aussage beschreiben kann: A wünscht, daß nicht-P, denkt aber, daß P wahrscheinlich ist. Die evaluative Komponente scheint in der Furcht und im Mut übereinzustimmen, denn in beiden Fällen besteht eine negative Bewertung von P. Die kognitive Komponente scheint ebenfalls in beiden Einstellungen übereinzustimmen, da sie in beiden Fällen in der Ansicht besteht, daß P wahrscheinlich ist; allerdings ist die Wahrscheinlichkeit, die P zugeschrieben wird, beim Mut erheblich größer. Der signifikante Unterschied zwischen Furcht und Mut betrifft die motivationale Komponente: Während im Fall der Furcht die Flucht das typische Verhalten ist, tritt der Akteur im Fall des Mutes der Gefahr entgegen, weil er denkt, daß er sie bezwingen kann.

Mut wird oft gleichgesetzt mit Furchtlosigkeit, also mit der Abwesenheit von Furcht. Das ist irreführend, denn Mut scheint weniger ein Mangel an Furcht zu sein als vielmehr eine Art, die Furcht zu bekämpfen. Aristoteles bezeichnet den als mutig, der »erträgt und fürchtet, was man soll und weswegen man es soll und wie und wann, und wer in gleicher Weise Zuversicht hat«.[16] Es ist nicht die Abwesenheit von Furcht, sondern die Anwesenheit von Zuversicht unter furchterregenden Umständen, was den Mutigen auszeichnet. Menschen, die mutige Taten vollbracht haben, beschreiben ihre Einstellung während der Tat als Zuversicht unter Furcht. Daneben gibt es eine kleine Zahl von Menschen, die gegen Furcht relativ immun sind; so erleben sie zum Beispiel keine der üblichen körperlichen Begleiterscheinungen der Furcht wie Herzklopfen oder Schwitzen. Diese Menschen mögen furchtlos sein, aber mutig sind sie nicht – sie empfinden keine Furcht, die sie bekämpfen oder überwinden müßten. Was den Mut von der Furchtlosigkeit unterscheidet, ist das echte Bemühen, die Furcht zu bekämpfen oder zu überwinden. Nicht die Furcht macht man Menschen zum Vorwurf, sondern das fehlende echte Bemühen, die Furcht zu bekämpfen und zu überwinden; wer dies tut, zeigt Mut und wird hoch gelobt.[17]

Eine interessante Untersuchung zu diesem Punkt betraf die Einstellungen von Astronauten. Sie hatten während des Trainings Furcht empfunden, doch anschließend konnten sie den Raumflug mit minimaler Furcht absolvieren: Bei ihnen hatte sich ein Übergang vom Mut zur Furchtlosigkeit vollzogen. Die Astronauten waren offenbar der Überzeugung, ihr intensives Training habe sie befähigt, mit jedem Notfall fertig zu werden, und deshalb konnten sie die Haltung der Furchtlosigkeit einnehmen. Dies deutet darauf hin, daß Furchtlosigkeit erworben werden kann; das erfolgreiche Einüben eines mutigen Verhaltens führt zu einer Abnahme der Furcht und schließlich zu einem Zustand der Furchtlosigkeit.[18]

Im Lichte der obigen Unterscheidung ist Mut offenbar keine Emotion, sondern eher eine Verhaltenseinstellung. Die Gefühlskomponente beim Mut ist dementsprechend nicht immer intensiv. Der Mut mag mit Furcht zusammenhängen, aber er ist nicht das Gegenteil von Furcht.

Aus der Sicht des Akteurs, der eine bestimmte Tat vollführt, kann diese Tat nur dann als mutig gelten, wenn zugleich die Furcht bekämpft oder überwunden wird. Aus der Sicht eines Beobachters kann eine bestimmte Tat als mutig betrachtet werden, wenn mit den gegebenen Umständen gewöhnlich Furcht verbunden ist. Eine solche Zuschreibung kann jedoch falsch sein, und wir müssen die Haltung des Akteurs berücksichtigen, um zu bestimmen, ob wir es mit Mut oder mit Furchtlosigkeit zu tun haben. Da Mut durch die Art und Weise definiert ist, wie der Akteur mit seinen Befürchtungen umgeht, kann jeder – und nicht nur eine Handvoll ausgewählter Männer – mutige Taten vollbringen.[19]

Die Feigheit, das Gegenteil von Mut, kann auf ähnliche Art analysiert werden. Spinoza bezeichnet die Feigheit als Furcht vor einem Übel, das die meisten nicht zu fürchten pflegen.[20] Wenn wir von einer feigen Handlungsweise sprechen, dann sprechen wir von einer Verhaltenseinstellung, nicht von einer selbständigen Emotion. Feigheit kann sich aber auch auf eine dauerhaftere Eigenschaft des Akteurs beziehen und meint dann eher ein Sentiment oder ein affektives Merkmal. Der Mut kann ebenfalls als ein spezifisches Verhalten, ein Sentiment oder ein affektives Merkmal bezeichnet werden.

Die Furcht sollte man von *Angst* und *Beklemmung* unterscheiden. Furcht ist eine Emotion mit einem bestimmten Objekt; Angst ist eine affektive Störung, deren Gegenstand verglichen mit der Furcht umfassender ist. Die Beklemmung nimmt eine Mittelstellung zwischen Furcht und Angst ein. Im Unterschied zur Angst, deren Objekt nicht immer eindeutig ist, ist das Objekt der Beklemmung die eigene Person. Verglichen mit der Furcht stehen bei der Beklemmung Grundprobleme unserer Existenz im Mittelpunkt; von vorrangigem Belang sind das Wesen der eigenen Person und ihre Zukunft.[21] Wegen ihrer allgemeinen Natur kann die Beklemmung nicht als eine typische Emotion betrachtet werden, aber gleichwohl ist sie einer typischen Emotion ähnlicher als die Angst.

13 Betrachtung unseres eigenen Tuns
Stolz, Bedauern, Schuld und Verlegenheit

Das einzige, was ich in meinem Leben bedauere, ist,
daß ich nicht jemand anders bin.
Woody Allen

In diesem Kapitel beschreibe ich Emotionen, die sich auf unser eigenes Tun beziehen, sei es in der Vergangenheit, sei es in der Gegenwart. Wenn wir unser vergangenes Tun negativ bewerten, empfinden wir möglicherweise ein Gefühl des Bedauerns; wenn wir es positiv bewerten, kommt möglicherweise ein Gefühl des Stolzes auf. Unser gegenwärtiges Tun löst in uns vielleicht ein Gefühl der Verlegenheit, ein Schuldgefühl oder Stolz aus. »Stolz« wird offenbar zur Bezeichnung unserer positiven Haltung sowohl früherer als auch gegenwärtiger Handlungen verwendet. Differenzierter sind die Begriffe im negativen Bereich: Bedauern bezieht sich eindeutig auf frühere, Verlegenheit auf gegenwärtige Handlungen; ein Schuldgefühl kann beim Nachdenken sowohl über unsere früheren als auch über unsere gegenwärtigen Handlungen entstehen.

Stolz

Wenn man so groß ist wie ich, ist es schwer, bescheiden zu sein.
Muhammad Ali

Ich habe mir angewöhnt, den Klodeckel runterzumachen …
man gilt dann als ein barmherziger, fürsorglicher, einfühlsamer Mensch.
Ralph Noble

Stolz beruht vor allem auf zwei Elementen: (a) man bewertet etwas als positiv, (b) man betrachtet sich als irgendwie mit diesem Positiven verbunden. Stolz hängt von beiden Elementen ab, und wenn eines davon weniger stark ist, kann die größere Stärke des anderen dies wettmachen. Fehlt eines davon ganz, entsteht gewöhnlich kein Stolz. Was die Art der Verbindung mit uns selbst angeht, gibt es mehrere Varianten: Ich bin für das Zustandekommen eines Ereignisses verantwortlich, ich besitze ein bestimmtes Ding, ich bin mit einer Person verbunden, die für das Ereignis verantwortlich ist oder ein bestimmtes Ding besitzt usw.

Der komparative Aspekt spielt beim Stolz wie bei anderen Emotionen eine große Rolle. Von größter Bedeutung ist der komparative und nicht der absolute Wert. Einen Wettkampf zu gewinnen oder in anderer Hinsicht der erste zu sein ist eine Quelle großen Stolzes. Stolz setzt nicht Exklusivität voraus, wohl aber einen vergleichsweise hohen Wert und oft auch Überlegenheit. Wir können stolz auf etwas sein, was viele Menschen haben, zum Beispiel auf unsere Gesundheit oder darauf, daß wir zu einer bestimmten Nation gehören. Wir teilen das Objekt unseres Stolzes zwar mit vielen, sind aber dennoch in einer besseren Lage als andere, mit denen wir uns vergleichen können. Ein Behinderter kann stolz darauf sein, daß er eine einfache

Verrichtung zustande bringt, die viele Nichtbehinderte spielend schaffen. Der Stolz rührt in diesem Fall nicht daher, daß er die Verrichtung geschafft hat, sondern daher, daß er ein persönliches Handicap überwunden hat.

Je exklusiver eine bestimmte Qualität ist, desto stolzer sind wir, wenn wir sie besitzen. Wenn wir jedoch zwei Leistungen von unterschiedlicher Schwierigkeit und einem unterschiedlichen Grad der Exklusivität miteinander vergleichen, ist unklar, welche größeren Stolz erzeugen wird: die, bei der die Schwierigkeit größer, die Exklusivität aber geringer ist, oder die andere, bei der die Schwierigkeit kleiner, die Exklusivität aber größer ist. Die Klärung hängt hier natürlich vom jeweiligen Kontext und von der Art der Leistung und der Exklusivität ab.

Die Wichtigkeit des komparativen Aspekts für den Stolz deutet darauf hin, daß es, obwohl der Stolz sich auf uns selbst bezieht, auch und besonders auf die Meinung anderer ankommt. Wenn wir zum Beispiel eine Leistung vollbringen, die nicht an eine frühere Leistung von uns heranreicht, wir aber ungeachtet dessen von unserer Umgebung für diese Leistung gelobt werden, können wir trotzdem Stolz empfinden. Die Wichtigkeit des Beifalls unserer Umgebung für die Entstehung von Stolz kann uns sogar dazu bewegen, stolz auf Taten zu sein, die wir für moralisch fragwürdig halten. Der Stolz, den wir unter diesen Bedingungen empfinden, wird jedoch nicht so groß sein wie der Stolz, der sich mit unseren Wertvorstellungen und Anschauungen vereinbaren läßt.

Stolz können wir nicht nur auf Leistungen, sondern auch auf »Gaben« sein. Wir sind nicht nur stolz auf etwas, das wir durch Einsatz von Anstrengungen und Können zielstrebig erreicht haben, zum Beispiel den Sieg in einem Wettbewerb, sondern auch auf etwas, das wir geerbt haben, zum Beispiel ein gutes Aussehen. Leistungen von Gaben zu unterscheiden ist schwer, da Leistungen auch auf natürlichen Gaben wie dem Talent beruhen. Man könnte sogar sagen, daß am Ende alles eine Gabe ist. Talent oder Herzensgüte, die Fähigkeit zur Selbstdisziplin und zur Selbstentwicklung sind ebenso Gaben wie die Lernfähigkeit.[1]

Ob ein Attribut als Gabe oder als Leistung betrachtet wird, ist von Bedeutung für die Frage der Verantwortung. Für eine Gabe sind wir nicht im gleichen Maße verantwortlich wie für unsere Handlungen oder Leistungen. Die Unfähigkeit, Gaben von Leistungen zu unterscheiden, könnte den ganzen Begriff der persönlichen Verantwortung gefährden.

Interessant ist, daß wir oft stolz auf unsere Gesundheit sind, uns jedoch nicht im gleichen Maße beschämt oder schuldig fühlen, wenn wir krank sind. Wir neigen zu der Ansicht, daß wir dank unserer Mühe oder unserer besonderen Lebensweise gesund sind, während wir die Krankheit auf Faktoren zurückführen, die uns äußerlich sind. Hier besteht eine Parallele zu unserer Tendenz, unseren Erfolg uns selbst zuzuschreiben, unser Scheitern jedoch anderen oder äußeren Faktoren.

Stolz ist so etwas wie Freude über den Besitz einer Qualität, die man schätzt. Daher die Neigung, diese Freude dadurch zu vergrößern, daß wir uns Qualitäten zuschreiben, die wir nicht besitzen, oder daß wir die guten Qualitäten, die wir zufällig besitzen mögen, zu hoch bewerten.[2] Diese Tendenz, uns selbst Gaben zuzuschreiben, erfüllt eine wichtige Funktion für die Bewahrung unserer Selbstachtung.

Bedauern

Die Chancen, die du nicht genutzt hast,
wirst du hundertprozentig bereuen.
Michael Jordan

Regrets, I had a few, but then again, too few to mention …
I did it my way.
Frank Sinatra

Bedauern bedeutet im Grunde, einer Alternative nachzutrauern, die für uns erreichbar war, die wir aber nicht ergriffen haben. Je leichter wir sie hätten erreichen können, desto heftiger ist unser Bedauern. Wenn wir unseren Bus um eine Minute verpaßt haben, ist unser Bedauern größer, als wenn wir ihn um zwanzig Minuten verpaßt haben.

Die Beschäftigung mit der Vergangenheit wird bei uns negativ bewertet. Das kommt in vielen Redensarten zum Ausdruck: »Man soll nicht über verschüttete Milch klagen«, »Du kannst die Uhr nicht zurückdrehen« und »Vorbei ist vorbei«. In einer zielorientierten Gesellschaft wie der westlichen interessiert die Vergangenheit nicht: Unsere Blicke richten sich auf die Zukunft, denn dort liegen unsere Ziele. Das Meiden der Vergangenheit ist eine verbreitete Haltung. Hinter dieser negativen Haltung zur Vergangenheit steckt die Ansicht, daß es nicht rational sei, Ressourcen in vergangene Ereignisse zu investieren; unsere begrenzten Ressourcen sollten wir besser auf die künftigen Ziele ausrichten. Die Verleugnung der Vergangenheit gilt vielfach als ein Kriterium rationaler Entscheidungen. Dabei ist es durchaus rational, sich mit der Vergangenheit zu befassen, sei es auch nur aus Rücksicht auf gegenwärtige und zukünftige Umstände.

Bedauern ist eine Emotion, die mit dem Blick auf die Zukunft eine Brücke zwischen Vergangenheit und Gegenwart schlägt. Das, was wir getan oder unterlassen haben, bewerten wir negativ, und zwar im Hinblick auf gegenwärtige und künftige Erwägungen. Der zeitliche Abstand zwischen dem gegenwärtigen Zeitpunkt und dem Zeitpunkt des emotionalen Ereignisses verringert die emotionale Intensität, sowohl bei den auf die Zukunft gerichteten als auch bei den auf die Vergangenheit gerichteten Emotionen. Es ist wahr: Die Zeit heilt viele Wunden. Gegen Verbrechen, die in der Vergangenheit begangen wurden, zeigen wir mehr Nachsicht. Nach Ablauf einer gewissen Frist können wir den Täter nicht mehr belangen. Und unsere negative emotionale Bewertung seiner Person wird mit der Zeit ebenfalls schwächer. Dafür gibt es Gründe. Der Täter könnte sich inzwischen erheblich geändert haben, oder durch den zeitlichen Abstand könnten sich unser Blick und unsere emotionalen Reaktionen getrübt haben. Eine Funktion der Emotionen, die sich wie das Bedauern auf die Vergangenheit richten, besteht darin, der Vergangenheit ihre gebührende Bedeutung zuzumessen. Außerdem hoffen wir, daß wir und damit auch andere fähig sind, aus der Vergangenheit zu lernen, so daß uns frühere Fehler nicht ewig verfolgen oder peinigen.

Das Bedauern hat Einfluß auf das Verhalten der Menschen sowohl vor als auch nach einer Entscheidung, und zwar dergestalt, daß sie sich vorstellen, was sie später einmal bedauern könnten. Deshalb neigen die meisten zu Entscheidungen, die das denkbare künftige Bedauern minimieren. Solche Entscheidungen gelten in der Regel der Risikovermeidung. Man ist zum Beispiel bereit, einen monetären Gewinn zu opfern, um zu vermeiden, daß man seine Entscheidung hinterher bedauert. Das zeigte sich in einem Versuch, in dem man Lottoscheine an Studenten austeilte. Anschließend forderte man sie auf, ihren Schein gegen einen anderen auszutauschen, und als Anreiz versprach man ihnen zusätzlich einen kleinen Geldbetrag. Dazu waren weniger als 50 Prozent der Teilnehmer bereit. Als man dagegen statt der Lottoscheine Füller austeilte, waren über 90 Prozent bereit, den erhaltenen Füller gegen einen anderen auszutauschen. Dem Widerstreben, die Lottoscheine auszutauschen, liegt die Vorstellung zugrunde, daß man es hinterher bedauern könnte; das war bei den Füllern nicht der Fall. Die beiden Lottoscheine können, anders als die Füller, eine unterschiedliche Gewinnchance enthalten, und das genügt schon, um eine Vorwegnahme des Bedauerns zu erzeugen. Das Widerstreben, die Scheine auszutauschen, ist eine Entscheidung zur Minimierung des Bedauerns und damit der Risikovermeidung.[3]

Die Tendenz, das Bedauern zu minimieren, herrscht bei den meisten vor, aber nicht bei allen; einige lassen sich bei ihrer Entscheidung von der Maximierung der Freude leiten. Die Tendenz zur Minimierung des Bedauerns kann negative Folgen haben; sie kann uns lähmen und daran hindern, Erfahrungen zu machen, aus denen wir lernen könnten.

Wir können zwischen zwei Arten von Bedauern unterscheiden, dem kurz- und dem langfristigen Bedauern. Als kurzfristige Emotion gilt das Bedauern eines Verlusts, der durch eine bestimmte Veränderung verursacht wurde. Das langfristige Sentiment des Bedauerns, daß man auch als »wehmütiges Bedauern« bezeichnen könnte, gilt einem Verlust in der Vergangenheit, der Auswirkungen auf den gesamten Lebensverlauf hatte.[4] Jede Art des Bedauerns hat ihre eigenen Determinanten. Kurzfristig bedauern die Menschen stärker ihre Handlungen als ihre Unterlassungen; wenn sie dann auf ihr ganzes Leben zurückblicken, rufen die Dinge, die sie nicht getan haben, das größte Bedauern hervor. Kurzfristig bedauern viele eine kurze Sexaffäre – das ist der berühmte »Affekt am Morgen danach« –, aber langfristig bedauern sie am meisten die Sexaffären, die sie nicht gehabt haben. Bedauerliche Unterlassungen scheinen auf lange Sicht bedeutender zu sein als auf kurze Sicht. Langfristige Erwägungen gelten vornehmlich den verpaßten Gelegenheiten, kurzfristige Erwägungen dagegen mehr den tatsächlichen Gewinnen.[5]

Viele Menschen werden von der Vorstellung gequält, wie ihr Leben sich hätte entwickeln können, wenn sie den Weg genommen hätten, den sie nicht gegangen sind. Von 48 befragten Frauen gab nur eine an, sie sei ihrem Lebenstraum gefolgt, während von denen, die ihrem Lebenstraum nicht gefolgt waren, fast alle es bedauerten. In diesem Sinne heißt es in einem Artikel unter der Überschrift »The Road Not Taken« in der Zeitschrift *Glamour*: »Die meisten von uns bedauern das, was wir getan haben, nicht so sehr wie das, was wir nicht getan haben … Ich finde es schade, daß nur wenige es mir gleichgetan und den Mann geheiratet haben, den sie wirklich liebten. Dann denke ich noch an die Städte, in denen ich gern gelebt hätte, aber nicht gelebt habe, an die Kinder, die ich nicht bekommen habe, und an die beruflichen Wege, die ich gern erkundet hätte.«[6]

Warum bedauern wir kurzfristig unsere Handlungen und langfristig unsere Unterlassungen? Dazu haben Thomas Gilovich und Victoria H. Medvec eine hervorragende Untersuchung vorgelegt. Drei Mechanismen tragen danach zu dieser Tendenz bei: (1) Elemente, die die den Schmerz um bedauerliche Handlungen lindern, (2) Elemente, die den Schmerz um bedauerliche Unterlassungen verstärken, und (3) Elemente, die die Verfügbarkeit beeinflussen.[7]

Einer der Faktoren, die den Schmerz um bedauerliche Handlungen lindern, ist unsere Tendenz, eher etwas gegen die Folgen einer bedauerlichen Handlung als gegen die Folgen einer bedauerlichen Unterlassung zu unternehmen. Eine Frau, die bedauert, den Falschen geheiratet zu haben, wird sich scheiden lassen; eine Frau, die bedauert, daß sie sich den Richtigen hat entgehen lassen, muß sich in der Regel damit abfinden, daß er nicht mehr verfügbar ist. Was den Schmerz um bedauerliche Handlungen weiter verringert, ist die Erkenntnis, daß die gegebene Situation auch ihre Vorteile hat. Die Frau, die den Falschen geheiratet hat, wird gern sagen: »Ich kann meinen Exmann nicht ausstehen, aber ohne ihn hätte ich nicht diese beiden wunderbaren Kinder gehabt«; die Frau, die sich den Richtigen hat entgehen lassen, findet in der Regel weniger Trost.

Mehrere Faktoren können den Schmerz um bedauerliche Unterlassungen verstärken. Gilovich und Medvec weisen darauf hin, daß die Folgen bedauerlicher Handlungen in vielen Fällen endlich sind, nämlich begrenzt durch das, was tatsächlich geschehen ist. Das Ärgerliche an einer bedauerlichen Unterlassung sind dagegen die vielen guten Dinge, die man hätte erleben können, wenn man gehandelt hätte. Die Folgen von Unterlassungen sind dafür potentiell unendlich – begrenzt sind sie nur durch unsere Phantasie.

Bedauerliche Unterlassungen beschäftigen uns stärker als bedauerliche Handlungen, so wie uns unvollendete Aufgaben stärker beschäftigen als vollendete. Die Geschichte einer bedauerlichen Handlung ist zumeist abgeschlossen, die Geschichte einer Unterlassung ist zumeist offen. Wenn wir eine Unterlassung bedauern, geht es vielfach um nicht verwirklichte Ambitionen und unerledigte Absichten, die uns in der Erinnerung als leichter erreichbar scheinen und uns daher mehr beschäftigen als Handlungen, die bereits abgeschlossen sind.[8]

Gilovich und Medvec folgern aus ihrer Untersuchung, daß man die Menschen dazu ermutigen sollte, öfter ihren Impulsen zu folgen; sie sollten sich weniger um die kurzfristigen Folgen ihres Handelns kümmern und sich statt dessen häufiger sagen: »Tu es einfach.« Diesem Rat zu folgen ist jedoch nicht ungefährlich, denn der Status quo ist gewöhnlich sicherer als das Ausprobieren von etwas Neuem. Wer unbedachtem Handeln das Wort redet, fördert unter Umständen riskantes Verhalten und verringert die Überlebenschancen – und wenn die Verhinderung eines solchen Verhaltens nur um den Preis zu haben ist, daß man künftig von eingebildeten entgangenen Gelegenheiten verfolgt wird, dann muß man ihn eben zahlen. Aus dem Für und Wider ergibt sich, daß die normative Frage, wie wir uns in dieser Hinsicht verhalten sollten, nicht kurz und bündig beantwortet werden kann.[9]

Aus verschiedenen Untersuchungen geht hervor, daß das Bedauern am häufigsten dem eigenen Bildungsweg gilt; dies schließt selbst Leute mit einer guten Ausbildung ein. Andere, häufig genannte Anlässe zum Bedauern stammen aus den Bereichen Arbeit und Familie und betreffen hier vor allem die Ehe und die Elternschaft. Sehr oft werden die unabgeschlossene Bildung, die Ehe und die allzufrühe Geburt eines Kindes genannt, weil dadurch allzufrüh der Zugang zu einer Welt versperrt wurde, in der es andere Alternativen gegeben hätte.[10] Die hier genannten Formen des Bedauerns betreffen vornehmlich versäumte Gelegenheiten, aufzusteigen und die eigenen Fähigkeiten weiterzuentwickeln.

In der Regel gilt das Bedauern den versäumten Gelegenheiten, die wir hätten haben können, wenn wir einen anderen Weg gegangen wären, zuweilen aber auch solchen versäumten Gelegenheiten, die nichts mit unserem Verhalten oder unseren Entscheidungen zu tun haben. So sagte Eleanor Roosevelt auf die Frage, ob sie etwas bedauere, sie hätte gewünscht, hübscher zu sein.[11] Ihr Bedauern gilt langfristig versäumten Gelegenheiten, die sie auf ihre mangelnde Schönheit zurückführte, nicht aber auf einen Weg, den sie nicht gewählt hatte.

Grundsätzlich ist Bedauern eine kontrafaktische Emotion; sie gilt verpaßten Gelegenheiten. Da es ganz unabhängig davon, wer wir sind, grundsätzlich mehr Dinge gibt, die wir nicht tun können, als Dinge, die wir tun können, ist unser ganzes Leben voller verpaßter Gelegenheiten. Mißlungene Handlungen und Wege, die nicht beschritten werden, sind ein Bestandteil der menschlichen Existenz. Wir sind dazu verurteilt, Bedauern zu empfinden, und daran werden auch künftige Fortschritte nichts ändern, ganz im Gegenteil. Das moderne Leben ist gekennzeichnet von einer beträchtlichen Zunahme der möglichen Alternativen, und daher kann man mit Sicherheit vorhersagen, daß das Bedauern in der Zukunft eine noch größere Rolle spielen wird.

Schuld

Unsere Missetaten sind leicht vergessen, wenn nur wir von ihnen wissen.
François de La Rochefoucauld

Schuld ähnelt dem Bedauern insofern, als daß sie sich auf eine bestimmte Handlung (oder Unterlassung) bezieht, doch der Schwerpunkt ist ein anderer: Das Bedauern gilt einer Tat, die schädlich war, das Schuldgefühl einer Tat, die bestimmte Normen verletzte. Die beim Schuldgefühl verletzten Normen sind oft, aber nicht immer moralische Normen. So kann der Verstoß gegen eine Diät ein außermoralisches Schuldgefühl hervorrufen. Schuld empfinden wir, wenn wir etwas getan haben, das verboten ist; Bedauern empfinden wir, wenn wir etwas getan haben, das kein Erfolg war. Das Verbotene fügt in der Regel einem anderen einen Schaden zu, es kann sich aber auch um einen Akt handeln, der gegen eine Norm verstieß, ohne jemandem zu schaden.

Oft sind es ähnliche Situationen, die Schuld und Scham hervorrufen. Einen anderen zu belügen und einem anderen zu schaden, sind geläufige Situationen, die sowohl Scham als auch Schuld auslösen. Scham wird ausgelöst, wenn das negative Verhalten als Ausdruck unserer ganzen Persönlichkeit wahrgenommen wird, Schuld dagegen, wenn es als ein isolierter Akt verstanden wird, der dem anderen schadet. Handlungen, die mit Schuldgefühlen verbunden sind, entspringen eher einem Vorsatz; Eigenschaften, die Schamgefühle hervorrufen, sind dauerhafter und ungewollt. Ein Schuldgefühl entsteht daher oft, wenn wir moralisch im Unrecht sind, während Scham entsteht, wenn wir uns in einer benachteiligten Situation befinden. Sowohl bei der Schuld als auch bei der Scham geht es um uns selbst, doch betrifft die Scham unsere fundamentalen Wesenszüge, während es bei der Schuld um die Wirkung geht, die unsere Handlungen haben – meistens, aber nicht zwangsläufig auf den anderen. Wenn wir Scham empfinden, spielen Erwägungen des Schadens, den der andere erlitten hat, eine geringere Rolle als die Rückwirkung auf unsere eigene Persönlichkeit. Angesichts negativer Ereignisse, die sie selbst verursacht haben, werden schamanfällige Menschen eher an ihre persönlichen Eigenschaften denken, schuldanfällige Menschen dagegen eher an bestimmte Aspekte ihres Verhaltens.[12]

Schuld ist verbunden mit Furcht, der Furcht, daß der andere, falls keine Abhilfe geschaffen wird, zornig auf uns sein und uns sogar schaden könnte. Im Falle der Scham braucht der andere nicht zornig oder feindselig zu sein; es genügt, daß er uns seine Verachtung oder Geringschätzung zeigen könnte. Man kann sich auch dafür schämen, daß man von den verkehrten Leuten bewundert wird. Die Furcht vor Verachtung gilt in diesem Fall anderen, die die falschen Bewunderer des Betroffenen nicht schätzen.[13]

Die Scham beruht auf einer umfassenden negativen Bewertung der eigenen Person und ist eine mächtigere negative Emotion als das Schuldgefühl, das nur auf einer partiellen negativen Bewertung bestimmter Handlungen beruht. Wenn wir uns schuldig fühlen, glauben wir nämlich, daß die Situation sich durch Besserungsmaßnahmen bereinigen läßt; das ist nicht der Fall, wenn wir beschämt sind. Wiedergutmachung und Bestrafung sind im Falle der Schuld angemessen, weil wir glauben, begangenes Unrecht ungeschehen machen zu können. Diese Mittel versagen im Falle der Scham, die auf fundamentaleren Fehlern beruht. Menschen, die sich schuldig fühlen, versuchen, den angerichteten Schaden aus der Welt zu schaffen, indem sie um Entschuldigung bitten, sich erklären, Entschuldigungen vortragen, gestehen und Wiedergutmachung leisten. Das alles erfolgt nicht im Falle der Scham.[14]

Ich kann mich für die Taten eines anderen – sei es mein Kind, sei es ein Landsmann – wohl schämen, aber nicht schuldig fühlen. Schuld entsteht durch eine bestimmte Tat, für die ich als Urheber verantwortlich bin, und kann insofern nicht durch die Taten anderer entstehen. Schuldig kann ich mich für die mangelhafte Erziehung meines Kindes fühlen, die mit der Missetat meines Kindes irgendwie zusammenhängt, aber dieses Schuldgefühl beruht nicht auf der spezifischen Tat meines Kindes. Scham ist in diesem Fall angebrachter, denn die Tat könnte eine Folge meines gründlichen Versagens als Vater oder eines Mangels in meiner Persönlichkeit sein, der sich auf die von mir Abhängigen auswirkt.[15]

Gleichwohl können Menschen sich für etwas schuldig fühlen, was sie nicht getan haben und wofür sie nicht von anderen verantwortlich gemacht werden. Es kommt vor, daß eine Frau sich schuldig fühlt, wenn sie erfährt, daß ein Freund bei einem Verkehrsunfall umgekommen ist, und erkennt, daß sie das hätte verhindern können, wenn sie ihn angerufen und dadurch seine Abfahrt verzögert hätte. Ein anderes Beispiel von Schuldgefühl ohne erkennbare persönliche Verantwortung ist die Schuld, die ich empfinde, wenn es regnet, während Freunde von außerhalb bei mir zu Besuch sind. Sexuell mißbrauchte Kinder haben vielfach Schuldgefühle, obwohl sie eindeutig Opfer und nicht Täter sind. Eine verbreitete Form von Schuld ohne erkennbare Verantwortung ist die »Schuld des Überlebenden« des Holocaust. Manche leiden fortwährend unter Schuldgefühlen, weil sie Angehörige überlebt haben oder weil sie denen, die umgekommen sind, ambivalente Gefühle entgegenbrachten. Angehörige von Selbstmördern, von Opfern eines Flugzeug- oder Autounfalls oder von Mordopfern haben ebenso wie Kriegsveteranen und Holocaust-Überlebende Schuldgefühle wegen der Tatsache, daß diejenigen, die ihnen nahestanden, getötet wurden; sie fühlen sich irgendwie für den Tod dieser Menschen verantwortlich, obwohl niemand sonst sie dafür verantwortlich macht. Die Schuld der Überlebenden findet man auch bei Leuten, die ihre Stelle behalten, wenn Kollegen aus der Firma entlassen werden, und bei Leuten, die über die Erfahrung, in einer Problemfamilie aufgewachsen zu sein, hinauswachsen und Erfolg haben, während ihre Geschwister mit den in ihrer Familie vorgekommenen Übertretungen nicht fertig werden.[16]

Die Entstehung von Schuldgefühlen wird besonders begünstigt durch die Situation von Eltern, die ein Kind verloren haben, denn sie sind mit dem allerschlimmsten emotionalen Ereignis konfrontiert. Sie leiden an verschiedenen Formen von Schuldgefühlen, die auf ihrer Meinung beruhen, sie hätten zu dem Todesfall beigetragen (Schuld der Todesverursachung), sie hätten es nicht verdient, ihr Kind zu überleben (Schuld des Überlebenden), sie würden für eine vorausgegangene Tat bestraft (moralische Schuld) oder sie trauerten nicht angemessen (Trauerschuld). Ähnliche Schuldgefühle findet man auch in anderen engen Beziehungen, zum Beispiel bei erwachsenen Kindern, die einen betagten Elternteil pflegen, bei Familienmitgliedern, die mit der schweren Erkrankung eines Angehörigen konfrontiert sind, und bei Eltern, die ein behindertes Kind aufziehen.[17]

Man kann die obigen Beispiele eines Schuldgefühls ohne erkennbare persönliche Verantwortung als irrational auffassen.[18] Wenn man sich jedoch genauer mit der Natur der persönlichen Verantwortung und der Schuld befaßt, findet man Hinweise, daß diese Beispiele aus der Sicht der eigenartigen Logik der Gefühle rational sind. Von einem äußerlichen, distanzierten Standpunkt aus mag diese Art von Schuldgefühl eine Quelle sinnlosen Leidens sein. Doch aus der Sicht des Betroffenen ist das Leiden nicht sinnlos: Es bezieht sich auf den Verlust eines Menschen, der mir lieb und teuer war, einen Verlust, den ich hätte verhindern können, wenngleich ich nicht im voraus wissen konnte, wie er hätte verhindert werden können, und es sehr unwahrscheinlich ist, daß er überhaupt zu verhindern war. Dies sind keine typischen Fälle von Schuld, da sie nicht notwendigerweise an eine bestimmte Handlung anknüpfen, zu der es eine verfügbare Alternative gibt; die Vermeidung des Problems ist also kaum möglich, wenn überhaupt. In diesen Fällen verwandelt sich das Gefühl der Schuld in ein Sentiment der Schuld und manchmal sogar in eine Depression, wie sie für ausweglose Situationen typisch ist.

Verlegenheit

Wenn du einmal etwas brauchst, zögere bitte nicht,
dich zuerst an jemand anderen zu wenden.
Nirvana

Ich bin zu schüchtern, um über meine sexuellen Bedürfnisse zu sprechen,
außer am Telefon mit Leuten, die ich nicht kenne.
Garry Shandling

Die Verlegenheit hat mit dem Bedauern, der Schuld und der Scham gemein, daß sie auf einer negativen Bewertung unserer selbst beruht. Dem Zorn und der Schuld ähnelt sie insofern, als sie spezifisch ist; sie beruht jedoch eher auf sozialen als auf moralischen Gegebenheiten. Weil Verlegenheit, Schuld und Zorn mit spezifischen Umständen verknüpft sind, sind sie vergänglicher als Scham und Haß.

Verlegenheit kommt auf, wenn wir in Gegenwart einer anderen Person bemerken, daß wir im Mittelpunkt der Aufmerksamkeit stehen und beurteilt werden. Wir haben den Eindruck, daß das Urteil, mag es positiv oder negativ sein, eine bestimmte soziale Unstimmigkeit aufdeckt.[19] Die peinliche Situation kann mit verschiedenen Zuständen unvereinbar sein, beispielsweise mit dem unter den gegebenen Umständen üblichen Verhalten, dem perfekten Verhalten, unserem früheren oder künftigen Verhalten, unseren Erwartungen und den Erwartungen wichtiger anderer Personen. Ein hervorstechendes Merkmal der Verlegenheit ist in jedem Fall die plötzliche Selbstwahrnehmung.

Verlegenheit ist in der Regel mit der Ansicht verbunden, wir hätten auf die Erfordernisse der sozialen Situation nicht angemessen reagiert oder unsere Privatsphäre sei verletzt worden. Die soziale Natur der Verlegenheit wird darin sichtbar, daß wir, anders als im Falle von Scham und Schuld, nicht verlegen sein können, wenn wir allein sind: Verlegenheit setzt ein Publikum voraus, normalerweise ein richtiges Publikum, manchmal aber auch ein vorgestelltes. Dieses Publikum erlegt uns in unserer Wahrnehmung bestimmte soziale Forderungen auf, die wir gern erfüllen würden, im aktuellen Fall aber nicht erfüllen.[20]

Die spezifische Natur der Verlegenheit kommt darin zum Ausdruck, daß wir nicht glauben, aus der peinlichen Situation erwachse eine Forderung, die wir grundsätzlich nicht zu erfüllen vermögen; vielmehr waren wir nur unter den aktuellen Umständen nicht dazu in der Lage. Daß wir uns auch anders verhalten könnten und daß man das vielleicht auch von uns erwartet, vermehrt nur unsere Verlegenheit. Anders als bei der Scham, bei der wir uns unserer tiefsten Wertvorstellungen bewußt werden, geht es bei der Verlegenheit um eher äußerliche Konventionen und Sitten, die für unseren Umgang mit anderen gelten. Während es bei der Scham um einen Charakterfehler geht, dreht sich die Verlegenheit um einen Verstoß gegen die Konvention oder eine Verletzung der guten Manieren. Weil es sich hier um einen äußerlichen Fehltritt handelt, läßt sich die Panne leicht beheben; im Falle der Scham deutet das Versagen auf einen tieferliegenden Fehler hin, der nicht leicht zu überwinden ist. Der Peinlichkeit versucht man mit verschiedenen Mitteln beizukommen, hauptsächlich durch verschiedene Formen von Ausweichverhalten, zum Beispiel Weinen, Lachen, Themenwechsel, Leugnung des Vorfalls, Suche nach einem Sündenbock, Ausflüchte und Rückzug.[21]

Manchmal erwächst die Verlegenheit nicht aus einer negativen Selbstbewertung der eigenen Handlungen, sondern bloß aus der öffentlichen Enthüllung einer Tat, die an sich durchaus positiv sein kann. Verlegenheit kann auch mit positiven Ereignissen einhergehen, denn es ist nicht die Schwere der Verfehlung, aus der die Verlegenheit erwächst, sondern ihr sozialer Kontext; diesen Kontext können auch erfolgreiche Personen mißachten, wenn sie zum Beispiel gegen Bescheidenheitskonventionen verstoßen.[22]

Wenn wir der Natur der Tat im Falle der Verlegenheit geringeres Gewicht beimessen als im Fall der Scham, kann das auch damit zusammenhängen, daß wir unsere Verlegenheit als peinlich empfinden können, während wir uns unserer Scham nicht schämen. Wie im folgenden gezeigt wird, bewertet man die Scham häufig als positiv, zeigt sie doch, daß wir zwar etwas falsch gemacht haben, die Norm, die wir verletzt haben, aber sehr wohl achten. Deshalb brauchen wir uns unserer Scham nicht zu schämen, ganz im Gegenteil: Oft sind wir stolz auf sie. Wie George Bernard Shaw sagte: »Je mehr ein Mensch sich schämt, desto anständiger ist er.« Da es im Falle der Verlegenheit nicht um wichtige Normen geht, die wir achten, sondern nur darum, daß uns die Aufmerksamkeit der anderen unwillkommen ist, kann unsere verlegene Reaktion weitere unwillkommene Aufmerksamkeit auf uns lenken, die dann Verlegenheit über unsere Verlegenheit erzeugt.

Mehr als viele andere Emotionen ist Verlegenheit durch ein ziemlich klar definiertes Verhalten gekennzeichnet: Blickkontakt wird vermieden, wir erröten, unsere Bewegungen werden fahrig, wir versprechen uns häufig, und wir lächeln mehr als sonst. Einige dieser Verhaltensweisen, zum Beispiel das Vermeiden von Blickkontakt, könnte damit erklärt werden, daß wir den Kontakt mit anderen zu verringern wünschen; andere, zum Beispiel das Erröten und die vermehrten fahrigen Bewegungen und Versprecher, können als nervöse Reaktionen betrachtet werden, während das Lächeln in manchen Fällen als ein Versuch zu verstehen ist, nach einer Verletzung der sozialen Konvention unser Image zu wahren. Die auftretenden auffälligen Verhaltensweisen machen es leichter, Verlegenheit bei Mitmenschen zu erkennen. Das ist wichtig, denn die Verlegenheit ist Ausdruck eines sozialen Fehlverhaltens, und wir können anderen helfen, dieses zu korrigieren oder ganz aus der Welt zu schaffen – sofern wir es bemerken.[23]

Empirische Studien zeigen, daß sehr junge Kinder keine Verlegenheit kennen; sie tritt im Alter von ungefähr drei Jahren auf. Davor können wir vielleicht von Schüchternheit sprechen. Zwischen dem vierten und dem siebten Lebensjahr gilt die Verlegenheit des Kindes dem, was ihm richtig zu sein scheint, und nicht dem, was andere für richtig halten; vom achten Lebensjahr an geht es Kindern eher darum, anderen einen bestimmten Eindruck von sich zu vermitteln, und es ist vor allem diese Diskrepanz, aus der Verlegenheit erwächst. Eine ganz dominierende Rolle spielt die Verlegenheit offenbar bei Jugendlichen, aber sie kommt in allen Altersgruppen und in allen Kulturen vor.[24]

Da wir von einer Verlegenheit nicht so tief betroffen sind wie von der Scham, ist ihre Intensität in der Regel geringer. Die Intensität der Verlegenheit hängt unter anderem von der Zahl derer, die die peinliche Situation beobachten, sowie von deren sozialem Status ab; je mehr Menschen zuschauen und je höher ihr Status ist, desto verlegener sind wir.[25]

Verlegenheit ist – wie einige andere Emotionen – ansteckend. Sie kann sich auf Beobachter übertragen, und in manchen Fällen werden diese selbst Verlegenheit empfinden, obwohl sie von dem, was die Verlegenheit auslöste, nicht betroffen sind und ihre Selbstachtung nicht in Gefahr ist.[26] Diese ansteckende Verlegenheit kann sogar völlig fremde Personen erfassen, doch würde man die Situation treffender beschreiben, wenn man sagt, daß Menschen, die uns fernstehen, dadurch näherrücken. Klar ist jedoch auch, daß unsere Verlegenheit um so intensiver ist, je näher uns die verlegene Person steht. Eine Engländerin wird zum Beispiel größere Verlegenheit empfinden, wenn sie in Paris beobachtet, wie ein betrunkener Engländer sich danebenbenimmt, als wenn es sich um einen betrunkenen Franzosen handeln würde. In London würde ihr der englische Trunkenbold vielleicht gar nicht peinlich sein, doch in Peking könnte ihr sowohl der betrunkene Engländer als auch der Franzose Verlegenheit bereiten; die Bezugsgruppe wären in diesem Fall die Europäer.[27]

Gesellschaftlich mag die Verlegenheit zwar als unbedeutend erscheinen, doch wird sie als sehr unangenehm empfunden, so daß viele sich veranlaßt sehen, Vorkehrungen dagegen zu treffen, daß sie in Verlegenheit geraten; das geht manchmal so weit, daß sie bestimmte soziale Situationen ganz meiden. Manchmal, zum Beispiel auf unserer Geburtstagsfeier oder am Polterabend, rechnen wir jedoch damit, daß andere uns in Verlegenheit bringen werden, aber dennoch meiden wir eine solche Situation nicht, weil wir die Unannehmlichkeit als geringfügig betrachten.

Wenn es um andere Leute geht, betrachten wir die Verlegenheit nicht als so negativ, zumindest nicht derart negativ, daß es langfristige negative Folgen hätte. Deshalb führen wir zuweilen peinliche Situationen für andere absichtlich herbei. Die absichtlich herbeigeführte Verlegenheit ist einer der wenigen Anlässe, bei denen das Herbeiführen eines unangenehmen emotionalen Zustandes als akzeptabel gilt oder sogar erwartet wird.[28] Die absichtlich herbeigeführte Verlegenheit hat eine gewisse Ähnlichkeit mit der Schadenfreude. In beiden Fällen geht es um kleine Mißgeschicke, die dem anderen nicht nennenswert schaden können – das rechtfertigt unser Vergnügen. Der einzige Unterschied zwischen den beiden Emotionen besteht darin, daß wir nur bei der absichtlich herbeigeführten Verlegenheit planen, wie wir der anderen Person das (geringfügige) Mißgeschick bereiten können. Weil es sich aber um ein geringfügiges Mißgeschick handelt, das dem anderen zuweilen sogar nützen kann (indem es eine gewisse Aufmerksamkeit für seine Leistung erzeugt), haben wir kein sonderlich schlechtes Gewissen wegen unseres Verhaltens.

14 Betrachtung unserer selbst Hochmut und Scham

Was im Zorn begonnen wird, endet in Schande.
Benjamin Franklin

In diesem Kapitel erörtere ich den Hochmut und die Scham als umfassende emotionale Haltungen zu uns selbst; ihnen entsprechen die Liebe und der Haß als umfassende emotionale Haltungen gegenüber anderen. Der Ausdruck »Hochmut« ist nicht sehr gebräuchlich, scheint aber gleichwohl den Sinn dieser Haltung richtig zu erfassen.

Hochmut

Hochmut erleidet niemals Schaden.
François de La Rochefoucauld

Hier liegt Jan Smith, Ehefrau von Thomas Smith, Steinmetz.
Dieses Grabmal wurde von ihrem Mann errichtet, zu ihrem ehrenden
Angedenken und als Muster seiner Arbeit. Grabmäler
in dieser Ausführung kosten zweihundertfünfzig Dollar.
Grabinschrift

Hochmut gilt der ganzen eigenen Persönlichkeit, Stolz den eigenen Taten. Hochmut ist verwandt mit Haß, Stolz mit Zorn. Nach Ansicht von Aristoteles können der wohlgelaunte Mann, durch eine Beleidigung gehörig erzürnt, und der stolze Mann, gehörig stolz auf ein vollbrachtes Werk, erwarten, daß man ihnen Respekt erweist, und beide besitzen eine hinreichende Wertschätzung der eigenen Person, um Respekt zu fordern.[1]

Hochmut ist das Gefühl, das aus der Ansicht erwächst, man sei ein guter Mensch, und Stolz ist das Gefühl, das aus der Ansicht erwächst, man habe eine gute Tat getan. Wir haben hier eine Parallele zu der Unterscheidung zwischen Scham und Bedauern sowie zwischen Haß und Zorn. So wie wir den gehaßten Menschen als einen bösen Menschen wahrnehmen und den Menschen, gegen den der Zorn sich richtet, als einen, der eine böse Tat verübt hat, so empfinden wir uns in der Scham als schlecht und im Bedauern als jemanden, der etwas Schlechtes getan hat. Die Scham enthält eine pauschale Selbstverurteilung, in der wir uns selbst als Wurzel eines Versagens sehen, während das Bedauern eine spezifische Verurteilung eines unannehmbaren Verhaltens enthält, das nicht direkt an die eigene Person geknüpft ist.

Hochmut und Scham beziehen sich auf fundamentale Eigenschaften der eigenen Person. Dinge, die nichts mit uns zu tun haben, erzeugen weder Hochmut noch Scham. Doch nicht jeder positive Verweis auf uns selbst ist ein Anlaß zu Stolz, und nicht jeder negative Verweis auf uns selbst ist ein Anlaß zu Scham. Damit diese Gefühle entstehen, muß das, was sich auf uns bezieht, unsere Selbstachtung erheblich steigern beziehungsweise beeinträchtigen. Wenn wir oberflächlich über etwas erfreut sind, deutet das auf eine positive Bewertung hin, aber es muß sich dabei nicht um die profunden Bewertungen der Anerkennung oder der Mißbilligung handeln, die die Voraussetzung für Hochmut und Scham sind.

Impliziert die umfassende positive Bewertung, wie sie für Hochmut typisch ist, negative Bewertungen anderer? Impliziert die für die Scham typische umfassende negative Bewertung eine positive Bewertung anderer? Bedarf es für diese Gefühle anderer Menschen?

Spinoza ist zum Beispiel der Ansicht, Hochmut beruhe auf

Selbstüberschätzung: Hochmut heißt für ihn, »aus Liebe zu sich selbst eine größere Meinung von sich haben, als recht ist«. Für Spinoza ist Hochmut also etwas Negatives. Auch Elster meint, daß ausgesprochener Hochmut auf der Ansicht beruht, daß man allen anderen überlegen sei und von allen für überlegen gehalten werde. Die Bezugnahme auf andere ist ebenfalls Bestandteil einer geläufigen Charakterisierung der Scham. Spinoza definiert die Scham als »Traurigkeit, begleitet von der Idee einer von uns verrichteten Tat, die wir uns von anderen getadelt vorstellen«. Für Spinoza und viele andere ist die Bezugnahme auf andere konstitutiv sowohl für die Scham als auch für den Hochmut.[2]

Nach meiner Auffassung muß Stolz nicht zwangsläufig mit einer Überschätzung des eigenen Wertes und einer Unterschätzung des Wertes anderer verbunden sein. Entsprechend müssen Scham und Bescheidenheit nicht zwangsläufig mit einer Unterschätzung des eigenen Wertes und einer Überschätzung des Wertes anderer verbunden sein. Stolz, Scham und Bescheidenheit können auf einer zutreffenden Selbsteinschätzung beruhen, wenn der Stolz sich auf die eigenen Verdienste, die Scham auf die eigenen Fehler und Bescheidenheit auf die eigenen Beschränkungen beziehen.

Die im Stolz, der Scham und der Bescheidenheit enthaltene globale Bewertung muß nicht auf einem Vergleich mit anderen beruhen – sie kann auch auf einem Vergleich mit selbstgewählten Maßstäben beruhen. Gabriele Taylor schreibt zu Recht: »Jemand kann zum Beispiel stolz darauf sein, daß er keine Hilfe von anderen annimmt, denen es bessergeht als ihm. Dabei muß er überhaupt nicht glauben, er sei anderen überlegen; er hat sich nur bestimmte Maßstäbe gesetzt, und wenn er sie senken würde, wäre seine Selbstachtung in Gefahr.«[3] Man kann durchaus stolz sein, ohne sich deshalb anderen überlegen zu fühlen.

Dies gilt, denke ich, auch für die Scham und die Bescheidenheit. Künstler können sich beschämt fühlen, nicht weil sie ihr Werk mit dem anderer vergleichen, sondern weil ihr Werk den eigenen hohen Maßstäben nicht genügt. So kann sich ein bescheidener Mensch über sein eigenes Verhalten ärgern, nicht weil andere sich bescheidener verhalten, sondern weil die anderen ihren eigenen Maßstäben der Bescheidenheit nicht genügt haben. Diese Maßstäbe systematisch zu übertreffen erzeugt Hochmut, ihnen nicht zu genügen läßt Scham entstehen. Recht häufig setzen andere diese Maßstäbe durch ihr Verhalten und ihre Leistung, und in diesen Fällen ist dann der Vergleich mit anderen konstitutiv für Stolz und Scham. In anderen Fällen sind die Persönlichkeit und das Verhalten anderer der Auslöser oder die unmittelbare Ursache von Hochmut oder Scham, aber nicht deren konstitutive Elemente. Man kann diese Gefühle auch haben, ohne sich auf andere zu beziehen, sondern allein auf moralische, religiöse, ästhetische oder sonstige normative Werte.

Stolz und Bedauern, die auf partiellen Bewertungen beruhen, können gleichzeitig auf ein und dasselbe Objekt gerichtet sein, da sie sich auf unterschiedliche Aspekte des Objekts beziehen können. Wir können stolz auf etwas sein, das wir getan haben, und es dennoch bedauern. Jemand kann zum Beispiel stolz auf die Gerissenheit sein, mit der er eine Finanztransaktion durchgeführt hat, sie aber dennoch bedauern, wenn er dabei andere Leute übervorteilt hat. Hochmut und Scham können nicht gleichzeitig auf ein und dasselbe Objekt gerichtet sein, da sie Ausdruck von gegensätzlichen globalen Bewertungen sind, die sich nicht auf unterschiedliche partielle Aspekte beziehen können.

Scham

»Ich habe mich lange für meinen Lebenswandel geschämt.«
»Und hast du dich gebessert?«
»Nein, ich schäme mich nicht mehr.«
Mae West

Verglichen mit der spezifischen Natur von Schuld und Bedauern ist die Scham globaler. Man hält sich im Fall der Scham für einen schlechten Menschen und nicht nur für jemanden, der etwas Schlechtes getan hat. Wenn man sich für eine bestimmte Handlung schämt, sieht man in ihr einen eindeutigen Beweis seines eigenen Charakterfehlers und nicht eine isolierte Handlung, die auch auf Fahrlässigkeit oder Willensschwäche beruhen kann.[4]

Weil man sich im Falle der Scham pauschal negativ bewertet, hat man das Bedürfnis, sich zu verstecken oder zu verhüllen, damit andere uns nicht sehen; im Falle eines Schuldgefühls hat man dagegen das Bedürfnis, Buße zu tun oder ein Geständnis abzulegen. Sich zu verstecken ist in der Tat ein ganz typisches Verhalten der Scham, daß sich oft darin äußert, daß der Körper schrumpft, so als wolle man aus dem eigenen Blickfeld oder dem des anderen verschwinden.[5] Wenn es sich gar nicht vermeiden läßt, daß andere uns sehen, besteht der letzte Ausweg für manche im Selbstmord. Scham bedeutet, daß man sich selbst anhand bestimmter Normen (Maßstäbe) beurteilt, speziell solcher Normen, die auch von anderen geteilt werden. Scham beruht hauptsächlich auf einem Interesse daran, wie andere uns sehen; Mitgefühl und Neid beruhen auf einem Interesse daran, wie wir andere sehen.

Scham setzt anscheinend ein Publikum oder andere voraus, die uns beobachten. Die Vorstellung von einem Publikum ist jedoch problematisch. In vielen Fällen von Scham ist tatsächlich ein Publikum vorhanden, das bestimmte Normen und Maßstäbe hat, aber das muß nicht so sein. Jedenfalls bedarf es keines realen Publikums, da wir uns auch schämen können, wenn wir allein sind. Scham kann jedoch selbst dann entstehen, wenn man sich kein Publikum vorstellt und der Vergleich, der der Selbstbewertung zugrunde liegt, sich allein an den eigenen hohen Maßstäben orientiert. Darauf beruht die Idee, man selbst könne das Publikum sein und die Scham beruhe folglich auf einer Art Selbstwahrnehmung.[6]

Wie mächtig diese Emotion wirkt, zeigt sich daran, daß Menschen sogar Selbstmord verüben, um der Scham zu entgehen. Scham ist ein wirklich sehr unangenehmes Gefühl, das sich störend auf das Verhalten auswirkt, die Gedanken verwirrt und die Zunge lähmt. Bei der Scham geht es um mehr als eine bestimmte Handlung (wie beim Schuldgefühl) oder unsere Selbstdarstellung im sozialen Kontext (wie bei der Verlegenheit). Deshalb wird Scham intensiver empfunden als Schuld oder Verlegenheit. Wer aus Scham Selbstmord begeht, überschätzt in der Regel die Wirkung der Scham. Es mag ihm zwar bekannt sein, daß das Schamgefühl nicht von Dauer ist, aber es ist derart intensiv, daß er es nicht erträgt. Mit der Intensität des Schamgefühls erklärt sich auch, warum dieser Zustand oft pathologisch wird. Die Scham als solche ist jedoch nicht pathologisch, im Gegenteil: Pathologisch ist die Unfähigkeit, sich zu schämen.[7]

Das für die Scham typische Bedürfnis, sich zu verstecken oder gar zu verschwinden, erklärt den Zusammenhang zwischen der Scham und dem Sehen und Gesehenwerden. In der biblischen Schöpfungsgeschichte war die Scham unbekannt, bevor Eva Adam den Apfel gab. Scham kam erst auf, nachdem sie den Apfel gegessen hatten, und »da gingen beiden die Augen auf, und sie erkannten, daß sie nackt waren«. Als Gott zu ihnen kam, versteckten sie sich aus Scham. Sich zu verstecken ist ein gebräuchliches Verhalten, um mit der Scham (und der Verlegenheit) fertig zu werden.

Mit dem Wunsch, unsichtbar zu werden, erklärt sich das bei Scham und Verlegenheit oft zu beobachtende Abbrechen des Blickkontakts. (Die Blickvermeidung, die Ausdruck eines weniger profunden Mangels bei uns selbst ist, fällt bei Verlegenheit interessanterweise kürzer aus.) Blickvermeidung beobachtet man auch in Situationen, in denen wir einer unerwünschten Intimität ausweichen, wenn uns jemand beispielsweise zu nahekommt oder ein Gespräch eine allzu intime Wendung nimmt. Anstarren wird im Verhältnis zwischen den Geschlechtern als allzu intim oder aufdringlich empfunden. Tiere reagieren aggressiv oder scheuen, wenn man sie anstarrt; manche Tiere starren ihre Feinde an, um ihnen zu drohen oder die eigene Dominanz zu behaupten. – Umgekehrt wird man einen längeren Blickkontakt halten, wenn man anderen seine eigene Einstellung zu offenbaren wünscht. Bei einem Paar, das sich sehr liebt, dauert der intime Blickkontakt länger als bei Partnern, die sich weniger lieben. (Frauen blicken ihren Partner länger an als Männer ihre Partnerin.) Ein längerer Blickkontakt ist nicht nur Ausdruck von Liebe, er kann auch Liebe hervorrufen.[8] So schreibt Susan Anthony, daß Taten im allgemeinen mehr sagen als Worte, daß es aber in der Liebe nicht die Taten sind, sondern die Augen. Das wichtigste Organ der Liebe sind demnach nicht die Genitalien oder das Herz, sondern die Augen. Durch sie teilen wir unsere Gefühle mit. Daß die Tränen, die wir bei heftigen Gefühlsregungen vergießen, aus den Augen treten, ist daher nicht erstaunlich.

Die Sachverhalte, die Scham hervorrufen, sind ebenso vielfältig wie die Faktoren, die unsere Gesamtbewertung bestimmen. Dennoch gibt es Gemeinsamkeiten. Männer empfinden am häufigsten Scham, wenn sie an einer als wichtig empfundenen Aufgabe scheitern, und bei sexueller Impotenz. Frauen empfinden am häufigsten Scham in Situationen, in denen es um ihre äußerliche Attraktivität geht, und wenn sie im Bereich der zwischenmenschlichen Beziehungen scheitern. Die Unterschiede zwischen Männern und Frauen erklären sich aus den unterschiedlichen Faktoren, von denen sie ihre Selbstachtung abhängig machen.[9]

Die Scham bewältigen wir hauptsächlich dadurch, daß wir uns aus der beschämenden Situation entfernen. Das kann auf unterschiedliche Weise geschehen: (a) durch Verhalten – Humor und Geständnis, (b) kognitiv – durch Leugnung und Vergessen sowie dadurch, daß wir eine äußere Ursache für unser Versagen verantwortlich machen, und (c) evaluativ – dadurch, daß wir unserem eigenen Fehler geringere Bedeutung beimessen.

Nun könnte man sagen, es sei sinnlos, auf Dinge stolz zu sein oder sich für Dinge zu schämen, die lange zurückliegen und die wir nicht ändern können. Wir sollten uns jedoch erinnern, daß es bei Scham und Stolz vor allem um grundlegende Eigenschaften geht, die schwer zu ändern sind. Rational mögen wir überzeugt sein, daß Dinge, die sich nicht ändern lassen, nicht verurteilt oder als beschämend empfunden werden sollten, und trotzdem schämen wir uns ihrer, wahrscheinlich sogar mehr als solcher Eigenschaften, die wir ändern können. Das liegt an der eigenartigen Logik unserer Gefühle. Wir können uns sehr wohl unserer Häßlichkeit schämen. Wir sind, was wir sind, auch durch Dinge, für die wir nicht verantwortlich sind, und so können Stolz und Scham eben auch durch Dinge erzeugt werden, für die wir nicht verantwortlich sind.

Scham und Schuld betreffen normalerweise Dinge, für die wir verantwortlich sind und für die man uns tadeln kann, also etwas, was wir getan haben oder an dem wir einen wesentlichen Anteil haben. Diese Gefühle können aber auch durch etwas ausgelöst werden, was uns angetan wird, oder durch etwas, an dem wir wirklich nicht beteiligt sind. Ein Beispiel dafür ist die Neigung von Vergewaltigungsopfern, Scham (»Ich gehöre zu denen, die Unglück anziehen«) oder Schuld (»Ich hätte einen Unbekannten nicht ins Haus lassen dürfen«) zu empfinden. Scham- und Schuldgefühl entstehen hier aus der Vorstellung der Betroffenen, irgendwie für die Vergewaltigung verantwortlich zu sein. Scham und in einem geringeren Maße Schuld können sogar dann auftreten, wenn an Verantwortung überhaupt nicht zu denken ist, wenn jemand sich etwa dafür schämt, daß er arme Eltern hat, daß er altert oder daß er eine Glatze bekommt.[10]

Ich denke, daß der Begriff eines erweiterten Ichs, mit dem man Kollektivstolz und Kollektivscham erklärt, auch diese Art von Scham erklären kann. Wir nehmen uns, wie schon gesagt, nicht als isolierte Wesen wahr, sondern beziehen auch unsere Herkunft und unsere sozialen Bindungen in unsere Selbstbewertung ein. So wie wir stolz darauf sind, zu einer erfolgreichen Gruppe zu gehören – der Ruhm der anderen strahlt auch auf uns ab –, so schämen wir uns, zu einer armen Gruppe zu gehören, denn arm zu sein gilt als Versagen, und man könnte auch uns als Versager betrachten. Wenn wir die Armut unserer Eltern nicht mit äußeren Faktoren erklären können, könnte ihre Armut ein Hinweis auf eine ihnen anhaftende grundlegende Schwäche sein, die auch uns anhaftet. Da wir mit zunehmendem Alter viele Dinge nicht mehr tun können, können wir in unserer Selbstbewertung und in unserer Bewertung durch andere in eine unterlegene Position geraten. Wir werden weniger mit unseren früheren Leistungen als vielmehr mit unseren gegenwärtigen Beschränkungen assoziiert und deshalb in eine unterlegene Gruppe eingeordnet. Mit der Glatzenbildung geraten wir ebenfalls in eine Gruppe, deren Mitglieder aus ästhetischer Sicht als minderwertig betrachtet werden.

Epilog

Warum sollte ich verbittert sein
Über jemanden, der mir
Vollkommen fremd war
Bis zu einem bestimmten Moment
An einem Tag, der vergangen ist.
Saigyo

Ich war einmal an einer Podiumsdiskussion über die Frage »Was ist Liebe?« beteiligt. In den wenigen Minuten, die mir zur Verfügung standen, beschrieb ich, was unter einer typischen Emotion zu verstehen ist und worin die Liebe sich von anderen Emotionen unterscheidet. Ein ebenfalls teilnehmender bekannter Schriftsteller übte scharfe Kritik an meiner Forschung über die Emotionen im allgemeinen und die Liebe im besonderen; diese Art von Forschung könne nicht nur nichts zu einem besseren Verständnis der Emotionen beitragen, sondern zerstöre obendrein das Wesen der emotionalen Erfahrung. Wir können, behauptete er, das Wesen der Liebe nicht erklären, sondern allenfalls einzelne Fälle von Liebe beschreiben. Er könne zum Beispiel seine intensive Liebe zu seiner Ehefrau beschreiben oder wie seine Mutter sich in seinen Vater verliebte, aber niemand könne interessante Erkenntnisse über das Wesen der Liebe beisteuern.

Eigentlich setzt sich seine Kritik aus zwei getrennten Behauptungen zusammen; die eine ist deskriptiver, die andere normativer Natur:

(a) Angesichts der Komplexität der Emotionen gibt es keine allgemeine, auf alle Emotionen zutreffende Gesetzmäßigkeit, und wir müssen uns mit Beschreibungen einzelner Fälle begnügen;

(b) die Erkenntnis des Wesens unserer Emotionen wird unser Gefühlsleben zerstören.

Ich halte beide Behauptungen für grundfalsch.

Richtig ist, daß die Beschreibung einzelner Fälle in verschiedenen Formen der Kunst von größter Bedeutung ist. Eine solche Beschreibung ist auch für das Verständnis der Emotionen wertvoll; die besten Beschreibungen von Emotionen stammen bisher nicht von Psychologen oder Philosophen, sondern von Künstlern. Die künstlerische Betrachtungsweise ist jedoch nur eine von mehreren möglichen Perspektiven; ihr Erfolg sollte den Wert anderer, allgemeinerer Perspektiven nicht schmälern. Die Sicht des Künstlers ist eine hochpersönliche, aber wenn wir uns auf diese Sicht beschränken würden, bliebe unser Verständnis bruchstückhaft und beschränkt. Wie die Dichterin Rachel einst schrieb: »Ich konnte nur über mich selbst sprechen, meine Welt ist so beschränkt wie die Welt der Ameise.« Die Künstlerin mag nur über sich selbst sprechen können, aber es wäre anmaßend zu behaupten, nur Künstler könnten über Emotionen sprechen. Auch Philosophen, Psychologen und andere Wissenschaftler können Wissenswertes über die Mechanismen der Entstehung von Emotionen sagen. So allgemein und vielfältig das Konzept der Emotionen auch ist, können wir gleichwohl zu plausiblen Verallgemeinerungen über die Logik der Emotionen gelangen.

Daß die Kunst Emotionen zu beschreiben vermag, beruht vor allem darauf, daß die von Künstlern beschriebenen Fälle Implikationen für andere Fälle haben, besonders solche, mit denen der Leser sich identifizieren kann. Die Künstler erklären nicht die den einzelnen Fällen zugrunde liegenden allgemeinen Merkmale, diese sind vielmehr in ihren Beschreibungen enthalten. Ein einzelner Fall, der keine Implikationen für andere Fälle und keine Ähnlichkeit mit ihnen hat oder der für mich keine besondere Relevanz hat, hat für mich auch keine emotionale Bedeutung.

Sollte die deskriptive Behauptung (daß wir unfähig sind, allgemeine, auf alle Emotionen zutreffende Gesetzmäßigkeiten zu beschreiben) falsch sein, bekommt die normative Behauptung mit ihrer Kritik an einer solchen Beschreibung größeres Gewicht. Ich halte die normative Behauptung zwar für interessanter als die deskriptive, aber dennoch ist sie ebenfalls falsch, wenngleich das weniger offenkundig ist.

Die Ansicht, daß Wissen ein Hindernis für das Glück sei, hat eine lange Tradition. Adam und Eva wurden aus dem Paradies vertrieben, weil sie mehr über die Welt wissen wollten. Und nach dem Mythos von Pandora kamen alle Übel über die Welt, weil sie wissen wollte, was in der Büchse war, die sie von den Göttern bekommen hatte. In diese Tradition gehört auch die Geschichte von dem Mann mit dem langen Bart, von dem man wissen wollte, ob er seinen Bart nachts unter die Decke steckt oder darüber läßt. Von da an konnte er nicht mehr einschlafen. Dieser Tradition entsprechend sagt eine Figur in Oscar Wildes Kurzgeschichte *Die bedeutende Rakete*: »Aber Liebe ist heutzutage nicht mehr modern, die Dichter haben sie getötet. Sie haben so viel darüber geschrieben, daß kein Mensch ihnen mehr glaubt, und das überrascht mich nicht. Wahre Liebe duldet und schweigt.«[1] Eine entsprechende Kritik ist noch durchschlagender, wenn sie sich gegen die wissenschaftliche Erforschung der Emotionen richtet.

Ich bin im Gegensatz zu dieser Tradition überzeugt, daß der wissenschaftliche Fortschritt uns hilft, unsere Umwelt und uns selbst besser zu verstehen, unsere Anpassungsfähigkeit zu erhöhen und unsere Fähigkeiten vollständiger zu entfalten. Der wissenschaftliche Fortschritt führt sicherlich nicht geradewegs zum Glück, aber er ist auch keine permanente Abwärtsspirale ins Elend. Unsere Vorfahren lebten nicht besser und waren nicht glücklicher als wir. Gewiß gibt es viele Fälle, in denen zusätzliche Erkenntnisse uns trauriger machen – darauf beruht der große Wert der positiven Illusionen. Solche Fälle dürfen aber nicht als Empfehlungen der Unwissenheit verstanden werden. Unwissenheit kann unter ganz bestimmten, begrenzten Umständen vorteilhaft sein, kann aber nicht als Lebensweise empfohlen werden. Mit der Komplexität des Lebens fertig zu werden ist nicht leicht: Manchmal müssen wir unsere Augen aufmachen, manchmal müssen wir sie schließen; ein Dauerschlaf ist keine Lösung – er wäre eher eine vollständige Kapitulation.

Es ist gut, dem anderen unsere Liebe nicht nur auszudrükken, sondern auch zu erklären, wenngleich das nicht selten zu Schwierigkeiten führt. Dabei könnte sich nämlich herausstellen, daß wir den anderen nicht wirklich lieben; es könnte aber auch deutlich werden, wie tief unsere Liebe ist – und das würde sie nochmals steigern. Unwissenheit, die oft mit Dummheit gepaart ist, ist kein Heilmittel gegen die negativen Implikationen einer Situation. So wie der Hungertod keine optimale Lösung für Gewichtsprobleme ist, so hilft uns auch die Unterdrückung unserer Gefühle und die Weigerung, ihr Wesen zu erkennen, nicht bei der Lösung unserer Probleme, und sie verhilft uns nicht zu einem erfüllteren Leben.

Die große Bedeutung der Emotionen für unser Leben hat John Lubbock in die schönen Worte gefaßt:

Fürchte dich nicht, deine Zuneigung zu zeigen. Sei warmherzig und zärtlich, aufmerksam und liebevoll. Männern hilft man mehr mit Mitgefühl als mit Taten; Liebe ist mehr als Geld, und ein freundliches Wort wird mehr Freude bringen als ein Geschenk.

Anmerkungen

1 Erklärung der Emotionen

1 Weiner 1985, S. 559.
2 S. a. Ben-Ze'ev 1993a; Lakoff 1978; Rosch 1977, 1978. Smith & Lazarus 1990.
3 Siehe z. B. Fehr 1988; Fitness & Fletcher 1993; Russell 1991; Shaver u. a. 1992; Smith & Lazarus 1990.
4 Aristoteles, *Über die Seele* 412b, S. 19.
5 Spinoza, 1677, deutsch S. 121.
6 Freedman 1978, S. 228.
7 Buss 1994; Metts u. a. 1998.
8 Bermant 1976; Buss 1994, S. 80.
9 Siehe Bloom 1993, S. 51.
10 Minsky 1985, S. 68.
11 Siehe Nussbaum 1986, 2001.
12 Aristoteles, Spinoza 1677, deutsch S. 254.
13 Lewis 1929, S. 82, 128; s. a. Ben-Ze'ev 1993a, S. 17.
14 Collingwood 1923, S. 59.
15 Hume 1989, S. 99.
16 Lewis 1946, S. 19-20.
17 Festinger 1954; Higgins 1987.
18 Strack u. a. 1990; zitiert in Frank 1999, S. 132; s. a. Medvec u. a. 1995.
19 Kahnemann & Tversky 1982; Kahnemann & Miller 1986.
20 Gladue & Delaney 1990.
21 Baron u. a. 1992, S. 3.
22 Gilovich & Medvec 1995a, S. 380.
23 Graham u. a. 1993, S. 1000; Heider 1958, S. 141-144; Kahneman & Varey 1990; Ortony u. a. 1988, S. 74-75.
24 Siehe Kahneman & Miller 1986.
25 Kraut u. a. 1998, S. 1018.
26 Baron u. a. 1992, Kap. 2.
27 Brennan 2000; Etcoff 1999, Kap. 5; Hatfield u. a. 1994.
28 Spinoza 1677, deutsch S. 210; Reid 1788, S. 558.

2 Typische Merkmale und wesentliche Komponenten

1 Larsen & Diener 1987, S. 27.
2 Lazarus 1991; Oatley & Jenkins 1992, S. 78.
3 Ben-Ze'ev & Goussinsky 2008.
4 Arnold 1960, S. 171; Stein 1987, S. 220.
5 Diener, Sandvik, and Larsen 1985.
6 Horder 1992, S. 75.
7 Gilboa & Revelle 1994, S. 145; Oatley 1992, S. 23.
8 S. a. Ben-Ze'ev 1993a.
9 Damasio 1994, S. 233; Ferguson 1767, S. 45; Melzack 1973, S. 29-31.
10 Aristoteles, *Nikomachische Ethik*: 1149a, S. 26-29; Malebranche 1675, S. 314.
11 Hastorf & Cantril 1954; Hochschild 1983, S. 30; Kahneman 1973; Lazarus 1991, Kap. 10; Reid 1788, S. 574.
12 Bedford 1957; Ortony u. a. 1988.
13 Siehe z. B. Ben-Ze'ev 1993a, Kap. 4; Clore & Ortony 1999; Scherer, u. a. 2001.
14 Smith & Lazarus 1990, S. 629.
15 Oakley 1991.
16 Zitiert in Etcoff 1999, Kap. 1.
17 Clore & Ortony 1999.
18 Siehe Tannen 1990, S. 140.
19 Morreall 1983; De Sousa 1987, Kap. 11; Frijda 1986, Abs. 2.5.
20 Solomon 1993, S. 10.
21 Gaus 1990, S. 41-4.
22 Rosenberg 1998.
23 Diese Einteilung stammt von Ortony u. a. 1988.

3 Wenn die Gefühle überfließen – Emotionale Intensität

1 Gilboa & Revelle 1994.
2 Siehe auch Frijda u. a. 1992; Green 1992, S. 136-138; Sonnemans & Frijda 1994.
3 Day 1970.
4 Frijda 1988, S. 352; 1986, S. 206.
5 Frijda 1989.

6 *Webster's New Collegiate Dictionary*
7 Karasawa 1995; Teigen 1995; Whitley & Frieze 1986.
8 Oatley & Larocque 1995; Sigmon & Snyder 1993.
9 Kahneman & Miller 1986.
10 Hill u.a. 1976, S. 159.
11 Taylor, S. E. 1989, S. 75-6.
12 Ortony u.a. 1988, S. 71-3.
13 Graham u.a. 1993.
14 Weiner 1985; Weiner u.a. 1979.
15 Weiner 1985, S. 554.
16 Aristoteles, *Rhetorik*: 1379a, S. 22; Frijda 1986, S. 273, 291-5; Lyons 1980, Kap. 7; Ortony u.a. 1988, S. 64-5.
17 Frijda 1986, S, 299.
18 Spinoza 1677, deutsch S. 238.
19 Kahneman & Miller 1986; Lazarus & Lazarus 1994, Kap. 8.
20 Seneca, *Epistulae Morales*, IV,5,9.
21 Aristoteles, *Nikomachische Ethik*: 1136b, S. 6; Janoff-Bulman & Frieze 1983; Ortony u.a. 1988, S. 77; Spinoza 1677, deutsch S. 263.
22 Jackson & Huston 1975; zitiert in Etcoff 1999, Kap. 1.
23 Frankfurt 1998, S. 6.
24 Sher 1987.
25 Feinberg 1970; Sverdlik 1983; s. a. Pojman & McLeod 1999.
26 Elster 1985, S. 382-3; 390-5; Hatfield 1988, S. 201-5; Larsen & Diener 1987; Solomon & Corbit 1974.

4 Die Emotion als mentaler Modus

1 Siehe auch Donaldson 1993.
2 Siehe auch Goldie, 2000, S. 12-13.
3 Ben-Ze'ev, 1993a.

5 Die Logik der Emotionen

1 Ben-Ze'ev 1993a; Frijda 1988; Margolis 1987; Redding 1999; Rock 1983.
2 Bergson, 1907, S. 155.
3 Ambady & Rosental 1992; Goleman 1998, S. 53.
4 Ben-Ze'ev 1993a, S. 4.4.

5 Siehe Allen 1991; Engel 1964; James 1997, S. 13; Leeper 1948; Salovey & Mayer 1990; Kemp Smith 1957, S. 5.
6 Frank 1988.
7 Jauregui 1995, S. 5.
8 Siehe z. B. Oatley 1992, S. 175.
9 Arnold 1969.
10 Aristoteles, *Nikomachische Ethik*: 1154a15; Lyons 1980, Kap. 12.

6 Warum geht es uns schlecht, wenn es euch gutgeht?
Neid und Eifersucht

1 Smith 1759, deutsch S. 411.
2 Descartes 1649, deutsch S. 103; Ortony u. a. 1988, S. 101-2; s. a. Schoeck 1970.
3 Crosby 1976, S. 85, s. a. Kohn 1986; Neu 1980.
4 Descartes 1649, deutsch S. 285.
5 Bers & Rodin 1984; Salovey & Rodin 1989; Tesser & Campbell 1980.
6 Yitzhaki & Lerman 1991.
7 Parrott & Smith 1993.
8 Fitness & Fletcher 1993.
9 Farrell 1980; van Sommers 1988, S. 19.
10 Neu 1980; Bringle 1991, S. 124-5.
11 Salovey & Rodin 1989, S. 229.
12 Buss 1994, S. 127-9; Gold 1996.
13 Buss u. a. 1992; Buss 1994; DeSteno & Salovey 1996b.

7 Warum geht es uns schlecht, wenn es euch schlechtgeht?
Mitleid, Mitgefühl und Gnade

1 Blum 1994, Kap. 8; Snow 1991, S. 197.
2 Greenspan 1988, S. 66.
3 Siehe auch Statman 1994.
4 Brien, 1991; 1995; Statman 1994.
5 S. a. Spinoza 1677, deutsch S. 185.
6 Brien 1991; 1995.

8 Warum geht es uns gut, egal, wie es euch geht?
Mitfreude und Schadenfreude

1 Rousseau 1979, deutsch S. 221; Bloom 1993, S. 68-9.
2 Blondel 1947, S. 7.
3 Kant 1924, S. 218; s. a. Reid 1788, S. 567.
4 Thomas von Aquin, Summa Theologiae / Summa theologica III, Supplementum, Quaestio 94, Artikel 1; zitiert in Portmann 1999.
5 Feather 1996.
6 Kant 1963, S. 220; deutsch S. 1557. Aristoteles, *Eudemische Ethik*, 1233b, S. 20-21.
7 Siehe Stein 1992; Whitman & Alexander 1968.
8 Ortony u. a. 1988, S. 105,76; Portmann 1999.

9 Wenn du böse bist, bin ich zornig – Zorn, Haß und Ekel

1 Averill 1983, S. 1150; Lazarus & Lazarus 1994, S. 13-27; Murphy & Hampton 1988, S. 72-5.
2 Averill 1982; Oatley 1992, S. 209-10; s. a. Beck 1976; Lazarus 1991, Kap. 6; Ortony u. a. 1988.
3 Elster 1999a, S. 64-67; s. a. Yanay 1996.
4 Aristoteles, *Rhetorik*, übers. v. Gernot Krapinger, Stuttgart: Reclam 1999, 1382a, S. 4-12; s. a. Elster 1999a, S. 64-67. S. a. Rosenwein 1998.
5 Fitness & Fletcher 1993; Neu, 1996.
6 Elster 1999b, S. 158.
7 Spinoza 1677, deutsch S. 127 s. a. Gaylin 1984.
8 Temkin & Yanay 1988.
9 Rozin u. a. 1993, S. 584.
10 Rozin u. a. 1993, S. 584.
11 Miller 1997, S. 132-142.
12 Elias 1939; Rozin u. a. 1993, S. 587-8.
13 Miller 1997, S. 220-222;
14 Miller 1997, S. 184-186.
15 Thomas 1991.

10 Sie süßesten Emotionen – Romantische Liebe und sexuelles Begehren

1 Buss 1994; Etcoff 1999, Kap. 3.
2 Etcoff 1999, Kap. 3; Marks 1996; Townsend & Levy 1990.
3 Sprague & Quadagno 1989; s. a. Metts u. a. 1998.
4 Kephart 1967; Simpson u. a. 1986; zitiert und erörtert in Illouz 1997, S. 209.
5 *Ananova*, 17 / 9 / 02.
6 Etcoff 1999, Kap. 1.
7 Etcoff 1999, Kap. 2; Langlois u. a. 1995.
8 Ackerman 1994, S. 188-9; Buss 1994, S. 38-40, 57-8; Cook & McHenry 1978, Kap. 2; Etcoff 1999; Lawson 1971; Zebrowitz u. a. 1996.
9 Buss 1994, S. 59-60, 112.
10 Siehe Elster 1999b, S. 3; Metts u. a. 1998, S. 356-357.
11 Brown 1987, S. 50-9.
12 Buss 1994, S. 55-57; Cunningham u. a. 1995; Singh 1993.
13 Cook & McHenry 1978, Kap. 2.
14 Freedman 1978, Kap. 4; Hunter 1983, S. 17; Mathes 1991, S. 56-8; Tennov 1979, S. 73-9.
15 Bradley 1998; Glass & Wright 1992; Lawson 1988, S. 39.
16 Siehe z. B. De Sousa 1990.
17 Cook & McHenry 1978: Kap. 3; Wilson & Klaaren 1992.
18 Solomon 1988, S. 146.
19 Wilkinson 1976.
20 Cook & McHenry 1978, S. 99; Hendrick & Hendrick 1988.
21 Blackburn, 2004, S. 101.
22 Ben-Ze'ev & Goussinsky 2008, S. 93-94, 128.
23 Buss 1994, Kap. 4.
24 Illouz 1997.
25 Fisher 1992; 2009; Toufexis 1993.
26 Fisher 1992; s. a. De Sousa 1991, S. 484.
27 Buss 1994, S. 90.
28 Peele 1988, S. 177-8.
29 Nozick 1991.
30 Elster 1999a, S. 105.
31 Appadurai 1985.
32 Hochschild 1989; Reid 1788, S. 562.

33 Card 1988.
34 Ortony u. a. 1988, S. 146-54.

11 Sorge um uns selbst – Glück und Traurigkeit

1 Averill & More 1993.
2 Kubey & Csikszentmihalyi 1990, S. 204; Shames 1989, S. 148.
3 Averill & More 1993; McIntosh & Martin 1992.
4 Diener & Diener 1996; Lykken & Tellegen 1996; Daniel Goleman, »Happiness may lie in your stars«, *International Herald Tribune*, 18/7/96.
5 Lykken & Tellegen 1996; Goleman, »Happiness may lie in your stars«, *International Herald Tribune*, 18/7/96.
6 Diener u. a. 1991.
7 Zitiert in Goleman, »Happiness may lie in your stars.«
8 Diener, Horwitz, and Emmons 1985; Diener u. a. 1993; Frank 1999, S. 4, 72-73, Kap. 8; Freedman 1978, Kap. 9; Veenhoven 1984.
9 Diener, Horwitz, and Emmons 1985; Diener u. a. 1993; Frank 1999, Kap. 5; Oatley 1992, S. 361.
10 Brickman u. a. 1978; Emmons & Diener 1985, S. 157; Freedman 1978; McIntosh & Martin 1992; Oatley & Duncan 1992, S. 267; Parducci 1984; Smith u. a. 1989.
11 Siehe z. B. Frank 1999, Kap. 8; Parducci 1984.
12 Neumark & Postlewaite 1998; zitiert in Frank 1999, S. 116.
13 Etcoff 1999, S. 85-88; Diener, Wolsic & Fujita 1995; Lykken & Tellegen 1996;
14 Siehe z. B. Aristoteles, *Metaphysik* 1048b, S. 18, 1050a, S. 23; *Nikomachische Ethik* 1174a, S. 14.
15 Thayer 1996, S. 14; Suzuki 1970, S. 46.
16 Freedman 1978, S. 235; s. a. Parducci 1984, S. 16.
17 McIntosh & Martin 1992, S. 242.
18 Freedman 1978, S. 230-1; s. a. De Sousa 1987, S. 207-8.
19 Ferguson 1767, Abs. 7; Kubey & Csikszentmihalyi 1990, S. 197.
20 Diener & Diener 1996.
21 McIntosh & Martin 1992, S. 244.
22 Cunningham 1988; Stearns 1993.
23 Stearns 1993; Stein & Jewett 1986.
24 Siehe z. B. Rubin 1993.
25 Miles & Demi 1991-1992; Vangelisti & Sprague 1998, S. 144.

12 Sorge um unsere Zukunft – Hoffnung und Furcht

1 S. a. Godfrey 1987, S. 1-2; Snyder 1994, S. 2.
2 Averill u. a. 1990, S. 3, 102-4; Bloch 1959; Godfrey 1987, S. 1.
3 Borowski 2006, S 44.
4 Day 1969, S 96-7, 1970; Downie 1963-4.
5 Averill u. a. 1990, S. 95-96.
6 Averill u. a. 1990, S. 100; Rachman 1990, S. 313-316.
7 Snyeder 1994, S. 16-18.
8 Goleman 1995, S. 86-89; 1998; Schulman 1995.
9 Snyeder 1994, S. 24.
10 Rachman 1990, S. 3.
11 Spinoza 1677, deutsch S. 177 f.
12 Day 1969, S. 99.
13 Lewis, 1992, Kap. 3.
14 Day 1969.
15 Day 1969, S. 98-99.
16 Aristoteles, *Nikomachische Ethik*, 1115b, S. 18-19.
17 Rachman 1990, S. 297-299.
18 Rachman 1990, S. 300-301; 311-312, 317.
19 Rachman 1990, S. 317.
20 Spinoza 1677, deutsch S. 186.
21 Siehe z. B. Sartre 1956, S. 628.

13 Betrachtung unseres eigenen Tuns –
Stolz, Bedauern, Schuld und Verlegenheit

1 Isenberg 1949, S. 4-5.
2 Isenberg 1949, S. 4.
3 Bar-Hillel & Neter 1996.
4 Kahneman 1995.
5 Gilovich & Medvec 1995a, 1995b.
6 Zitiert in Landman 1993, S. 107-108.
7 Gilovich & Medvec 1995a.
8 Gilovich & Medvec 1995a.
9 Gilovich & Medvec 1995a, S. 393-394.
10 Gilovich & Medvec 1995a; Landman 1993, S. 93-99, 110.
11 Etcoff 1999, Kap. 1.

12 Lewis 1992, S. 71; Niedenthal u. a. 1994; Williams 1993, S. 220.
13 Williams 1993, S. 219-223.
14 Tangney 1990; Taylor 1985, S. 90; Vangelisti & Sprague 1998, S. 143.
15 Taylor 1985, S. 91-92.
16 Elster 1999a, S. 151; Vangelisti & Sprague 1998, S. 129, 147.
17 Miles & Demi 1983-1984; Vangelisti & Sprague 1998, S. 144.
18 Siehe z. B. Elster 1999a, S. 151-159; 313-314.
19 Bradford & Petronio 1998; Edelmann 1987, S. 6; Sattler 1965.
20 Taylor 1985, S. 69-76.
21 Bradford & Petronio 1998, S. 113; Lewis 1992, S. 82; Taylor 1985, S. 75-76.
22 Harre 1990, S. 188-189.
23 Edelmann 1987, S. 197.
24 Edelmann 1987, S. 118-119.
25 Bradford & Petronio 1998, S. 100, 102.
26 Miller 1986, S. 1062; zitiert in Bradford & Petronio 1998.
27 Harre 1990, S. 186.
28 Bradford & Petronio 1998.

14 Betrachtung unserer selbst – Hochmut und Scham

1 Frank 1990, S. 272.
2 Spinoza 1677, deutsch S. 181, 183; Elster 1999a, S. 207; Hume 1739-40, S. 292.
3 Taylor 1985, S. 45.
4 Elster 1999a, S. III.2.
5 Elster 1999a, S. 282; Lewis 1992, S. 75.
6 Taylor 1985, S. 67.
7 Elster 1999a, S. 156; Lewis 1992, S. 75, 140.
8 Rubin 1970; Zebrowitz u. a. 1996.
9 Lewis 1992, S. 178-179.
10 Dazu siehe Elster 1999a, S. 150-151.

Epilog

1 Wilde 1972, S. 143 f.

Literaturverzeichnis

Ackerman, D. (1994), *A natural history of love*, New York: Random House.

Allen, R. T. (1991), *Governance by emotion*, in: *Journal of the British Society for Phenomenology*, 22, S. 15-29.

Ambady, N. & Rosenthal, R. (1992), *Thin slices of expressive behavior as predictors of interpersonal consequences: A meta-analysis*, in: *Psychological Bulletin*, 111, S. 256-274.

Andersen, P. A. & Guerrero, L. K. (Hg.), *Handbook of communication and emotion*, San Diego: Academic Press.

Appadurai, A. (1985), *Gratitude as a social mode in South India*, in: *Ethos, 13*, S. 235-245.

Aristotle, *The complete works of Aristotle: The revised Oxford translation*, in: J. Barnes, (Hg.). Princeton: Princeton University Press 1984.

Arnold, M. (1960), *Emotion and personality*, New York: Academic Press.

Arnold, M. (1969), *Human emotion and action*, in: T. Mischel (Hg.), *Human action*, New York: Academic Press.

Averill, J. R. (1982), *Anger and aggression: An essay on emotion*, New York: Springer-Verlag.

Averill, J. R. (1983), *Studies on anger and aggression.*, in: *American Psychologist, 38*, S. 1145-1160.

Averill, J. R., Catlin, G. & Chon, K. K. (1990), *Rules of hope*, New York: Springer-Verlag.

Averill, J. R. & More, T. A. (1993), *Happiness*, in: Lewis & Haviland (1993).

Bar-Hillel, M. & Neter, E. (1996), *Why are people reluctant to exchange lottery tickets?*, in: *Journal of Personality and Social Psychology*, *70*, S. 17-27.

Baron, R. S., Kerr, N. L. & Miller, N. (1992), *Group process, group decision, group action*, Buckingham: Open University Press.

Beck, A. T. (1976), *Cognitive therapy and the emotional disorders*, New York: International Universities Press.

Ben-Ze'ev, A. (1993a), *The perceptual system: A philosophical and psychological perspective*, New York: Peter Lang.

Ben-Ze'ev, A. (1993b), *The virtue of modesty*, in: *American Philosophical Quarterly*, *30*, S. 235-246.
Ben-Ze'ev, A. (2004), *Love online: Emotions on the Internet*, Cambridge: Cambridge University Press.
Ben-Ze'ev, A. & Goussinsky, R. (2008), *In the name of love: Romantic Ideology and its victims*, Oxford: Oxford University Press.
Berenson, F. M. (1991), *Emotions and rationality*, in: *International Journal of Moral and Social Studies*, *6*, S. 33-46.
Bergson, H. (1907), *Creative evolution*, New York: Henry Holt (1911), Dt.: *Schöpferische Entwicklung*, Zürich. Coron-Verlag 1967, Lizenz Diederichs-Verlag.
Bermant, G. (1976), *Sexual behavior: Hard times with the Coolidge effect*, in: M. H. Siegel & H. P. Zeigler (Hg.), *Psychological research: The inside story*, New York: Harper & Row.
Bers, S. A. & Rodin, J. (1984), *Social-comparison jealousy: A developmental and motivational study*, in: *Journal of Personality and Social Psychology*, *47*, S. 766-779.
Blackburn, S. (2004), *Lust*, Oxford: Oxford University Press.
Blondel, M. (1947), *Lutte pour la civilisation et philosophie de la paix*, Flammarion, 2. Auflage.
Bloch, E. (1959), *The principle of hope*, Cambridge, Ma.: MIT Press (1986). Dt.: *Das Prinzip Hoffnung*, Frankfurt am Main: Suhrkamp 1954-59.
Blum, L. A. (1994), *Moral perception and particularity*, New York: Cambridge University Press.
Bradford, L. & Petronio, S. (1998), *Strategic embarrassment: The culprit of emotion*, in: Andersen & Guerrero 1998.
Brennan, T. (2000), *The transmission of affect*, Oxford: Oxford University Press.
Brentano, F. (1874), *Psychology from an empirical standpoint*, London: Routledge & Kegan Paul (1973). Dt.: *Psychologie vom empirischen Standpunkt*, Leipzig 1874.
Brickman, P., Coates, D. & Janoff-Bulman, R. (1978), *Lottery winners and accident victims: Is happiness relative?*, in: *Journal of Personality and Social Psychology*, *36*, S. 917-927.
Brien, A. (1991), *Mercy and desert*, in: *Philosophical Papers*, *20*, S. 193-201.
Brien, A. (1995), Mercy, *utilitarianism and retributivism*, in: *Philosophia*, *24*, S. 493-521.

Bringle, R. G. (1991), *Psychological aspects of jealousy: A transactional model*, in: Salovey (1991).
Brown, R. (1987), *Analyzing love*, Cambridge: Cambridge University Press.
Buss, D. M. (1994), *The evolution of desire: Strategies of human mating*, New York: Basic Books.
Buss, D. M., Larsen, R. J., Westen, D. & Semmelroth, J. (1992), *Sex differences in jealousy: Evolution, physiology, and psychology*, in: *Psychological Science*, *3*, S. 251-255.
Buunk, B. P. (1991), *Jealousy in close relationships: An exchange-theoretical perspective*, in: Salovey (1991).

Card, C. (1988), *Gratitude and obligation*, in: *American Philosophical Quarterly*, *25*, S. 115-127.
Clare, A. (1986), *Lovelaw: Love, sex, and marriage around the world*, London: BBC Publications.
Clore, G. L. & Ortony, A. (1999), *Cognition in emotion: Always, sometimes, or never?*, in: L. Nadel & R. Lane (Hg.), *The cognitive neuroscience of emotion*, New York: Oxford University Press.
Coats, E. J. & Feldman, R. S. (1995), *The role of television in the socialization of nonverbal behavioral skills*, in: *Basic and Applied Psychology*, *17*, S. 327-341.
Collingwood, R. G. (1923), *Sensation and thought*, in: *Proceedings of the Aristotelian Society*, *24*, S. 55-76.
Cook, M. & McHenry, R. (1978), *Sexual attraction*, London: Pergamon.
Crosby, F. (1976), *A model of egoistical relative deprivation*, in: *Psychological Review*, *83*, S. 85-113.
Cunningham, M. R. (1988), *What do you do when you're happy or blue? Mood, expectancies, and behavioral interest*, in: *Motivation and Emotion*, *12*, S. 309-331.
Cunningham, M. R., Roberts, A. R. Wu, C.H., Barbee, A. P. & Druen, P. B. (1995), *»Their ideas of beauty are, on the whole, the same as ours«: Consistency and variability in the cross-cultural perception of female physical attractiveness*, in: *Journal of Personality and Social Psychology*, *68*, S. 261-279.

Damasio, A. R. (1994), *Descartes' error: Emotion, reason, and the human brain*, New York: Putnam. Dt.: *Descartes' Irrtum: Fühlen, Denken und das menschliche Gehirn*, München / Leipzig 1995.

Day, J. P. (1969), *Hope*, in: *American Philosophical Quarterly*, *6*, S. 89-102.

Day, J. P. (1970), *The anatomy of hope and fear*, in: *Mind*, *79*, S. 369-384.

De Sousa, R. (1987), *The rationality of emotions*, Cambridge, Ma.: MIT Press. Dt.: *Die Rationalität des Gefühls*, Frankfurt am Main: Suhrkamp 2009.

De Sousa, R. (1990), *Emotions, education and time*, in: *Metaphilosophy*, *21*, S. 434-446.

DeSteno, D. A. & Salovey, P. (1996a), *Jealousy and the characteristics of one's rival: A self-evaluation maintenance perspective*, in: *Personality and Social Psychology Bulletin*, 22, S. 920-932.

DeSteno, D. A. & Salovey, P. (1996b), *Evolutionary origins of sex differences in jealousy? Questioning the »fitness« of the model*, in: *Psychological Science*, *7*, S. 367-372.

Diener, E. & Diener, C. (1996), *Most people are happy*, in: *Psychological Science*, *7*, S. 181-185.

Diener, E., Horwitz, J., & Emmons, R. A. (1985), *Happiness of the very wealthy*, in: *Social Indicators Resarch*, *16*, S. 263-274.

Diener, E., Sandvik, E. & Larsen, R. J. (1985), *Age and sex effects for emotional intensity*, in: *Developmental Psychology*, *21*, S. 542-546.

Diener, E., Sandvik, E. & Pavot, W. (1991), *Happiness is the frequency, not the intensity of positive versus negative affect*, in: F. Strack, M. Argyle & N. Schwarz (Hg.), *Subjective well-being*, New York: Pergamon.

Diener, E., Sandvik, E., Seidlitz, L., & Diener, M. (1993), *The relationship between income and subjective well*-being: Relative or absolute?, in: *Social Indicators Research*, *28*, S. 195-223.

Diener, E., Wolsic, B. & Fujita, F. (1995), *Physical attractiveness and subjective well-being*, in: *Journal of Personality and Social Psychology*, *69*, S. 120-129.

Donaldson, M. (1993), *Human Minds: An Exploration*, London: Penguin.

Downie, R. S. (1963-4), *Hope*, in: *Philosophy and Phenomenological Research*, *24*, S. 248-251.

Edelmann, R. J. (1987), *The psychology of embarrassment*, Chichester: Wiley.
Ekman, P., Levenson, R. W. & Friesen, W. V. (1983), *Autonomic nervous system activity distinguishes between emotions*, in: *Science*, *221*, S. 1208-1210.
Elias, N. (1939), *The history of manners: Vol. 1. The civilizing process*, New York: Pantheon Books (1978). Dt.: *Über den Prozeß der Zivilisation*, Bd. 1, Frankfurt: Suhrkamp 1976.
Elster, J. (1985), *Sadder but wiser? Rationality and the emotions*, in: *Social Science Information*, *24*, S. 375-406.
Elster, J. (1999a), *Alchemies of the mind: Rationality and the emotions*, Cambridge: Cambridge University Press.
Elster, J. (1999b), *Strong feelings: Emotion, addiction, and human behavior*, Cambridge, Ma.: MIT Press.
Emmons, R. A. & Diener, E. (1985), *Factors predicting satisfaction judgments: A comparative examination*, in: *Social Indicators Research*, *16*, S. 157-167.
Engel, G. (1964), *Is grief a disease?*, in: *Psychosomotic Medicine*, *23*, S. 18-22.
Etcoff, N. (1999), *Survival of the prettiest: The science of beauty*, New York: Doubleday.

Farrell, D. M. (1980), *Jealousy*, in: *The Philosophical Review*, *89*, S. 527-559.
Feather, N. T. (1996), *Values, deservingness, and attitudes toward high achievers: Research on tall poppies*, in: C. Seligman, J. M. Olson & M. P. Zanna (Hg.), *The psychology of values: The Ontario symposium*, Hillsdale: Erlbaum.
Fehr, B. (1988), *Prototype analysis of the concepts of love and commitment*, in: *Journal of Personality and Social Psychology*, *55*, S. 557-579.
Feinberg, J. (1970), *Justice and personal desert*, in: *Doing and deserving*, Princeton: Princeton University Press.
Ferguson, A. (1767), *An essay on the history of civil society*, New Brunswick: Transaction Publishers (1980). Dt.: *Versuch über die Geschichte der bürgerlichen Gesellschaft*, Suhrkamp 1988.
Festinger, L. (1954), *A theory of social comparison processes*, in: *Human Relations*, *7*, S. 117-140.
Fisher, H. (1992), *Anatomy of love*, New York: Norton.

Fisher, H. (2009), *Why Him? Why Her?: Finding Real Love By Understanding Your Personality Type*, New York: Henry Holt.

Fitness, J. & Fletcher, G. J. O. (1993), *Love, hate, anger and jealousy in close relationships: A prototype and cognitive appraisal analysis*, in: *Journal of Personality and Social Psychology*, *65*, S. 942-958.

Frank, D. H. (1990), *Anger as a vice: A Maimonidean critique of Aristotle's ethics*, in: *History of Philosophy Quarterly*, *7*, S. 269-281.

Frank, R. H. (1988), *Passions within reason: The strategic role of the emotions*, New York: Norton.

Frank, R. H. (1999), *Luxury fever: Why money fails to satisfy in an era of excess*, New York: The Free Press.

Frankfurt, H. G. (1998), Duty and love, in: *Philosophical Explorations*, *1*, S. 4-9.

Freedman, J. L. (1978), *Happy people*, New York: Harcourt Brace Jovanovich.

Frijda, N. H. (1986), *The emotions*, Cambridge: Cambridge University Press.

Frijda, N. H. (1988), The laws of emotion, in: *American Psychologist*, *43*, S. 349-358.

Frijda, N. H. (1989), Aesthetic emotions and reality, in: *American Psychologist*, *44*, S. 1546-1547.

Frijda, N. H., Ortony, A., Sonnemans, J. & Clore, G. (1992)., *The complexity of intensity: Issues concerning the structure of emotion intensity*, in: *Review of Personality and Social Psychology*, *13*, S. 60-89.

Frye, N. (1957), *Anatomy of criticism*, Princeton: Princeton University Press.

Gaus, G. F. (1990), *Value and justification*, Cambridge: Cambridge University Press.

Gaylin, W. (1984), *The rage within: Anger in modern life*, New York: Simon & Schuster.

Gilboa, E. & Revelle, W. (1994), *Personality and the structure of affective responses*, in: S. H. M. van Goozen, N. E. van de Poll & J. A. Sergeant (Hg.), *Emotions: Essays on emotion theory*, Hillsdale: Erlbaum.

Gilovich, T. & Medvec, V. H. (1995a), *The experience of regret: What, when, and why*, in: *Psychological Review*, *102*, S. 379-395.

Gilovich, T. & Medvec, V. H. (1995b), *Some counterfactual determinants of satisfaction and regret*, in: Roese & Olson (1995a).

Gladue, B. A., & Delaney, J. J. (1990), *Gender differences in perception of attractiveness of men and women in bars*, in: *Personality and Social Psychology Bulletin*, *16*, S. 378-391.
Glass, S. P. & Wright, T. L. (1992), *Justifications for extramarital relationships: The association between attitudes, behaviors, and gender*, in: *The Journal of Sex Research*, *29*, S. 361-387.
Godfrey, J. J. (1987), *A philosophy of hope*, Dordrecht: Nijhoff.
Gold, B. T. (1996), *Enviousness and its relationship to maladjustment and psychopathology*, in: *Personality and Individual Differences*, *21*, S. 311-321.
Goleman, D. (1995), *Emotional intelligence*, New York: Bantam. Dt.: *Emotionale Intelligenz*, München: Hanser 1996.
Goleman, D. (1998), *Working with emotional intelligence*, New York: Bantam. Dt.: *EQ^2 – der Erfolgsquotient*, München: Hanser 1999.
Graham, S. & Weiner, B. (1986), *From an attributional theory of emotion to developmental psychology: A round-trip ticket?*, in: *Social Cognition*, *4*, S. 152-179.
Graham, S., Weiner, B., Giuliano, T. & Williams, E. (1993), *An attributional analysis of reactions to Magic Johnson*, in: *Journal of Applied Social Psychology*, *23*, S. 996-1010.
Green, O. H. (1992), *The emotions*, Dordrecht: Kluwer.
Greenspan, P. S. (1988), *Emotions and reasons*, New York: Routledge.

Harre, R. (1990), *Embarrassment: A conceptual analysis*, in: R. Crozier (Hg.), *Shyness and embarrassment: Perspectives from social psychology*, Cambridge: Cambridge University Press.
Hastorf, A. H. & Cantril, H. (1954), *They saw a game: A case study*, in: *Journal of Abnormal and Social Psychology*, *49*, S. 129-134.
Hatfield, E. (1988), *Passionate and compassionate love*, in: Sternberg & Barnes (1988).
Hatfield, E., Cacioppo, J. T. & Rapson, R. L. (1994), *Emotional contagion*, New York: Cambridge University Press.
Heider, F. (1958), *The psychology of interpersonal relations*, New York: Wiley.
Hendrick, C. & Hendrick, S. S. (1988), *Lovers wear rose-colored glasses*, in: *Journal of Social and Personal Relationships*, *5*, S. 161-183.
Higgins, E. T. (1987), *Self-discrepancy: A theory relating self and affect*, *Psychological Review*, *94*, S. 319-340.

Hill, C. T., Rubin, Z. & Peplau, L. A. (1976), *Breakups before marriage: The end of 103 affairs*, in: *Journal of Social Issues*, *32*, S. 147-168.
Hochschild, A. R. (1983), *The managed heart: Commercialization of human feeling*, Berkeley: University of California Press.
Hochschild, A. R. (1989), *The economy of gratitude*, in: D. D. Franks and E. D. McCarthy (Hg.), *The sociology of emotions*, New York: JAI Press.
Horder, J. (1992), *Provocation and responsibility*, Oxford: Clarendon Press.
Hunter, J. F. M. (1983), *Thinking about sex and love*, New York: St. Martin's.

Illouz, E. (1997), *Consuming the romantic utopia. Love and the cultural contradictions of capitalism*, Berkeley: University of California Press.
Isenberg, A. (1949), *Natural pride and natural shame*, in: *Philosophy and Phenomenological Research*, *10*, S. 1-24.

Jackson, D. J. & Huston, T. L. (1975), *Physical attractiveness and assertiveness*, in: *Journal of Social Psychology*, *96*, S. 79-84.
James, S. (1997), *Passion and action: The emotions in seventeenth-century philosophy*, Oxford: Clarendon Press.
Janoff-Bulman, R. & Frieze, I. H. (1983), *A theoretical perspective for understanding reactions to victimization*, in: *Journal of Social Issues*, *39*, S. 1-17.
Jauregui, J. A. (1995), *The emotional computer*, Oxford: Blackwell.

Kahneman, D. (1973), *Attention and effort*, Englewood Cliffs: Prentice-Hall.
Kahneman, D. (1995), *Varieties of counterfactual thinking*, in: Roese & Olson (1995).
Kahneman, D. & Miller, D. T. (1986), *Norm theory: Comparing reality to its alternatives*, in: *Psychological Review*, *93*, S. 136-153.
Kahneman, D. & Tversky, A. (1979), *Prospect theory: An analysis of decision under risk*, in: *Econometrica*, *47*, S. 263-291.
Kahneman, D. & Tversky, A. (1982), *The simulation heuristic*, in: D. Kahneman, P. Slovic and A. Tversky (Hg.), *Judgment under uncertainty: Heuristics and biases*, Cambridge: Cambridge University Press.

Kahneman, D. & Varey, C.A. (1990), *Propensities and counterfactuals: The loser that almost won*, in: *Journal of Personality and Social Psychology, 59*, S. 1101-1110.

Kant, I. (1963), *Lectures on ethics*, New York: Harper. Dt.: *Kants gesammelte Schriften*, Berlin: Walter de Gruyter, 1979.

Karasawa, K. (1995), *An attributional analysis of reactions to negative emotions*, in: *Personality and Social Psychology Bulletin, 21*, S. 456-467.

Kemp Smith, N. (1957), *Fear: Its nature and diverse uses*, in: *Philosophy, 32*, S. 3-20.

Kephart, W. (1967), *Some correlates of romantic love*, in: *Journal of Marriage and the Family, 29*, S. 470-474.

Kohn, A. (1986), *No contest: The case against competition*, Boston: Houghton Mifflin.

Kraut, R., Patterson, M., Lundmark, V., Kiesler, S., Mukopadhyay, T. & Scherlies, W. (1998), *Internet paradox: A social technology that reduces social involvement and psychological well-being?*, in: *American Psychologist, 53*, S. 1017-1031.

Kubey, R. & Csikszentmihalyi, M. (1990), *Television and the quality of life: How viewing shapes everyday experience*, Hillsdale: Erlbaum.

Lakoff, G. (1987), *Women, fire, and dangerous things*, Chicago: The University of Chicago Press.

Landman, J. (1993), *Regret: The persistence of the possible*, New York: Oxford University Press.

Langlois, J. H., Ritter, J. M., Casey, R. J. & Sawin, D. B. (1995), Infant attractiveness predicts maternal behaviors and attitudes, *Developmental Psychology, 31*, S. 464-472.

Larsen, R. J. & Diener, E. (1987), *Affect intensity as an individual difference characteristic: A review*, in: *Journal of Research in Personality, 21*, S. 1-39.

Lawson, A. (1988), *Adultery: An analysis of love and betrayal*, New York: Basic Books.

Lawson, E. D. (1971), *Hair colour, personality and the observer*, in: *Psychological Report, 28*, S. 311-322.

Lazarus, R. S. (1991), *Emotion and adaptation*, New York: Oxford University Press.

Lazarus, R. S. & Lazarus, B. N. (1994), *Passion and reason: Making sense of our emotions*, New York: Oxford University Press.

Leeper, R. W. (1948), *A motivational theory of emotion to replace »emotion as disorganized response«*,in: M. B. Arnold (Hg.), *The nature of emotion*, Harmondsworth: Penguin (1968).

Levenson, R. W., Ekman, P. & Friesen, W. V. (1990), Voluntary facial expression generates emotion-specific nervous system activity, in: *Psychophysiology*, *27*, S. 363-384.

Lewin, K., Dembo, T., Festinger, L. & Sears, P. S. (1944), *Level of aspiration*, in J. M. Hunt (Hg.), *Personality and the behavior disorders, Vol. 1*, S. 333-378, New York: Ronald.

Lewis, C. I. (1929), *Mind and the world order*, New York: Dover (1956).

Lewis, C. I. (1946), *An Analysis of knowledge & valuation*, La Salle: Open Court (1971).

Lewis, M. (1992), *Shame*, New York: The Free Press.

Lewis, M. & Haviland, J. M. (1993), *Handbook of emotions*, New York: Guilford Press.

Lormand, E. (1985), *Toward a theory of moods*, in: *Philosophical Studies*, *47*, S. 385-407.

Lykken, D. & Tellegen, A. (1996), *Happiness is a stochastic phenomenon*, in: *Psychological Science*, *7*, S. 186-189.

Lyons, W. (1980), *Emotion*, Cambridge: Cambridge University Press.

Malebranche, N. (1675), *The search after truth*, Columbus: Ohio State University Press (1980). Dt.: Malebranche, Nicolas, *Erforschung der Wahrheit*, München: Georg Müller, 1914. – 1. Buch 1 bis 3.

Margolis, H. (1987), *Patterns, thinking, and cognition: A theory of judgment*, Chicago: The University of Chicago Press.

Marks, N. F. (1996), *Flying solo at midlife: Gender, marital status, and psychological well-being*, in: *Journal of Marriage and the Family*, *58*, S. 917-932.

Masson, J. M. & McCarthy, S. (1995), *When elephants weep*, New York: Delacorte.

Mathes, E. W. (1991), A cognitive theory of jealousy, in: Salovey (1991).

McIntosh, W. D. & Martin, L. L. (1992), *The cybernetics of happiness: The relation of goal attainment, rumination, and affect*, in: *Review of Personality and Social Psychology*, *14*, S. 222-246.

Melzack, R. (1973), *The puzzle of pain*, New York: Basic Books.

Metts, S., Sprecher, S. & Regan, P. C. (1998), *Communication and sexual drive*, in: Andersen & Guerrero (1998).
Michael, R. T., Gagnon, J. H., Laumann, E. D. & Kolata, G. (1994): *Sex in America*, New York: Little, Brown.
Miles, M. S. & Demi, S. A. (1983-1984), *Toward the development of a theory of bereavement guilt: sources of guilt in bereaved parents*, in: *Omega*, *14*, S. 299-314.
Miles, M. S. & Demi, S. A. (1991-1992), *A comparison of guilt in bereaved parents whose children died by suicide, accident, or chronic disease*, *Omega*, *24*, S. 201-215.
Miller, R. S. (1986), *Embarrassment: Causes and consequences*, in: W. H. Jones, J. M. Cheek & S. R. Briggs (Hg.), *Shyness: Perspectives on research and treatment*, New York: Plenum.
Miller, W. I. (1997), *The anatomy of disgust*, Cambridge: Harvard University Press.
Minsky, M. (1985), *The society of mind*, New York: Simon & Schuster. Dt.: *Mentopolis*, Stuttgart: Klett-Cotta 1990.
Morreall, J. (1983), *Humor and emotion*, in: *American Philosophical Quarterly*, *20*, S. 297-304.
Murphy, J. G. & Hampton, J. (1988), *Forgiveness and mercy*, Cambridge: Cambridge University Press.

Neu, J. (1980), *Jealous thoughts*, in: A. O. Rorty (1980) (Hg.), *Explaining emotions*, Berkeley: University of California Press.
(1980).
Neumark, D. & Postlewaite, A. (1998), *Relative income concerns and the rise in married women's employment*, in: *Journal of Public Ecocomic*, *70*, S. 157-183.
Niedenthal, P. M., Tangney, J. P. & Gavanski, I. (1994), *»If only I weren't« versus »If only I hadn't«: Distinguishing shame and guilt in counterfactual thinking*, in: *Journal of Personality and Social Psychology*, *67*, S. 585-595.
Nozick, R. (1991), *Love's bond*, in: Solomon & Higgins (1991).
Nussbaum, M. C. (1986), *The fragility of goodness: Luck and ethics in Greek tragedy and philosophy*, Cambridge: Cambridge University Press.
Nussbaum, M. C. (2001), *Upheavals of thought: A theory of the emotions*, Cambridge: Cambridge University Press.

Oakley, J. (1991), *Morality and the emotions*, London: Routledge.
Oatley, K. (1992), *Best laid schemes: The psychology of emotions*, Cambridge: Cambridge University Press.
Oatley, K. & Duncan, E. (1992), *Incidents of emotion in daily life*, in: *International Review of Studies on Emotion*, 2, S. 249-293.
Oatley, K. & Jenkins, J. M. (1992), *Human emotions: Function and dysfunction*, in: *Annual Review of Psychology*, *43*, S. 55-85.
Oatley, K. & Jenkins, J. M. (1996), *Understanding emotions*, Cambridge, Ma.: Blackwell.
Oatley, K. & Larocque, L. (1995), *Everyday concepts of emotions following every-other-day errors in joint plans*, in: J. Russell & J. Fernandez-Dols (Hg.), *Everyday conceptions of emotions*, Dordrecht: Kluwer.
Ortony, A., Clore, G. L. & Collins, A. (1988), *The cognitive structure of emotions*, Cambridge: Cambridge University Press.

Parducci, A. (1984), Value *judgments: Toward a relational theory of happiness*, in: J. R. Eiser (Hg.), *Attitudinal judgment*, New York: Springer-Verlag.
Parrott, W. G. & Smith, R. H. (1993), *Distinguishing the experience of envy and jealousy*, in: *Journal of Personality and Social Psychology*, *64*, S. 906-920.
Peele, S. (1988), *Fools for love: The romantic ideal, psychological theory, and addictive love*, in: Sternberg & Barnes (1988).
Pojman, L. P. & McLeod, O. (1999), *What do we deserve? A reader on justice and desert*, New York: Oxford University Press.
Portmann, J. (1999), *When bad things happen to other people*, London: Routledge.

Rachman, S. (1990), *Fear and courage*, New York: Freeman.
Redding, P. (1999), *The logic of affect*, Ithaca: Cornell University Press.
Reid, T. (1788), *Essays on the active powers of man*, in: W. Hamilton (Hg.), *Philosophical Works*, Hildesheim: Georg Olms.
Rock, I. (1983), *The logic of perception*, Cambridge, Mass.: MIT Press.
Roese, N. J. & Olson, J. M. (Eds.), (1995), *What might have been: The social psychology of counterfactual thinking*, Mahwah: Erlbaum.
Rosch, E. (1977), *Human categorization*, in: N. Warren (Hg.), *Advance in cross-cultural psychology*, London: Academic Press.

Rosch, E. (1978), Principles of categorization, in: E. Rosch and B. B. Lloyd (Hg.), *Cognition and categorization*, Hillsdale: Erlbaum.
Rosenberg, E. L. (1998), *Levels of analysis and the organization of affect*, in: *Review of General Psychology*, 2, S. 247-270.
Rosenwein, B. H. (1998), *Anger's past: The social uses of an emotion in the middle ages*, Ithaca: Cornell University Press.
Rousseau, J.-J. (1979), *Emile: or on education*, New York: Basic Books. Dt.: *Emil oder Über die Erziehung*, Paderborn: Schöningh 1983.
Rozin, P., Haidt, J. & McCauley, C. R. (1993), *Disgust*, in: Lewis & Haviland (1993).
Rubin, S. (1993), *The death of a child is forever: The life course impact of child loss*, in: M.S. Stroebe, W. Stroebe & R.O Hansson (Hg.), *Handbook of bereavement*, S. 285-299, Cambridge: Cambridge University Press.
Rubin, Z. (1970), *Measurement of romantic love*, in: *Journal of Personality and Social Psychology*, *16*, S. 265-273.
Russell, J. A. (1991), *In defense of a prototype approach to emotion concepts*, in: *Journal of Personality and Social Psychology*, *60*, S. 37-47.

Salovey, P. (Hg.) (1991), *The psychology of jealousy and envy*, New York: Guilford Press.
Salovey, P. & Mayer, J. D. (1990), *Emotional intelligence*, in: *Imagination, Cognition and Personality*, *9*, S. 185-211.
Salovey, P. & Rodin, J. (1989), *Envy and jealousy in close relationship*, in: C. Hendrick (Hg.), *Close relationships*, Newbury Park: Sage.
Sartre, J. P. (1956), *Being and nothingness*, New York: The Philosophical Library. Dt.: *Das Sein und das Nichts*, Reinbek: Rowohlt 1990.
Sattler, J. M. (1965), *A theoretical, developmental, and clinical investigation of embarrassment*, in: *Genetic Psychology Monographs*, *71*, S. 19-59.
Scherer, K. R., Schorr, A., & Johnstone, T. (2001), *Appraisal processes in emotion*, Oxford: Oxford University Press.
Schoeck, H. (1970), *Envy*, New York: Harcourt.
Schulman, P. (1995), *Explanatory style and achievement in school and work*, in: G. Buchanan & M. Seligman (Hg.), *Explanatory style*, Hillsdale: Lawrence Erlbaum.
Shames, L. (1989), *The hunger for more: Searching for values in an age of greed*, New York: Times Books.
Shaver, P., Wu, S. & Schwartz, J. C. (1992), *Cross-cultural similarities*

and differences in emotion and its representation, in: *Review of Personality and Social Psychology, 13*, S. 175-212.
Sher, G. (1987), *Desert*, Princeton: Princeton University Press.
Sigmon, S. T. & Snyder, C. R. (1993), *Looking at oneself in a rose-colored mirror: The role of excuses in the negotiation of a personal reality*, in: M. Lewis & C. Saarni (Hg.), *Lying and deception in everyday life*, New York: Guilford.
Simpson, J., Campbell, B. & Berscheid, E. (1986), *The association between romantic love and marriage: Kephart (1967) twice revisited*, in: *Personality and Social Psychology Bulletin, 12*, S. 363-372.
Singh, D. (1993), *Adaptive significance of waist-to-hip ration and female physical attractiveness*, in: *Journal of Personality and Social Psychology, 65*, S. 293-307.
Smith, A. (1759), *The theory of moral sentiments*, Indianapolis: Liberty Classics (1982). Dt.: *Theorie der ethischen Gefühle*, Hamburg: Meiner 2004.
Smith, C. A. & Lazarus, R. S. (1990), *Emotion and adaptation*, in: L. A. Pervin (Hg.), *Handbook of personality: Theory and research*, New York: Guilford.
Smith, R. H., Diener, E. & Garonzik, R. (1990), *The roles of outcome satisfaction and comparison alternatives in envy*, in: *British Journal of Social Psychology, 29*, S. 247-255.
Smith, R. H., Diener, E. & Wedell, D. H. (1989), *Interpersonal and social comparison determinants of happiness: A range-frequency analysis*, in: *Journal of Personality and Social Psychology, 56*, S. 317-325.
Snow, N. E. (1991), *Compassion*, in: *American Philosophical Quarterly, 28*, S. 195-205.
Snyder, C. R. (1994), *The psychology of hope*, New York: Free Press.
Solomon, R. C. (1988), *About love*, New York: Simon and Schuster.
Solomon, R. L. & Corbit, J. D. (1974), *An opponent-process theory of motivation*, in: *Psychological Review, 81*, S. 119-145.
Sonnemans, J. & Frijda, N. H. (1994), *The structure of subjective emotional intensity*, in: *Cognition and Emotion, 8*, S. 329-350.
Spinoza, B. (1677), *Ethics*, in: E. Curley (Hg.), *The collected works of Spinoza*, Princeton: Princeton University Press (1985).
Sprague, J. & Quadagno, D. (1989), *Gender and sexual motivation: An exploration of two assumptions*, in: *Journal of Psychology and Human Sexuality, 2*, S. 57-76.

Statman, D. (1994), Doing without mercy, in: *The Southern Journal of Philosophy*, *32*, S. 331-354.
Stearns, C. Z. (1993), Sadness, in: Lewis & Haviland (1993).
Stein, N. L. & Jewett, J. L. (1986), *A conceptual analysis of the meaning of negative emotions: Implications for a theory of development*, in: C. Izard & P. B. Read (Hg.), *Measuring emotions in infants and children* (Vol. 2), Cambridge: Cambridge University Press.
Stein, R. (1992), *Schadenfreude: A reply to Ben-Ze'ev*, in: *Iyyun*, *41*, S. 83-92.
Sternberg, R. J. and Barnes, M. L. (Hg.), (1988), *The psychology of love*, New Haven: Yale University Press.
Strack, F., Schwarz, B., Chassein, B. Kern, D. & Wagner, D. (1990), *The salience of comparison standards and the activation of social norms: Consequences for judgments of happiness and their communication*, in: *British Journal of Social Psychology*, *29*, S. 303-314.
Sverdlik, S. (1983), *The nature of desert*, in: *Southern Journal of Philosophy*, *21*, S. 585-594.

Tangney, J. P. (1990), *Assessing individual differences in proneness to shame and guilt*, in: *Journal of Personality and Social Psychology*, *59*, S. 102-111.
Tannen, D. (1990), *You just don't understand*, New York: Ballantine Books.
Taylor, G. (1985), *Pride, shame and guilt*, Oxford: Clarendon.
Taylor, S. E. (1989), *Positive illusions: Creative self-deception and the healthy mind*, New York: Basic Books.
Teigen, K. H. (1995), *How good is good luck? The role of counterfactual thinking in the perception of lucky and unlucky events*, in: *European Journal of Social Psychology*, *25*, S. 281-302.
Temkin, B. & Yanay, N. (1988), *›I shot them with words‹: An analysis of political hate-letters*, in: *British Journal of Political Science*, *18*, S. 467-483.
Tennov, D. (1979), *Love and limerence*, New York: Stein & Day.
Tesser, A. (1988), *Toward a self-evaluation maintenance model of social behavior*, in: L. Berkowitz (Hg.), *Advances in experimental social psychology*, New York: Academic Press.
Tesser, A. & Campbell, J. (1980), *Self-definition: The impact of the relative performance and similarity of others*, in: *Social Psychology Quarterly*, *43*, S. 341-347.

Thayer, R. E. (1996), *The origin of everyday moods*, New York: Oxford University Press.

Thomas, L. (1991), *American slavery and the Holocaust: Their ideologies compared*, in: *Public Affairs Quarterly*, *5*, S. 191-210.

Toufexis, A. (1993), *The right chemistry*, in: *Time*, February 15.

Toulmin, S. (1981), *The tyranny of principles*, in: *The Hastings Center Report*, 11, S. 31-39.

Townsend, J. M. & Levy, G. D. (1990), *Effect of potential partners' physical attractiveness and socioeconomic status on sexuality and partner selection*, in: *Archives of Sexual Behavior*, *19*, S. 149-164.

Tulloch, J. (1990), *Television drama: Agency, audience and myth*, London: Routledge.

Van Sommers, P. (1988), *Jealousy*, London: Penguin.

Vangelisti, A. L. & Sprague, R. J. (1998), *Guilt and hurt: Similarities, distinctions, and conversational strategies*, in: Andersen & Guerrero (1998).

Veenhoven, R. (1984), *Conditions of happiness*, Dordrecht: Reidel.

Weiner, B. (1985), *An attributional theory of achievement motivation and emotion*, in: *Psychological Review*, *92*, S. 548-573.

Weiner, B., Russell D., & Lerman D,. (1979), *The cognitive-emotion process in achievement-related contexts*, in: *Journal of Personality and Social Psychology*, *37*, S. 1211-1220.

Whitley, B. E. & Frieze, I. H. (1986), *Measuring causal attributions for success and failure: A meta-analysis of the effects of question-wording style*, in: *Basic and Applied Social Psychology*, *7*, S. 35-51.

Whitman, R. & Alexander, J. (1968), *On gloating*, in: C. W. Socarides (Hg.), *The world of emotions*, New York: International University Press, 1977.

Wilde, O. (1966), *Complete works of Oscar Wilde*, London: Collins.

Wilkinson, M. (1976), *Romantic love: The great equalizer? Sexism in popular music*, in: *Family Coordinator*, *25*, S. 161-166.

Williams, B. (1993), *Shame and necessity*, Berkeley: University of California Press.

Wilson, T. D. & Klaaren, K. J. (1992), »*Expectation whirls me round*«: *The role of affective expectation in affective experience*, in: *Review of Personality and Social Psychology*, *14*, S. 1-31.

Yanay, N. (1996), *National hatred, female subjectivity, and the boundaries of cultural discourse*, in: *Symbolic Interaction*, *19*, S. 21-36.
Yitzhaki, S. & Lerman, R. I. (1991), *Income stratification and income inequality*, in: *Review of Income and Wealth*, *37*, S. 313-29.

Zajonc, R. B. (1980), *Feeling and thinking: Preferences need no inferences*, in: *American Psychologist*, *35*, S. 151-175.
Zebrowitz, L. A., Voinescu, L. & Collins, M. A. (1996), *›Wide eyed‹ and ›crooked faced‹: Determinants of perceived and real honesty across the lifespan*, in: *Personality and Social Psychology Bulletin*, 22, S. 1258-1269.

Inhaltsverzeichnis

edition unseld
Das erste Programm

Sandra Mitchell. Komplexitäten. Warum wir erst anfangen, die Welt zu verstehen. Aus dem Englischen von Sebastian Vogel. eu 1. 173 Seiten

Robert B. Laughlin. Das Verbrechen der Vernunft. Betrug an der Wissensgesellschaft. Aus dem Englischen von Michael Bischoff. eu 2. 159 Seiten

Rolf Landua. Am Rand der Dimensionen. Gespräche über die Physik am CERN. eu 3. 105 Seiten

Wolf Singer/Matthieu Ricard. Hirnforschung und Meditation. Ein Dialog. Aus dem Englischen von Susanne Warmuth und Wolf Singer. eu 4. 133 Seiten

Josef H. Reichholf. Stabile Ungleichgewichte. Die Ökologie der Zukunft. eu 5. 138 Seiten

Bernard Stiegler. Die Logik der Sorge. Verlust der Aufklärung durch Technik und Medien. Aus dem Französischen von Susanne Baghestani. eu 6. 183 Seiten

Durs Grünbein. Der cartesische Taucher. Drei Meditationen. eu 7. 143 Seiten

Dietmar Dath. Maschinenwinter – Wissen, Technik, Sozialismus. Eine Streitschrift. eu 8. 130 Seiten

NF 651/1/2.08

edition unseld
Das zweite Programm

Olaf Breidbach. Neue Wissensordnungen. Wie aus Informationen und Nachrichten kulturelles Wissen entsteht.
eu 10. 182 Seiten

Giacomo Rizzolatti / Corrado Sinigaglia. Empathie und Spiegelneurone. Die biologische Basis des Mitgefühls. Aus dem Italienischen von Friedrich Griese. eu 11. 230 Seiten

Michael Pauen / Gerhard Roth. Freiheit, Schuld und Verantwortung. Grundzüge einer naturalistischen Theorie der Willensfreiheit. eu 12. 190 Seiten

Hans Ulrich Gumbrecht / Robert P. Harrison / Michael R. Hendrickson / Robert B. Laughlin. Geist und Materie – Was ist Leben? Zur Aktualität von Erwin Schrödinger. Aus dem Englischen von Sabine Baumann. eu 13. 150 Seiten

Oswald Egger. Diskrete Stetigkeit. Poesie und Mathematik
eu 14. 160 Seiten

NF 912/1/11.08

edition unseld
Das dritte Programm

Helga Nowotny/Giuseppe Testa. Die gläsernen Gene. Die Erfindung des Individuums im molekularen Zeitalter.
eu 16. 159 Seiten

Reinhard Brandt. Können Tiere denken? Ein Beitrag zur Tierphilosophie. eu 17. 159 Seiten

Margery Arent Safir (Hg.). Sprache, Lügen und Moral. Geschichtenerzählen in Wissenschaft und Literatur. Mit Beiträgen von Roald Hoffmann, Evelyn Fox Keller, Jean-Michel Rabaté und Mieke Bal. Aus dem Englischen von Rita Seuß und Thomas Wollermann. eu 18. 152 Seiten

David Gugerli. Suchmaschinen. Die Welt als Datenbank.
eu 19. 117 Seiten

Karl Eibl. Kultur als Zwischenwelt. Eine evolutionsbiologische Perspektive. eu 20. 218 Seiten

Peter Janich. Kein neues Menschenbild. Zur Sprache der Hirnforschung. eu 21. 187 Seiten

NF 924/1/1.09

edition unseld
Das vierte Programm

Hans Magnus Enzensberger. Fortuna und Kalkül. Zwei mathematische Belustigungen. eu 22. 80 Seiten

Joachim Schummer. Nanotechnologie. Spiele mit Grenzen. eu 23. 172 Seiten

Aaron Ben Ze'ev. Die Logik der Gefühle. Kritik der emotionalen Intelligenz. Übersetzt von Friedrich Griese. eu 24. 342 Seiten

Staffan Müller-Wille/Hans-Jörg Rheinberger. Das Gen im Zeitalter der Postgenomik. Eine wissenschaftshistorische Bestandsaufnahme. eu 25. 156 Seiten

Stefan Münker. Emergenz digitaler Öffentlichkeiten. Die Sozialen Medien im Web 2.0. eu 26. 144 Seiten

Klaus Kornwachs. Zuviel des Guten. Von Boni und falschen Belohnungssystemen. eu 27. 219 Seiten

NF 942/1/9.09